万达哲学

王健林首次自述经营之道

王健林 著

中信出版社·CHINA**CITIC**PRESS · 北京 ·

图书在版编目（CIP）数据

万达哲学：王健林首次自述经营之道 / 王健林著 . —北京：中信出版社，2015.1（2016.8重印）
ISBN 978-7-5086-4988-7

I. 万… II. 王… III. 房地产业－企业集团－企业管理－经验－大连市 IV. F299.273.13

中国版本图书馆 CIP 数据核字 (2014) 第 301607 号

万达哲学——王健林首次自述经营之道

著　　者：王健林
策划推广：中信出版社（China CITIC Press）
出版发行：中信出版集团股份有限公司
　　　　　（北京市朝阳区惠新东街甲 4 号富盛大厦 2 座　邮编　100029）
　　　　　（CITIC Publishing Group）
承　印　者：北京诚信伟业印刷有限公司

开　　本：787mm×1092mm　1/16
印　　张：19.25　　　　　　　　　　　　字　　数：290 千字
版　　次：2015 年 1 月第 1 版　　　　　　印　　次：2016 年 8 月第 23 次印刷
广告经营许可证：京朝工商广字第 8087 号
书　　号：ISBN 978-7-5086-4988-7/F·3316
定　　价：49.00 元

序

柳传志

　　健林是我多年老友，这几年，万达越做越好，影响越来越大，学万达的企业也越来越多，市场上关于万达的书出了不少，但作者是健林本人的唯此一本，这本书集中了他对企业经营的经验和思考，很有价值。

　　《万达哲学》虽只是一本演讲集，但细读下来，却是一部企业创业史、个人成长史和思想发展史，核心内容就是如何做好企业，如何做好企业家。健林的演讲非常有特点：一是三句话不离本行，只说自己明白而且深有体会的；二是没一句空话套话，全是干货；三是从不藏着掖着，无论成功经验还是失败教训，都拿来分享。用他的话讲，要让后来者少走弯路。企业家出书的不少，但我对他的这种风格应说是情有独钟。这也确实是他为人处事风格的真实写照。

　　健林的哲学思想重点体现在创新和实践上，万达哲学体现在万达发展历史中，就是不断超越自我，追求企业经营的最高层次。发展区域上，健林从不满足既有成就，为了"不做家门口汉子"，他带领万达从大连走到全国；现在又从全国走向全球，跨国发展做得风生水起。产业选择上，健林极具前瞻性而且决策果敢。2000年万达开始做商业地产，当时国内还没有商业地产概念，不仅外人看不懂，企业内反对声音也很多，住宅地产发展那么好，为什么要自讨苦吃。但健林一旦看到住宅地产的局限，就坚决转型做商业地产。尽管刚开始非常艰难，但他坚持下来，现在万达商业已成为全球最大的商业地产企业。在2010年，万达商业地产做得正红火，健林又一头扎向文化旅游，而且投资之大、动作之快，让人叹为观止，刚开始大家也看不明白，但随着武汉汉秀和电影乐园开业，才发现健林又蹚出了一条新路。现在，万达又是电商，又是金融，真是健步如飞，与时俱进。

万达哲学说到底是健林企业经营的哲学思想，模式的新与旧、行动的快与慢、规模的大与小、政商的远与近，既辩证统一又充满智慧，这是万达成功的根源。比如创新和执行力，这是成功企业的共同特点，但万达做到了极致。商业地产，万达不仅做产品，而且做模式、做产业链，建立难以逾越的竞争优势。万达创造的订单地产商业模式，牢牢把握最重要的商业资源，先租后建，规避了商业地产的招商风险。我参加过万达举办的商业年会，上万商家参会，场面非常壮观，可见万达在行业的号召力。这种号召力就来自健林的经营思想，他提出"首先让商家赚钱"，而且是"长期合作、共同成长"，让商家既有甜头又有奔头，所以商家愿意死心塌地跟着走，万达的事业才能越做越大。

做企业要实干，说得好不如做得好。对于万达的执行力，我深有体会。2010年，联想曾参加万达长白山度假区的投资，这里是深山老林，交通不便，几乎没有基础设施。度假区占地21平方公里，包括滑雪场、度假酒店群、商业街等合计上百万平方米建筑，万达仅用26个月就建成开业，而且开业后经营好、口碑好。万达团队的战斗力令人敬畏，在他们面前，简直是没有不可能。但同时，长白山度假区设计复杂、技术含量很高，绝不仅是团队肯干、能吃苦就能干好的，还要有高超的管理。万达有自成体系的组织管理，又有高科技的管理手段，才保证了项目按时保质完成。

2014年，健林迎来了自己事业的高峰，万达商业在香港上市、汉秀和电影乐园开业，2015年还有万达院线上市，大事一件接一件，60岁的他好像事业才刚刚开始，干劲更足，他还有更高的山峰去攀登，他要打造一个伟大的世界一流企业。这就是王健林，永远保持一颗年轻的心，永远保持追求的动力，我相信他一定会实现自己的梦想。

目　录

第二章
执行力是万达成为
世界一流企业的重要法宝

第三章
创新成为企业成长的
终极密码

第四章

商业地产：只能被模仿、无法被超越的商业模式

第五章
文化产业：
一个没有天花板的行业

第六章

O2O：
虚拟和现实高度融合的桃花源

第八章
企业经营的最高
层次是经营文化

CHAPTER 1

企业家精神的核心
是坚持、责任和创新

第一章

创新是企业家精神的核心

　　2010 年，《中国企业家》杂志携手中国科学院研究生院共同举办"中国企业家走进校园之创业故事汇"系列访谈报告活动。王健林受中科院研究生院和《中国企业家》杂志社邀请，主讲"中国企业家走进校园活动"第一站。来自中国科学院研究生院、清华大学、北京大学、中国人民大学和中央民族大学等名校的 700 多名学子参加了此次活动。

　　王健林从自己的创业故事讲起，结合创业过程阐述了对企业家精神的四点体会：敢于创新、诚信为本、持之以恒、履行责任，并对年青一代寄予厚望。

　　感谢中科院研究生院和《中国企业家》杂志，给我这个荣幸，让我来主讲"中国企业家走进校园活动"的第一站。如果企业家的创业过程和经验能激发前来听课的同学们，促使日后出来一批企业家，意义就非常大，所以也祝贺这个活动能成功举办。今天我主要结合自己的创业过程，谈一谈对企业家精神的领会。

　　成功的道路有千万条，结果一样，但过程和方法不一样。所以不管听哪一个企业家讲课，也不管他有多么好的过程和经验，都只能作为参考，只能吸收他的某种精神，不能照搬，否则将无法成功。我曾在多次演讲中说过，千万不要迷信那些所谓的"创富百招"、"成功绝招"，这类东西是不好使的，成功要靠自己钻研、琢磨。

先简单介绍一下万达集团。万达集团成立于1988年，我是这个企业的创业者。万达集团发展到今天，形成了五大产业：一是商业地产，目前规模亚洲第一，持有开业和在建商业物业1 200多万平方米，如果按现在的速度发展，4年左右万达商业地产的规模就可以做到全球行业第一；二是高级酒店，目前拥有开业和在建的五星级酒店近40家，是中国高端酒店投资规模最大的企业；三是文化产业，内容很多，电影院线、收藏、演艺等等，其中最著名的是万达电影院线，拥有72个电影城、600多块银幕，规模中国最大，今年占整个中国市场的16%，目标是2012年做到1 200块银幕、40亿元的年收入，进入全球电影业的前列；四是连锁百货，虽然起步比较晚，只有三年时间，但是发展速度快，已经开业26家店，到2012年可以做到中国百货行业第一；五是旅游度假区，这是万达新创的一个产业，我们联合五家中国顶级民营企业一起做，包括联想、泛海、亿利等。虽然时间很短，但我们已在中国做了四个旅游度假区，这个行业是世界上最高端的、最综合性的。整个万达集团到今年资产达1 200多亿元，销售额750亿元。我们感到比较骄傲的是万达今年纳税将超过100亿元，在中国所有企业中能排到前30名，不过前面的都是国有企业，民营企业中纳税是中国第一。

下面讲一讲我的创业过程，有四点体会。

一、敢于创新

万达发展到今天，成功最核心的原因是勇于创新，可以说，万达22年的发展史就是一部创新史，就是敢想别人不敢想、敢做别人不敢做的事。今天你们学校的记者采访我，问我对创业有什么忠告，我说最大的忠告就是要敢于创业。不敢创业就不可能成功，创业可能100个人中有90个失败，但是总有五个十个成功。现在的问题是大家不敢去创业，创业的人越来越少，创业的氛围越来越差。我最近看到一个数字，说是清华北大64%的毕业生选择到机关事业单位工作。如果有

64%的毕业生选择创业，中国才有希望，因为不管经济规模多大，如果科学界不出大师，经济界不出世界级的企业家，就不能说真正强大，中华民族也不能立于世界民族之林。

万达的创新过程总结起来就是四步棋，叫作搞旧改、跨区域、创模式、做文化。

1. 搞旧改

万达1988年成立的时候，国家对房地产行业是严格控制，审批非常严格，整个大连市只有三家国有企业可以做。万达开始时还不完全是民营企业，是区政府与另外一家公司联合成立的，开始连注册资金都没有。我找了家担保单位，借了100万元，除去利息，实际拿到的就50万元。那个时候什么都要票，买粮食，除了钱以外还要有粮票，所以搞建设，除了有钱之外，还要有计划指标。计划指标由谁下达呢？是国家计划委员会，现在叫国家发改委。国家计划委员会只对大连市三个企业下达指标。所以我们公司成立半年时间，什么项目也没有。要想办法让大家活下去，我就去找当时主管城建的副市长和规划局长，我说不管在什么地方批一点，叫我们有活干，能吃饭就行。他们说那好，有个地方你们可以干，市政府北侧的一片棚户区。这个棚户区当年环境很差，连自来水都没有入户。一个大院就一个水龙头、一个厕所，厕所掏一次大粪，整个一条街臭好几天。因为就在市政府的门口，形象非常难看，政府多次想办法，找了三家国企，国企进去一算账，净赔钱，谁都不干。市长见我主动找上门，就把这个地方给了我们。当时公司人不多，40多个人，我回去和大伙商量，都觉得不行，本身自己没多少钱，另外别人算了都赔钱，我们就能挣钱吗？我当时请了几个专家，大概算了一个账，这个地方的开发成本是1 200元一平方米，而当时大连的房子最好的地方只能卖1 100元一平方米。后来我就说，卖1 100元赔钱，咱们卖1 500元、1 600元不就挣钱了吗？但那个时候凭什么卖这么贵，我说那咱们就去想办法。当时我还说了一句名言，开发开发，不开怎么能发呢！那时30岁左右，年轻，也有闯劲。所以我说敢闯是成功很重要的基础。当然，胆子大不等于瞎干。我们接下这个项目后，就研究怎么样使房子多卖，搞了几项小小的创新。一是做明厅，那个时候建房子是没有厅的，进门就是一个走道，然后是几个小房间，我们就设计了一个明厅。二是做洗手间，那时有规定，县处级以上干部才允许住带洗手间的房子。所以我那个时候搞洗手间，计委还叫我提供购房者的名单，想知道是不是都是干部，我也没听，反正我就搞了。三是上铝合金窗，20世纪80年代的时候都是木窗，铝合金窗在那个时候很新鲜，最大的特点是没那么多框框。四是上了一个防盗门，那个年代是没有防盗门的，都是小木门。整个做下来，每平方米成本增加大概就是六七十元钱。然后我们又想了一个招，赞助了一部香港电视连续剧，那个时候港台剧火得不得了，我跟电视台谈，我说能不能我来弄一部电视剧赞助赞助，播出前和一结束都给我们弄个广告，结果这个事就成了。当时小小一点创新推出来，一个月时间，1 000多套房子全部销光，价格卖到当时大连市最贵的1 600元一平方米，而那个时候房子才刚刚打地基。这第一单就赚了近千万元净利润，公司一下子就好了，拿到了超额利润，但更重要的是从这里我尝到了搞旧城改造的甜头。而且万达也创造了一个纪录，成为在全国第一家搞旧城改造的企业。

2. 跨区域

　　万达发展了一段时间以后，一年有20多亿元的销售额了，在当时已经很了不起了，但连续两三年就在这个档上，上不去。我就跟我的同事们讲，要到外面去。那时有一句话，"东西南北中，发财到广东"，去广东就去广州市。那时北方人哪敢去广东，话都听不懂，去了以后，人家觉得土老帽来了。但是我觉得一定要走出去，只在家门口不叫汉子。于是我们就去了广州，成立了一个公司，也是借别人的指标搞项目，尽管在广州第一次开发没有赚多少钱，但是锻炼了我们的勇气。一个北方的企业，可以到当时改革开放前沿，市场化程度相对较高的地区搞项目，还能赚钱，说明这事可以做，不是很难的事情。这个项目的成功，极大地鼓励了我们企业走出去的勇气。到1998年，万达开始全面地在全国扩张。因为这件事情，万达也就成为中国第一家到异地开发的房地产企业。发展到今天，万达也成为中国房地产企业当中跨区域城市最多、开发规模最大的企业之一。我们现在在全国60多个城市，每年有2 500万~3 000万平方米的开发量。如果没有当年跨区域这一步，也许万达今天可以做到50亿元，但也就是家区域公司，是个家门口的公司。

3. 创模式

什么叫创模式呢？就是我们发展到2000年后，企业也做到差不多80亿元、100亿元，在全国就已经很大了，全国也有知名度，再加上我在20世纪90年代的时候又赞助了一个足球队，足球队又所向披靡，企业很有影响力。但是我就始终有一个忧虑，因为民营企业那个时候不像现在，还有社会保障，不管什么企业，只要按月交社保，退休可以有养老金。医疗也可以交钱，有医疗保险，大病可以得到救治。那个时候除了机关干部，国有企业都没有保险。当时弟兄们越来越多，2000年也有一两千个弟兄跟着我干，因为我声誉比较高，也有一些机关的官员，还有一些位置比较高的知识分子，到我这里来了。我就老是忧虑，我说，大家跟着我干，有一天一旦这个项目停止了，或者全国出现大的经济周期，这个钱不好赚了，怎么办呢？退休了大家到哪儿去领养老金哪？有了病，怎么去报销医药费呢？当时尤其有一件事情给我一个警醒，我们公司有一个员工生重病，当时需要打一种针，一支2 000多元，药也很贵，用不用？这人是创业元老，我说多少钱都花，那个时候医药费花了100多万元，最后延续了一年多的生命，家属很感谢，不打这个针可能马上就完了。我就在想，一个人就花了100多万元，这以后怎么办，就是想得坏一点，不能说大家今后都有病。我就想这个问题，当时还不是想得像现在这么伟大、这么理想，要做全球领先企业什么的。那个时候就简单地想，我要为弟兄们做一点保障。我们就要做一个有稳定收益的事，我当时就提出，万达集团要追求长期、稳定的现金流。我们公司2000年年初开了三整天的会议，我说，你们就给我想，每个人提意见，保证长期、稳定，达到这两个目的就行了。有的说做医药业，说什么的都有。说来说去，大家最后思想趋于一致，做制造业。我那个时候已经有三个制造工厂了，有一个电梯厂，跟外国合资的，有一个超市公司，还有一个变电站设备厂，也是和外资合资的，这些企业效益还不错，但是发现了问题，没有技术，没有研发力量，每一个新产品都要重新和外方谈判。所以我觉得这不是路。在我们讨论的过程中，大家的意见趋于一致，还是做一个收租物业，第一，盖收租物业的房子我们会吧，起码一半的功夫会了，至于商业物业招商或者设计，咱们慢慢再学。所以直到今天万达的所有多元，叫相关多元化。要是搞收租物业，不能搞小的，要搞大的，向世界500强收租，这才成。所以我们讨论三天以后，做了一个决定，做大型的商业物业，招世界500强和一流的国内企业来做租户，保证我们长期、稳定的现金流。这个决定做出来以后，我们在2000年搞了第一批6家购物中心，叫单店，一栋楼。紧接着在2002年又做了第二批6个店，我们叫作组合店，就是几栋楼组合在一起。那个时候已经做电影院、做超市、做百货，但是相互没有有机的联系，也没有什么商业设计。到2004年的时候，我们摸着诀窍了，然后成立自己的规划院，进行很好的商业设计，设计完了以后，先去找商家谈判，叫订单商业地产，也是从订单农业、订单工业借鉴来的，先招商后设计、后建设，从此规避了浪费、无效，包括谈判风险等。我先跟你谈好，再来建，既规避了风险还安全。到2005年的时候，我们又提出了新的概念，叫城市综合体，有商业中心，有五星级酒店，有写字楼，有公寓，有住宅，所有东西综合在一起，做城市综合体。这个综合体是万达集团在全球的一个首创，这个模式的创造和创新，使万达在市场上获得了一个绝对优势的地位。最近一两年，才有企业在模仿，做得好不好、像不像咱不说，起码在相当长的时间里，没有人做这个东西。因此，我就获得了市场上独占的一种优势，叫议价权，还不说叫定价权，是叫议价权。哪个地方政府要请我去，你的地得给我便宜点，不便宜我不去，或者我看好这个地方我就能要，这种市场上的优势确定了，使万达今天发展速度极快，获得了超常规的发展。而且现在发展的态势还越来越迅猛，光今年开业15个万达广场、7家五星级酒店，明年会有18个万达广场、12家五星级酒店开业，以后可能每年20个广场、14~15家五星级酒店开业的速度，创造了世界商业史上的奇迹。这种速度让老美、欧洲人瞠目结舌，都觉得不可思议。在所有的创新当中，我自己觉得，商业模式的创新是最重要的，比技术创新、管理创新等等要更加重要。卖咖啡，大家都卖咖啡，但是我把它做成标准化，一个招牌，一个口味，就成了星巴克。那汉堡包多简单哪，但是你把它标准化，然后再加上管理和组织模式，就成了麦当劳。所以同样做一样东西，你把商业模式的再造和组织模式的再造创新研究好了，竞争优势就有了。

4. 做文化

万达成立之初，因为个人兴趣原因，我就开始搞收藏，现在我在中国近现代字画的收藏方面，应该说成了这个行业当中的老大哥。在收藏方面我们也给国家做了很多贡献，代表国家先后出席几次境外文化交流活动，在国内也举办了若干次画展。2006年的时候，我们又决定做电影院线，其实我的初衷还是想做房东，和美国时代华纳签了合资协议，因为国家不批，没成。又和上海广电签署了战略合作协议，但上广电一换总裁，也不干了。没办法，万达只能被逼上梁山，自己开始搞院线。结果万达搞院线的当年，2006年就实现了盈利，这几年我们在这个行业做到了在世界上都非常令人吃惊的发展速度。刚才说了，今年我们已经做到了600多块银幕、70多家电影院，明年大概有两三百块银幕，近30家影城开业。以后每年会更快。而且我们每一块银幕是中国行业平均收入的2倍，利润是行业平均的3倍。

除了这个以外，我们在今年还做了一个更大胆的举动，成立了一个演艺公司，是和全球这一领域最优秀的公司美国的弗兰克公司合资成立，做什么呢？做类似于拉斯维加斯的那种秀，拉斯维加斯做了一个O秀。今年9月16日，在澳门开了一个水舞秀，这个投资是非常巨大的，剧场要投资一二十亿元，演员也是不可比拟的，必须是会杂技，会跳水，还会舞蹈的这种，大概2 000个座位。这一个秀的收入，按照我们保守预测在国内大概一年可以收到5亿~6亿元。我相信在2014年，在武汉和西双版纳这两个秀开业以后，万达对中国的文化事业，尤其是演出事业会是一个巨大的推动和创新。

文化这个东西，大家可能一开始觉得，它可能不是很赚钱。错。所有的行业都是有天花板的，文化产业是没有天花板的，只要你做得好，它的盈利空间是无限的，而且它还有巨大的品牌效益和穿透力。所以我相信，万达做了这个创新，一定会成为万达今后一二十年，甚至更长时间内新的经济增长点。我刚才讲的就是关于万达创新的一个故事，万达20多年走下来，其实就是走了四步，但是这四步每一步都是一个巨大的跨越，就是创新使企业获得了超常发展。下一步万达还会走第五步，第五步我们已经设计好了，是什么呢？就是我们公司的口号所讲的，"国际万达，百年企业"，下一步万达的发展目标就是国际化。

二、诚信为本

1. 老实做事

诚信主要是做了四件事。一是老实做事。万达的企业文化，这些年来有三次提升，三次变化，都是两句话八个字。1988年创立公司时提的口号是"老实做人，精明做事"，为什么还要精明做事呢？那个年代不像现在，到处是骗来骗去的，我说过这么一句话，被你骗一次是你的错，被你骗两次就是我的错了，因为老上当公司肯定就死了。后来发展到1998年，企业有一定规模，有一定盈利，我们就觉得这个企业应该有一点责任感，所以又提升了我们企业文化的核心理念，叫作"共创财富，公益社会"，我们企业共同创造财富，共同享受财富。我首先对自己的员工，然后有余力我们公益社会。不能说员工不享受发展，你就跑到社会上去捐款，我觉得这完全是作秀。到2002年的时候，我们企业文化又提了新的八个字，叫作"国际万达，百年企业"，这个口号我相信会一直延续很多年。什么叫国际万达，就是企业是国际化的，人才是国际化的，管理是国际化的。百年企业就是基业长青，我这一生的最大追求，就是创立一个优秀组织，交出去的时候，依然是一个优秀组织。我就是努力打造这种基业。万达老实做事，讲一个例子。1989年，我们一个小区卖房子，一个主管销售的副总跟我讲，我们一室户加一平方米，二室户加二平方米，三室户加三平方米，我说你为什么加面积呢？因为那个年代没有人测算面积，也没有什么土地证、产权证，你签一个合同就得了，市场还处在无序状态。副总说现在别人都这么干。我说不行，咱们老老实实的，是多少面积就多少面积，而且从此，为了防止出问题，我就立了规矩，搞两次面积验算，公司内部设计部算一次，叫设计部签个字，我拿出去委托外面设计院算一次，叫他们再签一个字，这样就规避了风险。现在看是极其简单的事，在那个年代，这种老老实实做事是需要勇气的，而且可能还会被行业耻笑，被说是傻瓜。诚信说实话是要付出时间成本和价值成本的。诚信初期是要吃亏的，诚信做事一定要比别人付出得多，但是诚信一旦建立了品牌，那它换来的就是无穷无尽的价值提升，做生意尤其是这样。

2. 狠抓质量

中国的房地产市场，到今天都还是问题多多。我曾经先后三十多次去韩国，有一次去韩国，非常巧，就在我到首尔的当天，发生了著名的汉江大桥垮塌事件，正好一个游船在下面过去，桥一下子砸在船头上，当时砸死十多个人，这是一个震惊世界的事故。我第二次去韩国，我去的头一天，首尔著名的三丰大百货垮塌，砸死500多人。这个汉江大桥垮了以后，作为一个从业人员，我就想看看什么原因，我就在汉江边儿上溜了两个小时，先后看了六座桥，我就发现一个问题，施工质量严重缺陷，蜂窝状非常严重，可能这是行话，就是施工的时候打混凝土打得不严实，密密麻麻的蜂窝，就是韩国在经济起飞初期，也是忽视质量。所以我现在一直在担心，我们20世纪80年代、90年代初期，盖的房子质量也不行，我们在若干年后，会不会出现韩国这种事情。所以说，我把房子盖好一点，将来不至于把我抓走，因为我去韩国的时候就看到，三丰大百货的董事长全家被抓进去，而且他被迫捐出全部资产谢罪国人。所以我把质量看得很重，那么怎么办呢？ 1990年，我们在大连市民政街开发一个小区，那个时候国家有五级质量奖，国优叫鲁班奖，下面是省优、市优、优良、合格。我想我们也干了好几年了，一直没干过优质工程，咱们从现在开始，创优质工程。当时四个施工队干这个小区，我就跟我的工程副总说，全部保市优，争取省优。他过几天回来报告，不成啊，施工队不干。我说这么好的事怎么没人干呢？ 一问，就是当时的政策，市优允许一平方米奖励2元钱，省优允许一平方米奖励4元钱，这是国家规定。而当时如果干市优一平方米要增加10元钱的成本，省优一平方米要增加20元钱的成本，主要是人工，慢工出细活，所以干优质工程赔钱。我们就出台政策，市优每平方米奖励10元，省优每平方米奖励20元，为此，有关部门还批评我们违规。我说我做好事，管什么国家规定，我不相信我搞市优工程他把我抓走了。优质优价，小小的激励政策，成本给他补上，他还能创牌子，所以几家施工队全表态，确保市优以上。结果这个小区工程质量非常好，一共8栋楼，其中4栋被评为省优，另外4栋被评为市优，还有其中两栋被评为1991年辽宁省全省样板工程，省建设厅组织来参观。1992年全国"质量万里行"活动开始了，当时的全国"质量万里行"是干什么的呢？专门到各地去曝光假冒伪劣，"质量万里行"到大连了，找我们，我当时吓得够呛，我说又哪儿发现问题了？结果去了以后，通知我们到北京，领一个奖牌，全国"质量万里行"组委会破例决定，给我们发一个奖牌，叫"优质住宅工程"，所以我们就获得了全国第一块优质工程的奖牌。而且这个小区的房子也卖得特别好。这件事情给我一个提醒，从此万达集团就把质量作为一个重要的东西来抓。到今天我们都没有撤销我们的质量监管部，全国现在所有房地产公司，都没有自己的质量监管部，都是委托社会监理公司，但是我觉得不放心，我们内部再设一个监管部，还有自己的质量监管体系，而且我们每两年召开一次质量工程现场会，给优质施工单位发奖状、奖金等等。

3. 率先承诺

1995年，我们当时提了一个口号，万达集团消灭合格工程，保证全优工程，这个口号确实给万达提出了挑战，但绝大多数还是做到了。紧接着1996年万达率先提出了一个"三项承诺"，这个承诺是非常著名的，当时在全国的震动非常大。第一，保证住房不渗不漏，发现渗漏赔款3万元。第二，保证我卖的房子面积不短缺，跟产权证面积一样，如果发现面积短缺，缺一平方米，赔三平方米的钱。第三，我们在卖房子入伙60天以内，你觉得不合适可以退房，全部退款。当时提出这个承诺是基于几方面的考虑，一个是在市场上打开局面，我们想提高标准，打开市场，另一个是房地产行业的整体形象都比较负面，我们也想改善一下，带头做这个承诺。这个"三项承诺"在全国提出来以后，可以说获得了全国如潮的掌声和如潮的批评。欢呼声大部分是来自老百姓，批评声大部分是来自行业的人。我们坚持了几年，2000年6月29日，建设部在北京人民大会堂召开一个表彰会，推广万达集团销售放心房的经验。时任建设部部长俞正声出席了会议，高度赞扬了万达。这件事情也成为迄今为止，新中国成立61周年以来，建设部唯一一次召开全国性的会议嘉奖房地产企业。而且在建设部褒奖之前，2000年的3月份，大连市政府发了一个红头文件，号召全市所有企业，学习万达集团敢于承诺、敢于严格要求自己的经验。所以我们在市场上建立品牌，可以这么讲，不管现在房地产全国形势如何，好卖不好卖，我们的产品，在任何地方，都是卖得最快的，卖得最好的。当中很重要的一点就是诚信的力量。

4. 勇于负责

诚信不仅要敢于严格要求自己，还有很重要的一点是要为消费者负责，我们也是有经验有教训的。我们2003年在沈阳市太原街投资建设了一个万达广场，那时没有摸到商业地产的门路和规律，我们做了300多个商铺来销售，以为商业地产就是卖商铺。现在看是错的，商业中心是只能租不能售的。我们卖了300多个商铺，大概总的销售额是6.1亿元。由于设计的先天缺陷，老百姓买铺以后，经营极差，我们想了若干个办法，换了五六拨招商团队，推出各种改造，商铺就是不旺。反复折腾几年，我们终于认识到，这个项目不彻底改造活不了。经过半年讨论，我们做了痛苦的决定：给老百姓退铺，然后拆除重建。这件事的成本是巨大的，卖铺才6.1亿元，但是收回商铺花了10亿元。这件事情我觉得在万达集团发展史上是一个里程碑式的事件。我就跟大家讲，当年的海尔，能把40台冰箱砸掉，而万达为了保名声，是付出了十几亿元的代价，为什么一定要这么做？我第一是为了对消费者负责，还有一点，我们是这个行业的领袖，自己说做得怎么怎么好，别人一指责你，"好，你们太原街怎么回事"，一句话就把你弄倒了。就像胖哥讲的，是心中永远的痛。这件事情可能在中国企业史上，不敢说绝后，至少空前。十几亿元代价付出去，在当地市场以及全国市场上，换来了非常好的口碑，别人觉得这个企业让人放心，对他负责。

三、持之以恒

就是要有坚持精神。做生意大概和做科研有点相像，失败是多于成功的。做生意要想获得成功，最最重要的是你对失败的态度。怕失败，怕输，永远不能成功。我们商业地产从2000年开始做，从2002年到2004年，刚开始因为我们对商业的理解不够，好几个项目都不成功。我们多次被告，打了222场官司，付出了沉重的代价。当时媒体批评，老百姓告状，我们公司负责的助手都跟我讲，"董事长，不能做了"，当时已经做了三年了。我说这样，我也不是撞了南墙不回头的人，咱们五年为限，做到五年，如果还是这样子失败，咱们就收回去。结果坚持到了第五年，研究出了城市综合体，万达商业地产一下子做成了，订单商业地产和城市综合体的概念就出来了。城市综合体在2005年做了3个，北京、上海、宁波，大获成功，所以就是要有这种坚持的精神。还有我们搞电影，刚才说了，前两年一塌糊涂，看那报表真是心疼啊，那个往里赔钱。也是有人跟我讲，这个电影院不能做，而且当时全中国票房只有七八亿元，你每年投资几亿元怎么收回？我说现在全国七八亿元票房是收不回投资，但是如果几年后七八十亿元票房不就收回来了。我们坚持投资电影院，到第三年就不赔钱了，现在万达院线已经很赚钱了。所以这两件事情就说明，成功就不能怕失败。

四、履行责任

履行责任我主要讲三个方面，第一是诚实纳税，万达集团发展到今天，我们今年纳税可能会超过100亿元，那是什么概念呢？民营企业纳税的第一，在全国企业中大概也能进前30名。作为一个民营企业，我觉得贡献是很大的。我觉得把企业发展好，用更多的人，纳更多的税，这可能是企业家社会责任最大的一方面。第二就是关爱员工。万达在十年前就实现了带薪休假，比国家的规定早得多，推出了带薪休假的制度，而且我们集团高管大概200人，我个人送过他们股票，都是免费赠送他们股票，当然股票价值都不菲了。对于普通员工，万达除了正常工资奖金，还推出工龄工资制度，就是每干一年加1 200元钱，满10年工龄工资每年就有12 000元。然后还有三餐免费等等。今年我们又推出新的制度，每年评选200名模范员工，去免费度假。总而言之，就是把关爱员工作为我们企业发展的核心。

第三就是慈善捐助。万达慈善捐助有三个特点，第一个是中国最早，我们1990年就有了第一次慈善捐助，那个时候捐助和现在不同，要交33%的所得税，尽管没有捐赠免税政策，我们也坚持做下来了。然后一直坚持到现在，可以说，谈慈善我是最有资格的。第二个是捐助最多，我们现在已经有27亿元的捐赠，而且我们现在的捐赠都有制度、有报告，并不是随心所欲的，每年有预算、有制度，年底还有报告。第三个是形成文化，全体员工形成一种慈善文化，我们在汶川地震的时候，员工人均捐款6 800多元，在全国所有企业当中名列第一。因此万达集团在五届中华慈善奖评比当中荣获四届，中华慈善奖是国家的，由国家民政部来主办。中华慈善奖评奖的原则是评过奖的原则上不再评，但万达已经荣获四届中华慈善奖，是全国900多万家企业中唯一一个四次获得中华慈善奖的企业。

最后总结一下，什么是企业家精神呢？我觉得企业家精神是多个方面的，我觉得最核心的是三个，创造力、坚持和责任。如果说企业家努力做到这三个，也许就能成功，成为这条路上千万人当中的一个成功者。

最后谢谢同学们，祝大家进步，谢谢。

2013 年 4 月 29 日

做客央视《开讲啦》节目

坚持才能成功

王健林做客中央电视台《开讲啦》节目，做了题为"坚持才能成功"的主题演讲，并回答了现场大学生观众的提问。

在现场，王健林分享了自己少年时的成长故事，以点滴的生活经历、创业故事阐述了"坚持才能成功"的道理。

今天来开讲之前，叫我确定一个题目，我就定一个题目，叫"坚持才能成功"。我 1970 年当兵时才十五六岁，1970 年，那时毛主席发了一个"11·24"批示，批了五个字："野营训练好"。当天晚上一传达，每个人背一个粮袋、背包，就拉出去训练，负重也有二十来斤吧，2 000 多华里，东北那真的是林海雪原，积雪基本上都没了膝盖。野外宿营，什么也没有，需要自己挖个雪洞，自己进去过一晚上。每天平均要走六十里，甚至七八十里，如果你不行了，可以到后面坐汽车，上面写着收容车，但是可能你这一年评先进、评五好战士也没了，那个艰苦是现在的年轻人无法想象的。

正常的训练，可能正常地吃饭是够的。那么一冷，再加上又累，可能吃饭量就大，也吃不饱。我当时的老班长说，小王，我给你说个事，你首先承诺你要坚决保密，我教你吃饱饭的招。我说保证保密。部队那个时候吃饭用缸，这么粗、这么高的大缸子。他说你上去先盛半缸，你再怎么吃得慢，你这半缸一定比别人吃一缸吃得快。你比别人吃在前头，然后再上去盛第二缸，你来满满一下子，你就吃饱了，他说千万别傻傻地先去盛一满缸，很多人都有这个心态，上去先盛满，等再来就没第二次了。我还真就是靠他教我这一招，虽然很小，这一年的行军路上，基本上吃饱饭。

我们这个野营训练，艰苦到什么程度？我亲眼看见一个干部，坐那儿哭，说什么也不走了，"我党员也不要了，我排干部也不要了"，很多人都坚持不下来。1 000多人的团队，完整走下来，最后不到400人，作为一个十几岁的小孩，我坚持走到了最后，靠的就是一种信念。我走的时候，我母亲跟我讲，你要当五好战士，你父亲也是老军人了，你当兵争取超过你的父亲，靠的这种信念和坚持，我才能入伍第一年，就当上五好战士。

所以人生做任何的事情，要没有一种咬牙的精神，要没有一种一直坚持到底的精神，是不能成功的。我已经讲了十几年的一个话题，坚持是企业家精神的核心，首先所有的创新、所有的梦想，都只有在坚持当中，才能得到实现。我是1988年创业的，那个时候，我已经有很好的一种生活，20多岁在部队就得到团职职务，是仕途很好的时候。因为那个年代，20世纪80年代末期、90年代初期，在中国创业的大潮、下海的大潮风起云涌，受到这种思想的影响，我也决定自己创业，实现自己的一个梦想。

我当时就选择了去做现在大家可能比较恨的一个行业——房地产。那选择这个行业去做的时候，需要一笔注册资金。我们当时跟大连的一个国有公司达成一个协议，它借给我们。但是光有钱，或者找到地还不行，得有国家计委下发的计划指标，我们没有计划指标，怎么办呢？我又找到当时大连市的三大国有房地产公司之一，我认识的一位老战友在那儿当老总，跟他商量，能不能借他的指标，当然不能白借，会有费用的。就这样拿到50万元钱，和一点指标，从一栋楼开始了房地产生涯，绝不是一开始就很辉煌，很艰难的。

我呢，是做民营企业起家，当初所经历的磨炼和被人歧视，至今记忆犹新，为了一笔2 000万元的贷款，而且是某银行已经承诺给我们，我前前后后跑了五十几次。我亲自去堵，然后行长不愿见我，我知道他几点上班，天天去堵，他看我一直在门口，可能就从其他门拐走。或者有的时候我中午去堵，我想睡了午觉起来能上班嘛，我到他办公室门口去，他明明在里面，秘书说他不在里面，或者说等等。甚至我知道他家，晚上就在家门口去候他，他早上起来，窗口一看，我在楼底下，他宁可不上班，也不见我。就类似这样的，前前后后跑几十次，也没有给我这个贷款。

那么我就给自己建立目标，我一定要把这个企业做大，做到世界第一，争这口气。

第二点，任何成功都是不断完善的过程，只有坚持才能达到。我们2000年刚从事商业地产的时候，因为自己不懂规划设计，失误较多，到2004年，这三年多一点的时间里面，我们当了222回被告，打了222场官司，成天忙于打官司，业务就很难发展。后来我们有的同事就哭了，社会舆论压力很大。在这种情况下，多少同志都劝我，说你看咱们住宅地产做得顺风顺水的，为什么一定要搞商业地产呢？在这种环境中，我确实犹豫过，犹豫过多次。后来我给我自己，也给我的团队定一个目标，做到2005年年底，做满五年，如果我们还是这么跟头把式的，我说咱们就撤出商业地产。但是就是因为在实践当中的这种坚持，万达推出了我们现在所谓的第三代万达广场这种设计，上海的五角场、宁波的鄞州、北京的CBD这三个广场的开业，以及开业后的成功，彻底奠定了我们坚持这个行业的信心。

到了2014年年底，预计我们所持物业会达到2 000万平方米，可能超过现在世界排名第一的美国西蒙公司，人家用了100多年走的路，我们15年走完。但是大家想一想，当时那个困境，和失败的那些教训，如果没有执着、百折不挠的这种精神，没有对预定目标这种孜孜不倦的追求是不可能改变的。

还跟大家讲一个故事，就是我们沈阳太原街的那个万达广场，请教了国内两个所谓做商业的专家，帮忙设计了一个城市步行街，卖掉以后呢，几百位客户集体诉讼我们，因为大概只有3%~5%的客户还能有过得去的回报率，多数买家回报极低，甚至颗粒无收。当然最后打官司赢了，从理论上讲，我们可以不管，但是我说不能赢了官司输了人心，万达一定要管。我们请一批专家来看，说这个地方缺一个盖，有盖挡住雨雪，生意就好了。我们就吭吭吭地花几千万元搭了个盖，还是不好。后来又有人说，你们跟地下室的这个交通不好，又吭哧吭哧搭了好几个扶梯接起来，生意还是不好。

后来有人说，那你们是招商不对，我们又去把一批商家换下来。前前后后折腾了三四年时间，都不行。最后我们自己内部，大家形成一致的看法，如果不彻底地把它解决，不炸掉，这个项目是救不活的。但是炸掉意味着什么呢？意味卖出去的钱要还给老百姓，10亿元的现金赔偿，再加上炸掉它的工程成本，至少15亿元，最后万达决定，按售价的150%赔偿给买家，把项目拆了重建。

大家千万不要认为，我有一个好的创意方案，或者我一开始一步成功，我就成功了。卖一碗担担面，做得很好，开个小店，卖得非常成功，你就觉得马上我就要开连锁店了，结果你一开连锁店，你会发现，连锁店需要管理模式，需要人才团队，远远是你不能适应的，可能又失败了。我们这些同学，绝大部分是大学生，可能很多刚刚毕业，很多人都想创业，都梦想成功，每个人都有成功的机会，首先你要研究跟别人不一样的地方，要有创新的精神。除了这以外，更重要的品质是要有执着的精神，要不怕失败，要千锤百炼、百折不挠。

我经常讲两句话，我到了黄河心也不死，撞了南墙也不回头，为什么？到了黄河搭个桥就过去了，撞了南墙搭个梯子就翻过去了。所以只有这种精神，才能够获得所谓的成功。我的演讲到这里，谢谢。

现场问答

撒贝宁：再次掌声感谢王健林先生为我们带来的精彩开讲，谢谢。

听了您的演讲，现场很多同学都在这个过程当中写来了他们的问题，这当中许多问题很有意思，首先我想问您一下，是不是什么问题都能问？

王健林：随便。

撒贝宁：一诺千金吗？

王健林：至少一诺百金吧。

撒贝宁：那为什么当年您答应您的老班长保密的事，今天您全说了呢？当时老班长的要求是，不要告诉任何一个人，哪怕是第二个人。今天不光是第二个人了，全国人民都知道了。

王健林：是那个时候，头几年吃饱饭了。

撒贝宁：所以那个时候保密是有意义的？

王健林：对。

撒贝宁：而现在也无所谓了？

王健林：对了，是。

撒贝宁：接下来这个问题，是个挑事的问题，您好像说过这样一句话，如果一个企业的老板整天去爬山，我不相信那个企业能够做得好。据我所知，有一个叫王石的房地产企业家喜欢爬山，您是在说他吗？

王健林：我没说过这句话，那一说，那就摆明在说别人。

撒贝宁：您就说王石了。

王健林：本来我跟王石关系还不错，是吧，你这显然是在挑拨我们了。

撒贝宁：不是我，不是我。

王健林：我觉得你这个不太厚道。

撒贝宁：但是王石也曾经说过，如果一个企业老板，整天批评别人爬山，我不相信那个企业能够做好。这是我瞎编的，但是这句话您真没说过吗？

王健林：真没说过，不可能，只是有人说，哎呀，你看你这么勤奋，你潇洒一下，也能把企业搞好。我说我不相信，成天潇洒能把企业搞好，可能我一直坚信，就像别人过去讲成功三要素，那就是聪明、勤奋加机遇，三者结合，所以勤奋是丢不掉的。

撒贝宁：接下来，我们今天场上有八位青年代表，他们将从各自的不同专业背景，来对您提出问题。马力。

马力：王健林先生您好，我叫马力，来自宁波诺丁汉大学，您刚才提到"三大战役"，其中之一就是宁波的鄞州万达广场，其实我很激动，因为这个广场离我们学校很近，我在大学生涯中，很多次和同学去吃饭，和女朋友去约会，去唱歌，去逛街，都在这个广场里面，所以说看到您，我第一很感动，第二很激动，为什么呢？顾客是上帝，我第一次见到卖我电影票的男人了。

然后对您演讲的内容我很喜欢，因为我本来就是一个商学院的学生，您讲的知识和商业的这种案例分析，非常棒。但是有一点我不太喜欢，您的演讲太严肃了，我感觉大家不像在录一期节目，有点像万达集团全球董事会议，然后您是董事长，撒贝宁是总裁，我们大家都是地区经理，然后讲今年的薪酬到底能不能达到100万元的问题。

撒贝宁：我在想总裁能拿到多少。

马力：肯定比100万元多，然后我想问一个问题是，难道您的生活中就没有柔情吗？

王健林：可能我不像有些企业家那样潇洒，相对的可能严肃一点，但是我这个面孔严肃，和我的一颗善良的心是不矛盾的，我是非常重情感的一个人。我很多以前认识的战友，还有很多我认识的朋友——不瞒你说，我办公室的保险柜里总放一些钱——经常有人会来，说我是你的谁谁谁，讲了半天，我也想不起来。

我问他有什么事，他说比较困难，好，马上给他钱。我也从来没想过回收。

马力：我也相信您刚才所说的，在生活中对待朋友、对待自己的战友、对待贫困的人们，有一颗慈善的心，也很柔软，但是我想，您刚才一直没有提到在工作当中，对您的员工，是不是也是一种很柔情的态度。就比如说，在场的八位代表是您的地区经理，我感觉您的演讲让我感觉到很恐惧很敬畏，但是不会感觉很亲切，那我想在这样一个态度当中，您的员工敢向您说真话吗？

王健林：这一点你说得对，工作当中我是非常严肃的，公司里能跟我讲真话的人，我相信也不多。这我说实话，特别作为基层员工、普通员工，这样的机会也很少，那么只有身边老臣，跟着我比较多年，十几年，跟我比较近的七八个朋友，见了面，那是不会客气的。

马力：您刚才说，只要遇到您的人都可以跑到您办公室跟您要钱，下次我见到您，一定会说，王总，我之前跟您在《开讲啦》录过节目，给我点钱吧，谢谢。

王健林：你如果能见到我，你的话能说动我，是可以的，你真的想创业，那你会递你的创业报告，我们会请三个评估师给评估，至于你说的其他方面，那我尽可能改正吧。

马力：我未来的创业方向，我已经想好了，就是解决成功的企业家与下属之间的沟通问题，这就是我的创业方法，谢谢。

撒贝宁：这个方向倒不错。

王健林：倒不错，还真有可能。

撒贝宁：来，王希晨。

王希晨：王叔叔您好，刚才马力同学说，看到您很严肃，很怕您，但是我今天看到您，备感亲切，为什么呢？因为我爸爸他也叫王建林，所以今天看到您呢，我爸爸的面貌就浮现在我眼前。

撒贝宁：这是你爸爸的身份证吗？

王希晨：对的。

撒贝宁：但是中间那个字跟您不一样，您是健康的健，我觉得健硕的健更适合您。

王健林：我母亲最早给我起名就是这个建，入伍的时候改的，真是有缘分。

撒贝宁：父亲是做什么的？

王希晨：非常凑巧，我父亲也是经商做生意的。

王健林：可以谈一谈。

王希晨：我的父亲是王建林，他也是一个很敢闯、很大胆的人。

撒贝宁：你不会打着这个名号，在外面招摇说……

王希晨：但是我这个人吧，胆子比较小，经常因为这个错失一些机会，例如有一次我们班选班干部，老师问了三遍，有谁愿意当班长，然后我每次手都伸到这个位置，不敢伸，然后我说，第三遍的时候，我来伸吧，结果等到第三遍我手准备伸的时候，我的同桌啪一下手伸出来，结果他就是班长了。所以我想问您，您有什么方法，可以让我们这些年轻人用最快的时间，让自己的胆子大起来，您有什么武林秘籍吗？

王健林：没有秘籍，就是锻炼。过去我第一次上电视，讲话都讲不圆，我第一次唱歌，是被别人硬推上去的，坏了，一张嘴五音不全，笑得大家人仰马翻。你要说秘诀，就一条，就是锻炼，没有秘诀，如果有这个秘诀，那这个书卖老钱了。如果你不敢讲话，不多跟人讲话是难以改进的。现在人成功，有一种说法，情商是最重要的，其实现在的生活节奏这么快，与人相处有道，是成功最大的帮助。

撒贝宁：有的时候，老害怕第一次去做一件事，其实当你咬着牙，做了之后，你会发现感觉很好啊，如果你想你那天真的把手举起来了，你就是班长了。

王健林：第一次见着一个跟我同名同姓的人，你回去告诉你爸，发封E-mail（电子邮件）给我，我约个机会，咱们真是可以见的。

汪震：王总，您今天的演讲主要的核心是坚持，但是我认为有一些坚持是值得思考的，我有一位师兄，他是一个登山爱好者，在毕业之后，就一直坚持登山的事业，但是他去年在登山的过程当中遇难了，年仅28岁。他的父母在追悼会上就说，我们很鼓励现代的年轻人追求自己的梦想，但是你们也应该想想父母的感受，你们活着不是为了自己。那我想问，您觉得这样的坚持是值得的吗？

王健林：敢闯敢试是一种精神，只要有一个理性的心理准备。

撒贝宁：坚持也是基于理性的分析基础上。

王健林：对对对。

撒贝宁：历史上也有一个很著名的坚持的人，守株待兔那个人，他也很坚持，但是他是个反面教材。

马力：我不是特别同意刚才汪震同学的观点，我认为这样的案例毕竟是少数，其实我感觉到，所谓的坚持，有这样的一个区分，要区分出来，什么样的梦想是可以坚持的，什么样的梦想是我们要去变化它的，而不去坚持的。如果说在被出版社拒绝了很多很多年之后，J.K.罗琳放弃了自己的梦想，那也不会有《哈利·波特》的出版。如果被银行、被一些其他的人否定了主题公园这个想法，当时华特·迪士尼这个人他放弃了，也不会有现在的迪士尼乐园。那么我想如果当年那个连饭都吃不饱的王健林放弃了，也不会有今天世界级的企业万达。

撒贝宁：关于对梦想的坚持，我相信每个人心里，都会有自己的态度，但是在今天这样一个时代，年轻人面对的困惑、挑战，包括挫折的可能性，都和过去不一样，有多少人还愿意为了梦想去坚持，能够坚持多久，他们心中对于坚持又会是怎样的一个态度呢？很重要的一点，对于年轻人来讲，你得坚持那个是你心中的梦想。有的时候，比如说留在大城市，找个好工作，可能是周围同学，大家都这么做了。你觉得那我是不是也应该随大溜，你心中真正的梦想到底是什么？如果你要明确了以后，为了这个梦想去坚持，那是值得的。

王健林：最重要的事业是要做自己喜欢的事情，千万别为了创业、为了成功，做一个自己又不喜欢又没把握的事情，一定要做自己喜欢的事情，我极其喜欢，我相信一定成功。所以我经常讲：成功的企业家，大部分是精神病。

李少博：王总您好，我来自复旦大学，您曾经和马云打一个赌，您说如果十年之后，中国电商的营业额占到全中国的50%以上，那么您给马云一个亿。但是如果没有达到，马云给您一个亿，我想问，你们为什么要打这个赌呢？您现在还觉得自己一定会赢吗?

　　王健林: 不,这是半开玩笑,就是我们俩赌一赌。

　　撒贝宁: 半开玩笑,半认真。

　　王健林: 半认真。那么电子商务这个东西,我很难说十年后我能赢还是他能赢,但是我只是表达一种观点,你的电子商务再厉害,不能替代实体店,另外呢,人的消费行为,还有一种,我们研究消费心理学,有相当大的一个部分,叫作炫耀式消费。女士们,为什么一定要去背个包包呢?这个靓妹帅哥,为什么一定去公共场所去走两步?赢得回头率嘛。

　　撒贝宁: 对,在淘宝上走给谁看。

　　王健林: 所以我说,很难说,我现在说实话,我自己来讲,我不敢断定,究竟十年后,这个电子商务能达到多大的程度。

　　李少博: 是不是2012年年底的时候,您还信心满满,眼看自己要输了,于是说没有说过这个话。

　　王健林: 不不不,如果真到2022年输了,我就给小马哥一个亿,那无所谓的,那不能食言的,是吧?

　　撒贝宁: 你是支持谁?

　　李少博: 我支持马云。因为我觉得现在信息化和互联网化绝对是一个趋势,而且人们的购买习惯越来越多地向互联网偏移,已经是一个既成的事实了。

　　撒贝宁: 但是我比较较真的,您刚才一直在说,这个事是一个半开玩笑半认真,我就想问,哪一半是开玩笑,哪一半是认真?那一个亿是开玩笑还是认真?

　　王健林: 打赌一个亿嘛,半开玩笑,但是我们两个对电商模式的争论这是认真的。

　　徐圣明: 您好,健林兄,非常喜欢您的演讲。您说的话,胆大,脸皮厚,走遍天下有万达,而且我特别欣赏您的霸气。

　　王健林: 这个话,我似乎不是这么说的。我是说呢,这个胆子大,就是创新,就是要敢闯敢试。我说脸皮厚什么意思呢,创业者初期不要怕求人,不要怕卑躬屈膝，你脸皮厚一点，脸皮那么薄，这个也不敢求，那个也不敢求，这个不敢请教，那个不敢请教，怎么能成功呢？

徐圣明：那您有没有说过一句，什么清华北大，都不如自己胆子大，这句话您说过吗？

王健林：说过，我是说，什么清华北大，不如胆子大，就是说你读的书再多，水平再高，如果从创业角度，不敢闯，不敢试，就永远不可能成功。

徐圣明：其实健林兄，您的一句，什么清华北大，都不如胆子大，是给我激励最多的，因为场上八个青年代表，我是唯一一个非名校的学生，但我觉得我和小撒一样，也是一个从小胆子很大、脸皮很厚的人，所以我一直喜欢尝试、喜欢挑战，在比赛之前我会告诉对手，今天的第一一定是我。

王健林：拿没拿到第一呢？

徐圣明：当然有的时候拿得到，有的时候没有拿到。我个人觉得没有狂妄过的青春，不算青春，不知道您是否同意？

王健林：年轻人应该是没有任何负担的，只有这样，才有可能从年轻人当中不断地产生优秀人才，我是非常赞同你这句话。

徐圣明：那我的第二个问题，您还记得您年轻的时候，说过最狂妄的誓言吗？

王健林：最狂妄的事情，我告诉你们，我十几岁时，还没有当兵之前，去爬一棵树，那棵树没有人敢爬上去，那我就一定要坚持爬上去，啪啪掉下来，胳膊摔折。还有一次，一个栏杆，啪啪啪，大家跳，我跟大我两三岁的同学比，他们跳过去了，我一看，这边没人敢跳，我也去跳，嘎吱一下被绊倒，再摔下去，胳膊摔断第二次。

撒贝宁：但是每次伤的都是这条胳膊。

王健林：对，怪得很，每次都摔断这条胳膊。

撒贝宁：这条胳膊太凄惨了。

王健林：我给你一个建议，狂妄和狂傲，应该有所区别，我更主张使用狂傲这个词，有志向，有傲气，但不一定是狂妄。

徐圣明：我自己的狂妄指的就是自信，对自己能力的一种认可，我们做任何事情，就应该像王总爬树一样，即使胳膊摔折了，也要往上爬，这次摔折了，养好了，咱们继续，一定要会当凌绝顶，一览众山小。

撒贝宁：王健林先生刚才总结得特别好，狂傲，你有才，有真才实学，你的这种傲气，和你的这种敢放开去做的这样一种精神，能够给你带来更好的前途，谢谢。来，接下来这位高嘉晗。

高嘉晗：王总您好，就是刚才您在演讲中，还有您在很多场合，都一直强调创新精神对于万达的重要性，那我们知道一般非常强调创新的这个企业，可能都有很开明、很宽松的这样一种企业文化。但是江湖上有很多关于您的传言，就是据说您在万达是神一样的存在，什么事都得听您的，而且呢，您对公司的员工要求非常严格，女员工身上的首饰不能超过三件，而且两个耳环就得算两件，所以我很好奇，在这么严格的一个公司中，员工如何去创新呢？万达的创新，是不是主要就是靠王健林一个人呢？

王健林：首先我问你一句话，你信江湖传言吗？首先这个传言是不准的，其实我们有员工手册，那有要求，指的是礼仪方面的要求，就是我们要求男员工穿西装，这是一个规定，西装领带。女员工要求职业装。再说，你看我们创新不仅是不动产，现在还包括文化，包括旅游方面，这都是创新，很多创新不光是来自于我、来自我的同事，还来自外国人。创新全来自我一个人，那我可能早累死了，那不可能，这江湖传言是不可信的。

撒贝宁：王总一说完，所有的万达女员工含着眼泪奔走相告，大家把金银首饰都拿出来吧。

高嘉晗：好，那我还有一个问题，也是跟您公司的这种管理方式有关吧。就说您的企业每年都有一个良心之旅，就是让这些员工去选择一个村子，然后去访贫问苦，进行捐助，但是捐助的这个钱，是由员工自己来出的，然后公司不给出，那我觉得员工他有权去捐助，他有权利选择不捐助，您是不是去用员工的钱，来为您的企业和您自己博一个名声呢？

王健林：我们慈善捐助的主要来源是公司，但为什么我们强调每年一定要让大家去访贫问苦一次，我们公司发展得比较快，而且基本上在大城市里干，员工有车有房，收入又高。慢慢很多人就忘乎所以了，他的参照物、人生坐标发生偏差了，比的就是钱，所以我们从十年前开展一个活动，就是每年每个公司在当地选一个最贫困的村，去一次，不强调捐不捐款，我们叫作万达义工。这种活动你说究竟能起到多大作用，也不一定，但长期会潜移默化。慈善在万达，我不希望成为我一个人的行动，而是成为一种文化，整个公司形成一种文化氛围，人心向上的氛围。

高嘉晗：好，谢谢您。

撒贝宁：所以现在对于王健林先生来讲，最困惑的问题已经不是怎么去赚钱了，而是怎么去花钱，帮助更多的人，可能是未来，王健林先生要更多地去考虑的。

王健林：我早已经宣布了，我不会把更多的财富留给我的后代。

撒贝宁：是。

王健林：留给社会。古人有两句话，子不如父，留之何用？子强于父，留之何用？就是讲这个。

任育锋：王总，您好，我是一个创业者。

撒贝宁：您是做什么的？什么方向的？

任育锋：我是做餐饮行业的，是在做连锁。

撒贝宁：担担面吗？

任育锋：不是，是那个台湾的风味小吃，有两个餐厅，所以说是属于传统行业，您现在做的，也应该算是传统行业，在传统行业中，您觉得怎么样能做到不断地创新，不断地能够自我超越呢？

王健林：我不太赞成这个分法，我倒觉得你从事的行业，是非常具有前景的一个行业。

撒贝宁：民以食为天。

王健林：民以食为天，而且餐饮业是一个重复消费的行业。你开连锁，你就要研究怎么样标准化。

撒贝宁：没法复制。

王健林：就这一个厨师，一个餐厅请十个厨师，可能就两个高手，这两个高手上来炒的菜，味道就好，其他上来味道就不一样。你再发展连锁，一百个厨师怎么保证？所以最重要的问题，研究性价比，你做出来的东西，要么价钱一样，味道比别人好一点，要么味道差不多，你价钱比别人便宜一点。更重要的就是人才了，比如说你有五个这样的哥们跟你一起弄，我相信肯定会做起来。

撒贝宁：所以今天我觉得你可能是这八个人当中，来得最值的一个，你不光在这儿跟王总能面对面地交流，而且王总刚才那一番话，你说有多少中国的企业家，目前能让王总面对面地说，您给提点意见。

撒贝宁：今天王健林先生用他的演讲，跟我们分享了一个从年轻时代走过来，经历了成功，当然这当中也有失败，这样的故事不可能一模一样地发生在我们当中的某一个人身上，但是有一些东西，我们是可以共同坚守的，比如说一些品格，真诚、守信用、坚持，然后创新。

再一次掌声感谢王健林先生给我们带来的精彩开讲，谢谢。

王健林：谢谢。

有志者事竟成

2013年6月，华商书院举办首届（夏季）金融与投资高峰论坛，王健林应邀在该论坛上为全国各地的 2 000 多位华商书院同学做了精彩演讲。

演讲中，王健林讲述了自己负债创业、艰难融资等亲身经历，生动表达了有志者事竟成的创业精神。

华商各位同学，大家下午好。我是受刘纪鹏教授委托，让我讲一讲自己经商的一些体会，我是头一次到华商书院来，来了以后蛮受震撼，已经办了40多期的培训，而且校友会遍布全中国，正所谓术业有专攻，行行出状元。

我第一次到华商书院，不知道应该讲什么，我了解华商书院基本上都是民营企业，中小企业为主。我往常经常参加一些论坛愿意讲万达商业模式、企业文化等等，对稍大企业有用。我来讲一次，希望对同学有借鉴，讲什么？我想来想去讲成功的几点感悟，定了"有志者事竟成"的主题。我不喜欢念稿子，我自己讲30分钟，更主要是希望互动。写条子递上来、主持人念也可以，提问也可以，没有任何限制，什么话题都能提问。

有志者事竟成讲四点。

第一点，小企业能成长为大企业。在座的可能企业收入几百万元、几千万元，是不是这些企业永远是小企业？是不是大企业天生是大企业？不是，世界上的大企业都是从小企业起来的。我们大家了解世界首富比尔·盖茨创立微软，那是盖茨自己决定创业，和几位同学在一个车库里，一个小实验室搞起来的，刚开始3 000美元，但是现在年收入几百亿美元，世界首富。

还有一个我们华人首富李嘉诚先生，资产2 000亿港币，进入世界富翁前列。这么大一个公司原来是干什么的？最早是做塑料花的，可能同学们年纪轻不了解，20世纪60年代的时候，塑料花非常流行，那个时候不可能摆真花，家里需要有花，就用塑料弄，结成各种花。很小的企业，一年收入几十万港币。

再举一个我自己的例子，万达集团，现在规模不小，我们到今年估计资产超过3 500亿元，去年资产过了3 000亿元，今年至少会超过3 500亿元。纳税今年接近300亿元，去年200多亿元，税后利润将近10%。除了收入这一指标，其他所有的指标，如资产、利润、纳税都是连续几年在民营企业中排榜首。企业是怎么做起来的？1988年借了100万元，当时注册一个房地产公司的门槛是100万元，找不到100万元，找到一个国有企业，当时很有钱的国有企业，从它借100万元，但人家说你借钱得找担保单位。谈好借5年每年的回报，我们找了担保单位，它直接说扣50万元，只给50万元，你干不干？只好先注册。经过25年发展，现在发展成了一个比较大的企业。万达收入增长很快，尤其是2012年这么困难的时候，保持了34.8%的增长。今年估计还会保持30%以上。

我们有一个目标，就是按现在的速度调低点，到2015年收入3 500亿元，以后每年收入保持15%的增速，2020年会达到1 000亿美元收入，那时候资产、收入、利润，我们合起来绝对做到世界前几十名。

发展速度这么快，怎么来的？也是从很小的企业出来的。大家不要忘了，世界上所有大企业就是百八十年，没有太久。欧洲最长家族企业现在第七代，大概200多年。世界企业发展史上没有一个企业辉煌200年、300年，基本100年多一点是极限。为什么我们这么多企业提百年企业如何如何，没人提千年企业？不现实。

50年前的世界500强，现在还在500强榜单的不到10%。10年前世界500强，现在有20%已经找不到，可能这是大家想不到的。

10年前中国只有7家世界500强企业，去年70多家。大型企业不停成长又消亡，这起什么好处？正是企业的这种生生死死，不能活太长，不可能保持永久的现实激励着一代一代后来创业者，立志成为大企业。如果每一个企业活500年甚至更长，创业就没有激励了，企业就没有变化了。

小企业能变成大企业，这是什么意思？现在虽然在座的企业规模不大，不意味着今后不大，不能今后永远是中小企业，很可能成为大企业、超级企业。这是和立志有关系的。

第二点，优秀企业或者叫卓越企业是有DNA的。并不是企业只有到5 000亿元或者到很大规模时，这个企业才有好的经营，不是这样的。我一直讲一句话，卓越企业一定有DNA，什么叫DNA？就是基因，就是生长出来的时候，这个公司基因就决定它可能长为卓越企业。这里希望中小企业、大多数企业家应该有这种情怀。

如果说企业发展到很大的时候才优秀，那不对。我曾经了解过一个企业，是做核武器上的密封垫的。这原来是美国独有技术，进口很贵，这个企业家通过研究和学习，立志于做这个行业，坚持10年获得成功。这个材料的密封效果在世界做到第一，比美国好。厂子不大，一年收入1亿~2亿元，但是作用非常突出。因为有了这个东西，我们国家就不用再去进口这种核心部件。正因为他有这样的成功企业，美国同行出5亿美元买断，如果这个企业家愿意潇洒，很简单，5亿美元这辈子够了，但是他没有卖这个企业。他还有自己更宏大的计划，决心在这个行业，或者相关行业继续发展下去，因为他这种志向和特殊行业性，也获得国家支持。我可以预见这个企业今后一定会成长为卓越企业。

不管多优秀的企业，优秀和卓越不是在它做大以后，而是在诞生之时，一开始这个企业家就有这种情怀，就想发展壮大，有这种志向才可能获得这种成功。这个基因是一开始注定的。

第三点，立大志成大事。志向分好多种，有大志向，有中志向，有小志向，或者说赚钱是分三个层面，最低发财，为自己过得好，家庭幸福，不错，这是最普遍的一个志向。人奋斗，为自己好点，老婆孩子舒服点，这个不算低级，只是志向层次没有这么高，所以叫最低层面。第二层面是做大、赚钱，赚名赚利，就是做企业发财不完全为自己，为了精神层面享受，为了做得更大，在社会上有地位，或者做受人尊敬的企业。怎么受尊敬？一般有影响力的企业受尊敬，超级企业、大企业更受尊敬，更容易积累资源，更容易发展。

作为企业家，应该有这样的情怀，做得更大点，更有影响力一些，更受人尊敬一点，赚钱目标不完全为自己，兼有社会责任含义，变成社会财富的一部分。

做企业的最高层面，就是精神层面、精神需求。为民族增光，为民营企业，或者为行业增光，或者做这个行业的世界领先企业。追求精神层面，用现在的流行话讲做卓越的社会企业，赚钱目的主要是回报社会。那个时候钱足够多，花不了，所以你看现在社会责任做得比较好的、捐钱比较多的或者是义工比较多的，或者专注于某方向做慈善的，绝大部分是大型企业，这符合规律。

虽然今天在座的可能都是刚起步，或者是做了几年，就算做了十来年规模不大，这类企业应该有什么样的志向？就是一句广告词，心有多大舞台多大，要立大志。

我讲一个我创业时候的小例子，1989年，我和四个朋友第一次去香港，安排住当时最好的酒店"君悦酒店"，这家酒店在香港老会展中心，上面四栋塔楼，一个是君悦，还有海景酒店和写字楼，四栋楼在11层的地方做了大概2万平方米的露天绿色平台，环境做得非常好，有两个露天泳池，酒店的人经常去那儿休息。我们白天去了一次，感觉很好，晚上大家又去。那个时候觉得香港太伟大，大家聊天，我说看了振奋，这一辈子一定要奋斗到有这样一栋楼。

我的朋友黄先生讲，王健林你知道吗？这要有很多钱，那时候得20亿元。我说我现在虽然刚干房地产，干到退休20年、30年，还混不到一栋楼吗？大家一笑，以为是一个笑话，那时候万达一年100万元利润。但是由于有这种志向，为之奋斗努力，我们其实没用很多年，1993年我们就有了自己的第一栋大楼，这栋大楼比香港的小一点。到今年有多少栋楼？到今年开业80多家购物中心、50家五星级酒店等等，我们持有物业今年1 800万平方米，明年我们大概达到2 200万平方米。

做到这个行业前5名的都是美国公司，美国国土大，人口多。这些公司历史最短的80年，长的100多年。还是要感谢国家有这么大的区域，而且国家的经济每年8%、9%的速度在递增，我们等于搭上这班快车了，8%、9%与国家同步增长。

如果当时没有这个志向，可能就没有今天。当然成功有很多因素，不是只有志向就能成，有志还要经过若干环节，比如方向正确、得敬业，还得有一定的聪明程度，还得有人才、有社会资源整合能力等等。但是最基础的基因就是有志向，这个志向有多大决定今后发展多大。如果你的志向是最低层面的，在中国做两三亿元足够花一辈子，很多企业是这样子。企业家赚几个亿基本退出江湖，这样不是不可以，这是相当多人的选择。我既然给大家讲课交流，就希望今天在座企业家中有这么一批，甚至有更多人能有大志向，有大志向就有大成功的基因，有大成功的可能性。

第四点，立了志向最重要的是什么？最重要的是坚持精神，向着自己的既定目标不怕磨难、不怕曲折、不怕荣辱去奋斗。我给大家讲两个例子。

企业规模小的时候，1992年年底，我接受了政府的一个委托，当时在市区搞一个开发项目，他们来找我谈，我觉得不能干，风险太大。但碍于政府的面子，我顶着压力接下这个旧区改造项目，那时候不像现在先给钱，每年一户发不到1万元过渡费，当时一共6 000多户，动了大概4 000多户的时候做不动了。这个时候赶上治理整顿。

那个时候来了一个调控，我这25年从业生涯中来了7次这种调控，前几次叫治理整顿，后来改名叫宏观调控，都一个意思。那一次是1992年，还叫治理整顿，那个时候比较狠，一个文件下来立刻停止房地产的所有贷款，不准给房地产贷一分钱。本来我们公司经营很正常，因为接手政府这个大的旧区改造，突然赶上银行停贷，把我憋住了。最后连续9天没有睡觉，什么办法都用了，就是睡不着，差点精神分裂。有一次在公司开会，开会时晕倒了，人们赶快把我送到当时的北京医院，神经内科，还不错，一个医生一看，说不要紧，我能让你马上睡觉。可能是精神作用，他的药一吃我就睡着了。为这个事憋的。

后来市里领导觉得这个小伙子接政府这个任务不容易，找了国有银行行长，解决2 000万元贷款，而且那个时候万达做到年收入七八亿元，不是很小了。但是那个时候，为了解决2 000万元贷款，可能这个行长不太愿意贷，可能是政府的什么原因，人家说5天后来，我5天后去，又不行、又跑，简直最后跑得……最后我为了堵他，我前后跑50次以上。我去了，不能闯进门，我就在门口站着。有时候从早上到中午，中午到下午，也不行，就见不着他。

你们可以想象，一个企业老板，在银行行长办公室门外一站一整天，连续多少天这种感觉。所以企业从小发展，那个时候的磨难还有比这个更严重的。

为什么我当政协委员，好几次提案都是呼吁解决小微企业融资难，我自己确实有这个磨难经历。

民营企业如果能解决资金问题一定会更快地发展，比国有企业强很多。金融资本70%被国有企业占了，解决就业也很少，国有企业解决就业13%，民营企业占87%，每年新增就业九成以上是民营企业。税收方面，前年习近平总书记接见民企代表时说民营企业纳税占全国总税收一半，这是总书记讲的。

如果说没有一点志向，万达早就完了，当时我觉得最难的问题有两个，其中一个是拿地，规划部门一个小科长，叫你去赶紧去，才能说上话，还得站门外等着，站多少天才能碰到，这样的经历多了。正因为这样相对比较曲折的经历，使我们自己立大志，一定要研究万达发展模式。干到不去求别人，让别人求我。

就是这种屈辱经历、融资困难经历使我下决心，我这辈子一定要做大，一定要做一个商业模式，让别人求我的生意。经过这些年发展，我们刚才讲了，不动产规模全球第二，万达商业模式受欢迎。现在我们所有的发展项目来自邀请，100个人邀请，我们选50个发展。从2008年开始万达又开始新商业模式，向文化和旅游转型。

去年我们也成立了万达文化产业集团，去年收入208亿元，成为中国最大的文化企业。去年欧洲一个著名咨询公司发布全球文化企业50强，我们排38，我们自己估计2015年或者2016年进入世界前20名，2020年进入世界文化产业前

10名。做文化产业干什么？我们建立一个更有利的竞争优势，门槛更高，专业性更强，需要创意和特殊人才。说来说去什么意思？我们要叫别人请我们做，就受尊敬了，不用受屈辱了。任何一个小企业做精做专，就像我讲的，收入只有五六千万元的公司研发一个有核心竞争力的东西，照样受尊敬。

因为时间关系就用我的创业故事来说明一个主题，创业的成功是源于多种的，但最重要的是要有DNA，这个DNA就是要有远大志向，心有多大舞台多大。谢谢！

现场问答

▶ **提问：为什么万达可以拿到很好的地段，价格很优，而我们拿不到？**

王健林：刚才我已经解释了这个问题，确实业界有这个议论，万达各地拿便宜的地，位置不错，其实价钱便宜是真的，但万达极少在商业核心地段拿地，我们基本去别人不敢去的地方。北京石景山那个地方，八宝山，当年有地，政府找我们去做商业，谁都不去，北京有句名言，出西二环没有商业，那已经出西四环了，谁敢去？我们因为对自己的商业模式有自信，我们一般到城市发展方向，或者说发展成熟了但是缺商业的地方去。这样首先就迎合政府、百姓的发展需求。再一个，万达商业模式，不敢说只有我们能做别人做不了，但起码我们做得更好。万达有核心竞争力，所有项目2年内开业，一般一年半开业，速度是竞争力。

我们有核心竞争优势，请我们去做项目的，不管政府还是企业，我们就具有了一定的议价能力，比如要2 000元我就给1 000元，谈下来马上做，谈不下来慢慢谈，反正有别的项目做。所以刚才讲了，为什么我能拿到比较便宜的土地？这是核心原因，有竞争能力。你有了秘密武器，有了谈判的条件，有了议价的地位，当然可以拿到便宜土地。

▶ **提问：问三个问题，万达能否离开王健林？万达如何处理政商关系？你如何解决财富传承？**

王健林：万达能不能离开王健林？我肯定地说，可以离开。为什么这么说？我即使一辈子不想离开但也有死的一天，这是规律，所以肯定可以离开，只是什么时候可以离开。我给自己设定2020年，我说退休是指从董事长的位子上退下来，不是辞去CEO（首席执行官），我几年前早已不当CEO了。

我曾经在七八年前说过，万达干到1 000亿元时退休，当时我们公司是100亿元，我觉得1 000亿元可能要干十年二十年，没想到很快1 000亿元。最后公司的人问我1 000亿元退休吗？我说目标定低了，干脆重新定，2020年，我从董事长的位子退下来。

第二，在中国如何处理好政商关系，在中国做生意绕不开政商关系，我曾经说过"亲近政府，远离政治"。很多人我认为装清高，认为可以离开政府。其实不要说在中国，在美国英国不理政府做生意也很费劲。中国是政府主导经济，尤其我们做地产行业，绕不开政府。怎么办？处理好正常关系，最好的办法是做他求你的生意，我们的业务全部来自邀请，关系自然好处理。现在很简单，我们发展部到各地都是别人请我们喝酒，不用请别人。请你喝酒带来一个好处，我们发展部的人酒量练出来了。

第三个，财富传承，不能用中国传统观念理解财富传承，传承不意味着一定传家人，我的思想很开通。万达到今年10万人，2020年我们企业20万~30万人，那个时候有1 000亿美元收入，这个公司不一定要传给自己孩子，孩子能力行自然可以，能力不行怎么说？既害孩子又害企业。古人名言：子不如父，留之何用？子强于父，留之何用？我的观点是还要看，我还有8年时间。这8年如果我儿子确实可以，当然他接更好，如果不行就是职业经理人，他做大股东就可以。我孩子很有志气，他自己创业，还说干好了把万达收购。

▶ **提问：您如何让每一个参与万达项目的合作商有一个公平的合作机会？**

王健林： 从两方面看，万达主要有两大合作方面。一个是工程，一个是商家。施工方面我们为了速度，也为了合作得更顺，在10年前定了一个规矩，万达所有的工程只跟中国建筑总公司合作，现在主要是一、二、四、八局四个局。为什么这么做？如果不是战略合作，没那么重视质量，而且易于行贿。我们希望和这个企业长期合作，而施工企业有很大的工程，占自己企业1/3甚至更多，它会非常重视。需要冲的时候可以冲，一般不会行贿，质量也好一些。

实事求是地说，万达现在最重要的竞争优势不是资金、不是人才、不是商业模式，最重要的竞争优势是商业资源。现在与万达签合作协议的有5 000多商家，海外300多家，每一个项目应该说都是在选商，不是招商。同一个业态这几个给谁、那几个给谁，我不敢说招商部门都是完全正派或者说是完全公平，不敢承诺。但是我们努力做到公平，我们招商的餐饮、娱乐、健身、服饰都有品牌库，你要进品牌库，有一个门槛，从业几年，自己开店多少个以上，你有这个经验才可以进万达发展。

总体来讲，只要产品优秀，或者施工企业过得去，在万达就有合作机会，努力做到我们的发展和大家同步。而且我从来不说万达是甲方，都讲我们是共同发展，我对施工企业和商家非常尊重。商业招商大会每年一次，每次我亲自出席，见几百商家，有一些企业不大，我可以不用去，但是我觉得同样要用自己的行动给我们公司一个提醒，不管大家、小家，最好同样尊重。

▶ **提问：请问一下如何优先租到铺位，能不能给华商同学一点优惠？**

王健林：这个很遗憾，万达最大的特点就是企业管理严格公平，企业管理就三件事，制度、计划、信息化。万达企业管理非常强的是制度，我这个人原来军人出身，比较强调管理制度，万达每个行业每个部门都有一本本的制度，制度要求可操作性，尽量量化。现在要求很简单，一看这个就知道应该怎么办。第二就是讲计划，所有项目开工之前、招商之前有完整的计划。第三个是信息化，把所有计划全部放到信息中心模块里去。

说实话，建设商业领域的腐败很多，万达不能例外。所以我尽量想做到规范，用制度用规范来统一大家，所以回答这个问题，华商同学们不能例外，没有优惠。

▶ 提问：今后10年内中国房地产走势怎么样，国家金融支持不支持，房价会不会跌，我们会不会住不起房子？

王健林：房地产走势怎么样，我说一个肯定的话，大家可以15年以后找我。从现在起15年内房地产不会有大问题，不会有系统性风险，不会崩盘。主要是中国的"两化"没有完成，一是城市化，中国52%城镇人口，真实城市发展40%不到，城市人口中2.5亿人没有户口、没有保障，真实城市化应该首先人城市化，把这些人变成市民。此基础上国家规划每年增加一个点，一个点1 400万人进城，城市化按世界各国经验来看，80%左右城市化进程才放缓，房地产萎缩。发展城市化，中国是52%，离80%，按最低地说，离70%还有18个百分点，2亿人。

还有工业化没有完成。中国炼钢现在六七十亿吨，不到80亿吨，中国真正完成工业化大概应该要150亿~200亿吨钢。从这两方面讲，房地产整体趋势15年之内肯定没有系统性风险，但是局部风险是有的。就因势而异，看自己判断。城市越大风险越低，城市越小风险越高。

▶ 提问：有一个公司说请您做代言人，代言费是多少？

王健林：不好意思，我不是帅哥也不是美女，风马牛不相及。你真要什么合作发个传真，直接写我收，看能不能合作。所有来信我不是第一个看的。因为每天邀请捐助信就多了去了。他们会做分类，你发传真，网上可以看到我的传真。

▶ 提问：这里一个学员，自己创业，如果能给你50%固定收益，能不能和他见面聊聊？

王健林：不用给我一分钱，我可以和他聊，提点建议，让他和我助理约。

▶ **提问：您怎么看待中国游艇业发展，怎么会想收购海外游艇制造公司？**

王健林： 全球游艇上千家，最有名的有两个，一个是意大利的，一个是英国的，号称水中的宾利、劳斯莱斯。两个原因，第一，飞机游艇是最大的奢侈品，奢侈品打造要百八十年历史，这样的奢侈品，有机会买下了不容易。还有和业务有关系，青岛、三亚分别投资建文化旅游区，政府规划要求游艇，各旅游区买十几艘游艇，还不如买工厂合适，我还看好游艇和私人飞机今后在中国的发展。游艇飞机都是高额奢侈品，进口关税45%，如果能在中国造，关税省下来是很大优势。

▶ **提问：说10年以后，您和马云之间有一个赌注，到底谁赢？**

王健林： 从去年以来不停被问，说心里话，当时纯粹为了捧中央电视台的场，我们之前搞了年度经济人物，前四对颁奖，导演临场说比较闷，说你两人逗一逗。怎么逗？赌一赌，这是最主要的原因。实际是玩笑因素更多一些。

第二个，因为我和小马哥，一个正方一个反方要辩论，他代表网络，我只能代表传统经济和商业，我当然说传统商业也是有空间的，也有这方面的意思在。至于谁会赢？我不能说。我说我赢，小马哥今晚不高兴，我说他赢，我觉得不对劲。

▶ **提问：未来商业地产发展，养生地产发展方向应注意什么？**

王健林： 现在养生地产实际上算度假地产的一部分，养老地产国家推，说你做养生地产不如说做养老地产，很多人对养老地产没有清晰认识，万达自己的商业地产和文化做得比较猛，腾不出手，3年前我在想是不是考虑进入养老地产。养老业在中国今后，从现在说5~10年后绝对是大产业。全国20%的人会是60岁以上，养老空间大得很。而且养老地产可以协议出让土地，还有一定税收支持，其实要说把养生改一下，叫养老，弄不好不用公开拍卖，直接签协议拿地。

▶ **提问：万达商业地产模式为实现中国梦加速，近期万达准备在香港上市是否顺利？**

王健林：万达一直以来没有上市，这也让很多人有疑虑，我一直想万达肯定要上市，特别是我的核心产业，包括文化这块，肯定上市。

我自己错过一个机会，以前可以在香港上市的时候，我被澳大利亚一个叫麦格理的投行忽悠了，他说别做IPO（首次公开募股）上市，你做信托基金，可以做管理公司，只要控制管理公司就控制整个公司等等，一被忽悠，我放弃IPO，成立了信托基金。那时香港市场没有这个产品，证监会说第一支一定要批香港本地公司，不能批香港之外，所以香港花一年多时间搞了领汇基金先上市。运气不好。领汇上市后，国家文件禁止民营企业走这个模式，只能重新IPO，又赶上这几年宏观调控，所以这种情况下我们也在思考多种上市方式。我就讲一句话，万达肯定上市，时间不会太远。届时可以清楚看到万达各种财务情况、发展情况。

▶ **提问：您对足球怎么看？万达足球队每年投资多少钱？**

王健林：足球怎么样？不怎么的。每年多少钱？2亿元，3年6亿元，支持中国足球。以前我搞俱乐部，后来不搞，完全退出。因为领导同志关心，还有体育总局的不断呼吁，我又出来支持中国足球。尽管出了1比5的事，总体足球形势看好。刚开始中国足球在亚洲很厉害，曾经在日本干净利索2比0，那个年代中国就怕一个韩国，后来怕的越来越多。我们多次给有关部门领导建议，不要看眼前成绩，下决心关心青少年，只有把青少年蛋糕做大，足球才能真正上去。

例如韩国只有4 000万人，六七十万注册青少年球员，中国13亿人，2011年注册球员1万人，不是13亿人，1亿人中选1个，是1万人中选1个。我搞足球最火的年代，全国是40万足球青少年，现在萎缩这么大，如果青少年盘子不大起来，翻身是很难的。

那个时候中国有郝海东，百米跑11秒多，速度很快，11秒跑百米又会踢球，现在有吗？真的要关注中国足球，不能指望现在。青少年足球人才100万人，中国足球一定起来。

▶ 提问：您企业各个时期如何融资？

王健林：各个时期如何融资，刚才讲了故事。以前难死了，为了公司什么卑躬屈膝的事都办过，现在万达已经是中国四大国有银行总行级客户，融资容易一些。

我这个不代表民营企业，民营企业融资难。

▶ 提问：这里有一个问题，代表一些同学的心声。想进入房地产行业，能不能给一些忠告？

王健林：以前不进，现在想进。现在房地产已经过剩，现在才进来。要进房地产，不要考虑住宅地产，现在住宅地产土地完全拍卖，基本上就是马太效益，全国90%的土地被10%的房地产商拿走了。现在拍卖，你1亿元，别人2亿元，拿的机会都没有。现在进入房地产不要做纯住宅地产，商业地产、工业地产、旅游地产，不如搞养老地产。不需要招牌挂，我建议不要进入房地产市场，因为基本小企业的机会越来越少。为什么香港萎缩到8大家，几乎资本力量把土地全部弄走，其他公司很少有机会。

今天下午2小时时间，很高兴和华商同学交流，我第一次出席这个会议，我工作繁忙，时间不多，只能结合我自己的经历谈。不是教科书，不是说教，就是希望交流真实想法。

CHAPTER 2

执行力是万达成为
世界一流企业的重要法宝

第二章

创新企业管理

今天跟大家交流的题目是创新企业管理。

万达集团是全国知名企业，社会公认万达两点，一是发展速度快，二是执行能力强。

先说发展速度快，2008~2012 年，万达的资产和收入连续 5 年环比增长 35%，今年增长至少 30%。一个超过千亿元规模的企业，能保持这么快的发展速度，全世界也不多见。今年万达资产可能将达到 4 000 亿元，收入 2 000 亿元。万达原来制定的五年目标是 2015 年收入 2 000 亿元，现在看可以提前两年实现。预计 2015 年万达资产将达到 5 000 亿元，收入 3 000 亿元，净利润 300 亿元以上。即使未来发展增速降一半，到 2020 年，万达资产也将达到 1 万亿元，收入 6 000 亿元，净利润 600 亿元，进入世界企业前 100 名。

再说执行力强。万达开发的所有城市综合体，都在两年内竣工开业，而且是几百商家同时满铺开业。比如广州白云万达广场，10 个月实现 40 多万平方米商业建筑整体竣工开业。武汉中央文化区，10 个月实现十几万平方米商业竣工开业。万达第一个大型文化旅游项目——长白山国际度假区，建筑面积 120 万平方米，地下管线长度超过 100 公里，因为项目在深山，没有任何基础设施，从自来水到燃气都自己做，26个月实现开业，其中还包括两个冬季。万达每年9月举办万达商业年会，过去主要是自己招商，现在已变成一个行业交流大会。每次都有超过1 500家零售企业参加。每年的万达商业年会，万达都会发布下一年度商业、酒店、度假区的开业时间，已连续做了好几年。到现在为止，万达开发的几百个项目（包括写字楼、住宅），说哪天开业就哪天开业，没有耽误一天，这恐怕在世界上只有万达做得到。

万达发展快，执行力强，而且运行质量好，用一句话形容，叫作又好又快发展。原因有多方面，如商业模式、人才团队、企业文化等等，因为时间关系，今天我只从企业管理方面解密。

一、创新制度建设

企业必须有制度，万达制度建设注重两方面：

1. 要搞能用的制度

万达非常重视制度建设，1988年，我刚到公司就出台了《加强劳动管理的若干规定》。25年来，万达建立了完善的制度体系，现在每两年修订一次制度。制度修订是万达的大事，从我开始到总裁、副总裁以及各个部门全部参加，每年9月开始修订，12月完成，历时三个多月。现在万达各个系统的制度加起来有200多万字，但制度不是字数越多越好，尽管业务不断发展，但我们要求字数不增加，还要把事说清楚。

万达制度的最大特点是能用，好操作。比如万达商业地产投资制度，10年前我们就把投资中可能遇到的各种问题编成商业地产投资100问，5年前合并成商业地产投资50问。这50个问题涉及土地、配套、地下、规划、税费等方方面面。万达去一个地方发展项目，要求把这50个问题全部搞清楚，比如土地是否七通一平、地下有没有障碍物、配套全不全、当地的建设成本如何、人工成本多少等等。而且必须用数字回答，不能说个大概。所有数字我们要求用投资项目半径三公里内的其他项目做参照，如果周边没有参照项目，可以访谈政府官员，访谈要求两人以上一起进行，规定得非常细。这 50 个问题搞明白，一个项目能不能上就基本清楚了。更重要的是，谁都可以操作，新人来到万达发展部门，给他一本制度，就知道怎么干。

万达规划设计制度把万达广场、酒店划分为 A、B、C 三个等级，每个等级规定若干强制条款，从层高、荷载、内装、外装、景观各方面规范标准，操作起来不会走样。很多人评价万达地下停车场特别敞亮，因为我们规定停车场的高度必须做到 4.8 米，而一般的地下停车场只有 3.6 米。这是我们多年摸索出来的，为了若干年后车位不够用了，有足够的层高能增加机械停车位。现在这种设备非常成熟，三个车位可以做出五个车位，一个停车场全部下来能增加 60% 的停车位。

万达商业管理公司规模现在全球排名第二，二年内随着万达商业地产成为全球第一，它也将成为全球最大的商业管理企业。这个公司发展过程中形成招商、装修、开业、运营等十几本制度，都配有操作流程和图例。其中的开业手册，把商家进场直至开业的上百项工作都列出来，每周做什么工作、达到什么进度都规定清楚。比如什么时间商家装修达到什么程度，开业前什么时候检查水、电、煤气等等。从没经历过开业的员工，照着制度干就行。我们还要求所有制度上网，能在网上操作。总之，万达制度的最大特点就是有用，所有制度为有用而设，不搞形式主义。

2. 不给员工犯错机会

万达制度设计注重堵漏洞，不给员工犯错机会，而不是事后处罚。我十几年前就常讲，"不靠忠诚度靠制度"。现在社会诱惑多，忠诚度也会随时间发生变化，制度设计必须建立在不信任任何人的基础上，以防范风险。万达每年投资超过千亿元，每年开业二十几个广场、十几家酒店，在建的项目更多。建设行业全世界范围都容易出事，设备招投标、安排施工队伍、材料采购都是容易犯错的部门。我们在多年前就建立品牌库制度，招商有商家品牌库，设备有设备品牌库，工程有工程品牌库，行业排名前三的企业才能进入万达品牌库，只有品牌库里的企业才能参加万达的招投标。这样做不仅可以保证品质，防止腐败，而且成本比较低。万达每年仅电梯采购就是十来亿元，集中采购要比市场价格便宜二分之一。万达所有招投标都在网上进行，我们不提倡招标部门和商家见面，考察新的商家，也必须报告。万达品牌库每年审核一次，一旦发现品牌库里的商家对我们行贿，或者质量不好、维修不及时可以列入黑名单，清除出去。

万达对财务、成本人员实行轮岗制度，每三年轮一次岗，如果不接受调动就解聘，慢慢下来就形成文化。现在大家都知道轮岗是强制制度，不接受不行。之所以这么做，就是防止时间久了因为各种关系滋生腐败。

对于工程队伍，我们采取长期战略合作方式，只和中建系统一、二、四、八局合作。使用这些特大型施工企业的成本比使用地方施工企业至少贵10%，但我们从2002年到现在已坚持十多年。刚开始实行招标方法，万达建立广场和酒店的成本模块和造价标准后，不同标准的店成本造价多少，双方很清楚，现在采取议标。其实招标不是最科学的方法，低价中标，施工企业就会想方设法降低成本，最终影响质量。建立战略合作关系后，我们每年给每个局上百亿元甚至几百亿元的工程量，他们很珍惜伙伴关系，也了解万达文化，不会向我们行贿，起到了反腐效果。如果万达有哪个工程特别着急，这些合作伙伴甚至不惜成本也要上，知道干上去万达不会亏待，即使这个项目没赚到钱，还有大量的工程。

在项目建设中，万达提出一句口号：弱化总经理个人权力。虽然可能限制个人创新，但招标、成本不需要像规划、设计那样创新，标准化操作就可以。

现在万达广场比较火，万达广场就是城市中心，相当部分的店一铺难求，特别是开业3年后调整，很多商家都想进来，怎么选择？万达的方法是建立商家品牌库，目前有5 000多家品牌进来。我们根据商家的连锁店数以及和万达的合作情况，把商家分成A、B、C、D四个级别。规定A级店只能选A、B级别的商家，B级店可选A、B、C级别的商家，C级店才能选D级商家。同时规定不同类别商家的租赁年限，每年对品牌库商家进行调整，从根本上杜绝招商腐败。

二、计划作为核心

万达业务板块多元，有商业、酒店、文化旅游、零售等，这么多业务如何实现统一有序的管理？我们主要是抓"纲"，抓"牛鼻子"。

1. 抓住四大计划

万达每年有四大计划：工作计划、投资计划、资金计划和开业计划。工作计划集团各部门做，一年干哪些事，如招聘多少人、设计多少产品、考察哪些企业等等，细排到周。投资计划包括每年发展多少项目、付出多少成本、产生多少利润，也包括缴纳多少税收，不给下面公司偷税漏税的机会，防范风险。资金计划主要是做现金流分析，要求细化到每一个公司。总部现金流做到周，公司做到日。每年7月初集中调整一次，但只能在预算范围内调整。现金流是企业的生命线，我们把现金流看得比资产负债更重要。举个例子，过去世界500强排名第七的安然公司，年收入2 000多亿美元，因为造假几亿美元，最终破产。主要原因是企业杠杆太高，现金流量不足。所以，企业现金流好，负债率高些不怕；现金流不好，资产负债率低照样可能破产。万达开业计划细化到年月日，而且一排3年，今年年底做计划就要排到2016年。有了开业计划，才能分析现金流，做好各项工作准备，人力资源中心知道每年招多少人，财务知道每年需要多少资金。四大计划每年9月初开始做，要3个月才能完成。其间要经过上下博弈部门核算的过程，只有博弈过的计划才靠谱。执行后，每年的7月再做适当调整。抓住四大计划，就做到有备而战，不会跟着感觉走，使万达的运行像一部严密的机器。

2. 计划模块化软件

万达每项工程、每项工作都要编成计划模块化管理软件。比如万达广场从开工到开业、设计、工程、装修、机电、招商等工作，计划到周，共分三级近400个管控节点，一级节点总裁管理，二级节点分管副总裁管理，三级节点项目公司管理。模块化管理实现红黄绿灯制度。按计划完成亮绿灯；如果落后计划先亮黄灯，一周限时内补上工作量，黄灯变绿灯；如果超出限时工作量还没有补上就亮红灯，红灯就要扣分；还有规定三个黄灯等于一个红灯，被扣多少分就相应扣多少奖金。这样每个人都知道下一步要干什么，不敢耽误，耽误了全系统都能看到，这是很大的压力。所以一旦出现黄灯，大家赶紧研究解决。出现红灯是很大的事，累积三个红灯就要换人。执行计划模块化后，今年上半年，全集团只出现两个红灯，一个二级节点，一个三级节点。计划模块化使工作紧张有序，所以万达一年半就能建设开业一个商业中心，而且忙而不乱。

计划模块化管理软件把万达二十几年、几万人的智慧，通过信息化体现在工作程序上。每个人不用管别人，只管按照节点要求干好就行了。最大好处是对新人，来了以后就能直接干。所以万达有句名言：不会干，看电脑。模块化管理使万达管理上了非常高的台阶，现在各个系统都采用了这种方式。

三、依靠科技管理

万达有9万多名员工，在国内超过100个城市有投资，海外投资也有两个国家。按照现在的发展速度，2020年之前万达就会发展到10个国家以上，20%投资在海外。靠人管人肯定不行，靠制度管人也难，依靠科技手段才能有效管理。

1. 全面信息化管理

万达集团所有工作，从万达广场、酒店到文旅项目全部实现信息化。针对万达广场的运营管理，我们研发出中央智能化控制系统，把能耗、消防、人员、车辆的管理信息化，集中在一个平台上，叫作一键式管理。如广场探头监测到广场某个区域的温度偏高或者偏低，智能化控制系统会自动开动空调调节，无须人工操作，不仅提高舒适度，而且节能。各地万达广场的信息都及时上传总部，每个广场每天来了多少人、多少车、销售额多少，总部清清楚楚。我们对施工现场也实行全自动监控，工程干到什么程度，总部一看就知道。万达多年前就自主研发了手机网上办公系统，效率高而且安全可靠。

2. 科技提升管理水平

成本控制是世界性的难题，如何做到算到又拿到？经过多年研发，万达做出一套从设计到施工的成本控制管理软件。成本控制最重要的是从设计角度掌握成本，真正到了施工阶段很难控制。万达控制成本的管理办法是模块化，广场和酒店分成A、B、C三个等级，规定不同的设计和建造标准。设计招标时标明使用什么材料，信息系统自动生成成本，绝不会出现设计方案成本可以，但施工时发现超成本的情况，确保从源头就控制住成本。

2008年，万达沈阳一个项目的售楼处发生一次重大火灾事故，其后我们就下决心提升消防安全自动化管控水平。经过几年研发，形成一系列消防专利技术。比如电缆自动报警，系统监测到电缆温度升高，就会自动报警。万达广场餐饮店特别多，火灾隐患也多，我们就研发出一套餐饮消防自动化管理系统，去年安装了70%的餐饮店，今年全部安装。万达广场内任何一家餐饮店燃气关没关、厨房温度有没有升高，系统都能监测报警，确保不发生火灾，使万达消防安全管理水平达到世界顶尖水平。

3. 获得众多专利

万达重视信息化建设，多年前就成立了信息中心，走自主研发管理软件的道路，已在国内外获得超过100个软件知识产权专利，仅今年就拿到15个全球专利。万达被工信部评为全国信息百强企业第九名；被美国著名信息化杂志评为全球信息化百强企业，是唯一入选的中国民企。过去万达信息化找别人帮我们开发，总满足不了要求。现在万达对自主研发团队提出需求，快则几月，最慢一年，管理软件就可上线。而且自己研发的管理软件，拥有知识产权，可以克隆到不同地区、不同国家的项目，支持了万达的快速发展。

四、严格执行奖惩

很多企业制度不少，科技水平也不低，但依然管理不好，重要原因是奖惩不明，员工积极性调动不起来。万达的做法是严格奖惩。

1. 领导以身作则

万达多年实践证明，不管国内企业还是海外企业，一个单位精气神如何，风气正不正，关键在于一把手。我是万达创始人，而且是绝对控股的大股东。但我依然坚持，我要求员工做到的，自己首先做到。论敬业，我每天7点多到公司，早来晚走，很少休息，是最勤奋的企业家；讲廉洁，招投标我从不干涉，在公司里没有我的任何亲戚，而且我对自己的亲属也严格要求，不允许亲属与公司做生意；讲用人，我不论亲疏，只看能力，员工在万达工作好就是最大的关系，提倡人际关系简单化。所以到现在为止，在公司里我敢说一句话：向我看齐。

2. 所有考核量化

要做到公平公正，不以主观取人，关键是考核指标量化。万达要求所有考核指标量化，不能凭主观感觉。经营部门每年签决策文件，各项考核指标清楚。非经营部门，如人力资源中心，我们会根据项目开发计划，列明每年需要多少高管、多少员工，储备多少干部，用人有什么要求，多长时间到位，做到指标量化。企业文化中心从企业官网流量、新闻报道、员工文化活动、公关关系等方面进行量化。

3. 严格执行奖罚

规矩定了，关键看敢不敢较真，这就分出管理水平。比如万达院线有一年自己把指标定高了，相当一部分影城辛苦一年，算下来一分奖金都没有，这时候发不发钱就要较真。在万达不讲情面，都是按制度。所以万达有的项目总经理奖金比副总裁拿得还多，同样的公司同样的岗位，薪金可能相差几倍，但大家都服气。在万达，违反制度就要受到惩罚。万达曾有一位主管招投标的副总裁，在一次电缆招标中，违反规定让排名靠后的单位中标，后来事情暴露，我们二话没说把他开除了。

4. 内部审计制度

万达有个很厉害的审计部，兼有审计监察双重功能，人财物都直接归我管理。人员很多是审计师、纪检人员出身。我们对所有公司每年一审计，审计后出示三种意见：第一是管理建议书，不处罚，只提管理建议；第二是整改通知书，有处罚，但限于行政经济处罚；第三是审计通报，开除责任人或移送司法。万达审计非常严格，这些年开除了不少人，每年都有几人被移送司法机关。这种内部审计制度对内部人员违规是很大的震慑。由于奖惩严格，万达基本做到令行禁止，所以很多人说万达企业管理就像军队一样。

解密万达执行力

最近几年演讲比较多，万达企业战略、企业文化、转型升级、文化产业都讲过，中欧商学院的学员大多是企业家，今天我就从企业管理角度讲讲万达的执行力，希望对大家有所借鉴。

这些年，万达执行力强名声在外，发展速度成为"神话"，已连续八年环比增长超过30%，年增速最高达45%。万达广场说什么时候开业就什么时候开业，而且建设速度极快。借今天的机会，我给大家解密万达执行能力是怎么炼成的，主要讲四个方面：

一、万达执行力强

万达执行力强突出表现在两个方面：

一是说到做到。万达所有项目，包括万达广场、酒店、百货、影城等，在开工时就确定开业时间。万达每年9月召开万达商业年会，这是中国商业行业第一会，每次超过1 000个商家、上万人参加。在万达商业年会上，万达会公布下一年所有万达广场、酒店项目的开业时间，而且精确到年月日。大家可能会觉得奇怪，为什么要提前一年多就向社会公布开业时间？这不是给自己找麻烦吗？万达这么做是为商家着想。万达广场五一、十一还是春节开业，对于商家来说，招聘员工、准备商品完全不同，因为淡季、旺季销售差别很大。商业行业的利润微薄，如果万达说五一开业，商家员工招聘好了、产品也备齐了，到时候却说推迟到十一或者元旦开业，那么商家备的货就压在库里，卖不出去，即使产品没太多损失，多出来的半年员工工资也会把商家未来的利润吃掉很多。万达多年前就喊"让商家赚钱"的口号，而准时开业就是让商家赚钱非常重要的环节。万达从事不动产15年来，所有项目几乎无一延期，全部准时开业，而且万达广场开业是满场商家百分之百开业，绝不是两三百个商家中只有几十个部分开业。

二是算到拿到。不动产开发的成本控制是极其困难的。首先，不动产生产周期长，不像制造业流水线生产，汽车厂几分钟就造一辆汽车。建设一个购物中心，从准备拿地到开业，万达需要两三年，很多企业可能需要四五年，时间越长变量越多。其次，不动产生产是非标准化的，不同区域的购物中心建筑不同，商家也不同，一种商品在北方卖得好，到了南方就不一定卖得动。因此，对多数企业来说，建设一个购物中心，决算比预算超支15%~20%很正常。但万达从事不动产15年来开发超过一百个项目，不管是万达广场还是酒店，全部做到成本低于预算目标、净利润高于预算目标。这就是万达的特点，算到拿到才叫本事。

万达在武汉做了两个超大型文化项目，一个是汉秀，投资25亿元，一个是电影科技乐园，投资35亿元，今年四季度将开业。这两个项目科技水平非常高、设计极其复杂，代表了万达文化产业的发展方向。由于这两个项目内容全部创新，我们边琢磨边干，2009年开工到现在历时超过五年，6月20日就可以竣工移交，目前看成本全部在我们的预算范围之内。这种全新的高科技文化项目成本也不超支，展现了万达控制成本的高超技艺。

二、形成执行文化

万达之所以执行力强，缘于万达内部已形成强有力的执行文化，每个人都有执行意识：

1. 以身作则

这个口号现在不仅绝大多数民营企业老板不敢喊，大多数国有企业、政府领导也不敢喊。而我多年坚持这条原则，这可能是我部队成长打下的深深烙印，什么事都自己带头，以身作则。一直到现在，在公司里我都敢喊向我看齐，要求员工做到的，我一定首先做到。比如说为了反腐败，公司不能搞裙带关系，我就严格遵守，到现在没有任何亲属在公司工作，我可以给钱让他们自己去创业，但进入公司不允许，做到这一点是极其不易的。万达要成为世界一流，需要大量国际化人才，我不希望大家认为万达是家族企业，什么都老板一个人说了算，决策也不透明，这样国际化就很难做到。而且作为万达绝对大股东，我从不在公司报销费用，我带头不占小股东便宜，要做得硬气。

2. 没有不可能

在万达，只要是经过博弈确立的目标，没有人会说完不成。当然，万达制定目标是科学的，绝不是拍胸脯、拍脑袋说出来的。万达每年制订计划要花3个月时间，9月开始，各个业务系统就要提出第二年的计划，然后与上级、下级、同级部门之间进行长达两三个月的讨论博弈，最终由董事会拍板。一旦确立目标，每个人只为完成任务想办法，绝不会为完不成任务找借口。就是我多年经常讲的一句话：想做成一件事总能找到办法，不想做成一件事总能找到借口。在万达，任务完成情况不仅和收入有关，也关系荣辱。万达每年都会把当年开业的万达广场、酒店等项目的品质进行排名，在集团年会的会场外用很大的展板公布，这就是很大的压力，排名靠后的总经理会感觉无脸面对团队，只有回去后发奋图强。万达已经形成这种文化，大家共同感觉目标任务完成不好是一种耻辱。

万达在广州开发的第一个项目——白云万达广场，地下两层，地上十几层，建筑面积40多万平方米，只用了11个月就建成开业。本来定的任务是两年建成，但当时广州要举办亚运会，广州市委市政府非常希望我们在亚运会开幕前开业。我们答应下来，回来后重新排工作计划。如果不是形成执行力文化，如果没有强大执行能力，也真不是领导说快就能快。最后我们咬紧牙关，实现项目按期开业，创造了世界商业和建筑史上的速度纪录。尽管速度如此之快，白云万达广场仍建得非常精彩，开业后的效果远远超出预期。万达广场建在搬走后的白云机场跑道上，半径一公里内几乎没有居民，但开业后生意非常好，第一年平均每天的客流超过7万人次，其中的影城、酒店在万达自己系统的全国排名中名列前茅。很多广州人想不明白万达为什么能建得这么快，效果还这么好。有一次，我们的一位独立董事到广州参加一个企业家活动，晚饭后乘船游珠江，大家听说他是万达的独立董事，很多人就问："听说万达是军事化管理，不行就抽鞭子，所以才这么快，是这样吗？"现在人才竞争这么激烈，让团队心甘情愿为企业奋斗非常难。靠军事化管理、抽鞭子，人早跑了，万达靠的是形成了"没有不可能"的执行文化。

武汉中央文化区楚河汉街，万达仅用10个月建成开业，创造奇迹。这个项目本来也没那么急，但2011年恰逢辛亥革命百年，当时说纪念的主会场要放在武汉，武汉市领导找到我，说楚河汉街是武汉辛亥革命百年纪念的一号工程，能不能提前开业？当时我想，这是向国内外展示万达的机会，就答应下来，下定决心，采取很多措施，保证项目按时建成，这里面有很多故事，一节课都讲不完。尽管只用了10个月，但项目建得非常好，省市领导看了后非常震撼，现在楚河汉街已成为武汉新的标志。楚河汉街是民国建筑风格，夹杂一些欧式和现代建筑，做得很逼真。开业后不久，武汉市书记、市长陪同某位海外贵宾参观汉街，贵宾看了后很感动，说感谢武汉市政府把民国老建筑保护得如此之好，他居然都没看出这是我们新建造的，这说明汉街做得还是不错的。

还有长白山国际度假区，120万平方米的建筑面积，包括9家酒店、亚洲最大的滑雪场、3个高尔夫球场、旅游小镇等，26个月就建成开业，创造了神话。当时因为长白山国际度假区申办2012年亚运会的冬季运动会，这样项目必须在2012年8月前建成，否则就无法竞争。长白山一年只有6个月施工时间，10月份后就大雪封山，雪深一米多，一脚下去就没到腰。但为了抢工期，必须冬季施工，非常艰苦。万达员工的拼搏精神让我非常感动，这个项目竣工后，我们破例到现场开表彰大会，全集团几百名核心高管坐飞机到长白山项目现场参会，给予建设团队、施工单位重奖和很高的荣誉。长白山国际度假区开业后效果也很好，开业当年的滑雪人次就超过经营二十多年的亚布力滑雪场50%。今年第二个滑雪季，客流同比去年增长近100%，滑雪旺季时，度假区9家酒店、5 000多张床位全部爆满，一房难求。

再举一个销售的例子，万达青岛东方影都原定2013年7月开工，当年完成30亿元销售。但由于土地等方面原因，项目拿到预售证开盘时距离年底只有16天时间，也就是16天时间要完成原定半年完成的30亿元的销售额。这种情况下，集团领导问青岛公司总经理要不要调减指标，这位总经理说我们努力试试看。万达南昌项目总经理听说这件事，就给青岛公司总经理打电话，说你们青岛16天销售30亿元，除非有神话。为完成目标，万达青岛团队想尽办法，加上项目预期很好、营销到位，推出的房子一抢而空，短短16天内，超额完成任务。这就是万达执行文化的特点，很少有人说不可能，你可以说目标非常困难，讨论讨论看怎么办，但绝不会上来就说不行，干不了，这不是万达的做事风格。

3. 奖惩严格

严格奖惩是企业管理的重要方面，但奖惩严格说来容易，做起来难，真正敢奖敢罚要靠执行力。首先是敢奖。万达武汉项目公司2012年销售目标70亿元，不足100人的团队，开动脑筋想办法，结果创造了年销售超百亿元的奇迹。超额完成这么多，奖金敢不敢发？如果发，武汉项目公司员工当年收入就是同类公司员工的倍数。我们不仅按照目标责任书完全兑现奖金，而且在集团年会安排上台做先进发言，让他们名利双收。在万达，同样的岗位，因为员工执行结果不同，收入差距可能达到数倍，但大家都认同，不会有意见。其次是敢罚。万达曾有一个分管招投标的副总裁因干涉电缆招标被开除。按照万达招投标制度，只有行业前几名的企业才有投标资格，但这个副总裁坚持让一家规模很小的企业中标。尽管这位副总裁施加很大压力，但我们的成本部总经理、副总经理坚持原则，坚决不签字。后来成本部总经理向我报告这件事，我们马上启动内部调查，查实情况后把这位副总裁免职了。因为在万达，制度就是高压线，谁碰就一定受罚。

三、执行管理模式

要真正把执行做好，还要建立执行管理模式。万达执行管理模式有三个特点：

1. 总部集权

中国社会正处于转型期，贪腐比较严重，特别是建筑行业、房地产行业。为了防止滋生腐败，万达实行总部高度集权的管理模式，权力向总部集中，弱化地方公司总经理个人作用。万达各地公司总经理、副总经理经常轮换，哪里需要就去哪里。我们规定不服从安排就解聘，不然的话，大家都想在北京、上海等大城市工作，公司怎么发展？当然不是完全不讲人情，如果员工家里确实有困难，也会综合考虑。时间长了，大家都知道这是集团规矩，很少存在不服从的现象。

2. 垂直管理

为了控制重要部门，万达成本、财务、质量、安全等系统由总部垂直管理，垂直系统的人、财、物由总部管，地方公司不能干涉；垂直系统人员在地方公司工作满三年轮岗，避免时间长了形成利益共同体。垂直系统要和地方公司一把手形成既支持又制约的关系。

3. 强化监督

人性本身有弱点，人的性格也会发生变化，我在公司经常讲，靠制度，不靠忠诚度，忠诚度是靠不住的，今年有忠诚度，明年也许就没有，遇到金钱有忠诚度，遇到美女也许就没有忠诚度。万达要靠严格的制度来管理。万达制度设计的特点，一是制度制定的出发点就是不信任任何人，二是尽可能在制度设计上做足文章、减少漏洞，不给员工犯错机会。比如万达招投标制度，所有业务相关行业都建立品牌库，电缆有电缆的品牌库，电梯有电梯的品牌库，甚至小到开关都有品牌库，进入品牌库的企业必须是行业前几名，只有进入品牌库的企业才能参与万达招投标。万达广场现在非常火，一铺难求，为了防止招商过程中出现腐败，我们建立了招商品牌库，把商家分成A、B、C、D四个等级，同时万达广场也分为A、B、C三级店，明确规定不同等级万达广场引入的品牌等级，比如万达广场A级店，只能选择品牌库中A、B等级的商家，B级店可以选择A、B、C等级的商家，C级店才能引入D级商家品牌。尽可能减少个人操作空间。很多人问我，这样做会不会影响个人能力发挥，影响企业发展，但从实践看，不仅没有影响企业发展，反而速度更快。

万达还建立了一支强大的审计队伍，我个人在集团不分管具体业务，唯一管的部门就是审计部，审计部就相当于万达集团的纪委，也是万达集团的"看门狗"。这支团队业务能力强，在集团内树立了权威，具有很强的威慑力。审计部去各地公司审计后，会根据审计情况下发管理建议书、整改通知书或审计通报。管理建议书没有处罚，整改通知书会提出改进要求并跟进相应处罚，审计通报最严厉，一发就意味着有人被开除或者受到更重处罚。万达漳州项目公司的总经理、副总经理、销售经理等几个人合伙，在项目销售中，把一栋邻湖非常好卖的楼对外宣称卖完了，在集团内部信息系统上也利用他人身份证登录完。客户想买，要向他们交几万元现金还不开发票，共同贪了几百万元。后来被万达审计部查出来，我们不仅将这几个人开除，还向公安机关报案，追究其刑事责任。

四、科技保障执行

万达执行能力的形成，非常重要的是靠高科技、信息化来保障执行。

1. 高度信息化

十余年前，当大多数企业还没有信息化意识时，万达就成立了自己的信息中心，招了很多海归。信息中心在万达级别很高，和业务系统如酒店、商管同一级别，都是副总裁级。万达几年前就实现了从PC（个人计算机）到移动终端的办公系统自动化。移动终端由万达自己研发，出差照样批文件，大大提高效率。万达要求所有项目管理信息化，比如万达各地项目工地都有摄像头，摄像头拍不到的地方就要求移动录像，然后上传到信息系统，这样在总部就可以实时监控各地项目工程进度；万达的招投标也全部在网上进行。由于对信息化敢投入，水平高，

2013年，万达被全球知名的信息杂志评为全球信息化百强企业，是唯一入选的中国民营企业。万达还曾被国家工业与信息化部评为全国信息百强企业并名列前十，是排名前十中唯一的民营企业。

2. 计划模块化

万达特别强调计划，成立了专门的计划部，所有工作都有计划，如开工计划、成本计划、利润计划、现金流计划、收入计划、招聘计划等等，每项计划又分成年计划、月计划、周计划。万达计划的制订每年9月开始，历时三个月，12月5日前由我正式签发。也就是说，每年的11月底，万达各个系统总经理就知道自己第二年需要挣多少钱、花多少钱、招聘多少人。

商业不动产开发非常复杂，万达经过多年研发，创新推出一套工作计划模块化软件。万达广场建设周期在两年左右，我们把万达广场从开工到开业的全部周期分成近400个计划节点，比如设计什么时候交图纸，工程什么时候进展到什么程度，什么时候开始招商，什么时候商户进场装修等等。节点根据重要程度不同分成一、二、三级，分别由总裁、副总裁和项目公司管理。所有计划节点编入信息系统，如果工作按计划节点正常运行，系统亮绿灯。如果哪项工作没有按节点完成，系统亮黄灯，黄灯亮一周工作量还没补上，黄灯变红灯，亮红灯就要受到处罚。为防止一年中出现多次延误，万达还规定亮三个黄灯等于一个红灯，不同级别节点处罚不同。如果一个节点亮了黄灯，分管副总裁就会赶快下去，想办法解决问题，把工期赶上来，如果晚两个月可能就要换人了。所以在万达不可能出现一项工程延误几个月、半年，到最后才发现不能按期开业的情况。万达有人才储备库，每个公司需要多少人才、储备比例多少都有专门规定，为此宁可多付出成本。比如项目公司总经理，100个总经理在任，就有五个总经理在总部候补待命，随时准备换人。计划模块化软件是保证万达所有项目按时开业的核心法宝。在万达有一句名言，"不会干，看电脑"，每个人不用考虑别人的事情，只要管好自己的工作进展节点就行。万达计划模块软件已获得全球专利，在欧盟、美国都申请了专利保护。

3. 慧云智能系统

这是万达在全球的首创。过去购物中心的管理与监控都是分成若干个系统，机电管机电，消防管消防，节能管节能，每个专业都单独监控，相互之间不联通，这种方式既浪费人力资源，又无法完全避免人犯错误。这方面万达曾有过深刻教训，这也促使我们想尽办法避免事故出现。经过多年研发，万达2013年成功开发出一套系统，我给它起名叫慧云，寓意智慧的云，就是把万达广场、万达酒店中的消防、水暖、空调、节能、安全等所有监控系统集中在一个超大银幕上，完全智能化监控。比如员工值班，临到换班时，它会自动向交接班人的手机发短信，提醒按时换岗。比如空调，系统如果检测到某个区域人少，会自动减少送风量，起到节能效果。目前这套系统已在四个万达广场进行试点，今年准备在全国万达广场、万达酒店全面推广。

万达靠制度、文化、科技等综合因素形成了不敢说世界第一，但至少在中国第一的企业执行力，执行力是万达取得今天成绩的秘诀之一。万达去年资产达到3 800亿元，收入接近1 900亿元；今年资产将超过4 500亿元，收入超过2 500亿元；2015年以后，万达即使发展减速，每年环比只增长15%，到2020年，资产将超过1万亿元人民币，年收入将超过1 000亿美元，利润超过100亿美元，成为排名世界前一百名的超级企业。而且我们要求到那时20%~30%的收入来自国外，成为世界一流跨国企业。为什么有这么大的雄心壮志？万达就是要用自身实践证明，中国民营企业完全靠市场竞争也能做成全球赫赫有名的企业，为中国的企业，特别是为中国的民营企业争光。执行力是万达成为世界一流企业非常重要的法宝，就像汉代贾谊在《汉书·贾谊传》中所说的那样，做到"身之使臂，臂之使指，莫不制从"。

谢谢大家！

现场问答

▶ 提问：我来自一家跨国企业，相信万达的文化和您的出身背景有很大关系，军人出身背景和万达文化的关联性是怎样的？

王健林：军人出身跟成功有没有必然关系？回答是"Yes"。不是每个军人转业都能成功，但很多成功企业家是军人，比如柳传志、王石、任正非、我。2003年，全球知名的《福布斯》杂志对世界500强企业的董事长、首席执行官和总裁级别的5 000多人做过分析，发现超过30%来自西点军校。当然西点军校学员本身就是精英，它选人比较严格，淘汰率高达40%。在这里，对人最重要的锻炼是形成坚韧的性格和培养坚定的目标，这是成功的基础。

成功最重要的因素就两点，一是创新，要敢于创新；二是坚持，遇到一点挫折就退回去，不会有成功。所以万达文化和我的军人出身有关系，但不是绝对画等号，不是当了兵就一定成功。

▶ 提问：我是来自中欧商学院MBA 2013级的学生，万达是如何将超强的执行力文化贯彻给中高层管理人员的？

王健林：今天大家听我在这儿讲执行力，好像我是成功人士，但我成功的最大特点，就是"不唯书、不唯上、不唯洋"。书本我也不完全信，大师我也不完全信，洋人也不一定信。

想当成功企业家就得记住，一定不能照搬照抄成功者的模式。齐白石先生有一句名言："学我者生，似我者死。"今天我在这儿讲万达的执行力，大家千万不要把它当成教材来学习。

万达的成功模式也许适合同行业、同样千亿元级别的企业，但小企业、创业型企业完全不一样，行业也不一样，一定要琢磨、创造最适合自己发展的模式。所以我经常讲，千万别信那些成功学书籍，什么成功一百条、制胜三十招，都是瞎忽悠，千万别信，包括我讲的，你们就听听精神。

万达去年员工10.3万人，今年可能到12万人。这么多新人进来，怎样让他们融入万达文化，怎样学习业务呢？万达投了七八亿元，在廊坊办了一个万达学院，可以同时容纳3 000多人，主要是培训业务，以短期培训为主，不搞学历教育。

我非常痛苦，现在大学招不到万达想要的人，他们很少培养服务业、零售业、电子商务、商业管理的人才，所以别的企业也来猛挖万达的人。逼得我们没办法，只好加强培训。现在看效果奇好，超出我们的预期。我们刚刚把学院的培训教材编纂，公开出版了两本书：《商业地产投资建设》和《商业地产运营管理》。我们还会逐渐把自己的心得体会出版，拿到社会上去，帮助大家少走弯路。

▶　**提问：我来自一家移动互联网公司，我相信万达的股权结构对于万达保持超强执行力是有帮助的，对于刚创立的企业，您有何建议？**

王健林：股权和现代企业制度不是画等号的，究竟是有大股东这种企业好，还是完全职业经理人制度好，目前没有定论，很难说谁更好。大股东可能会更关心这个企业，举个例子，美国AMC连续亏损多年，我们进去当年就盈利，难道我是神？原来他有5个股东，一般大，谁也不真正关心这个企业。我去了就告诉管理层，和你们签5年合同，只要挣钱，拿出10%给你们。这样他就用主人心态来干，当年就盈利，第二年挣得更多，这就是有主人的好处。当然大股东也有把公司带坏的案例。但是职业经理人的毛病是不愿意关心企业长远的利益和投资，不会去做要等5~8年才能见效的事。

职业经理人制度能成功，大股东也能成功。世界上时间最长的企业是家族企业，欧洲有很多企业是家族企业，也就是说，家族企业、大股东企业、职业经理人的企业，都可能是合适的模式，用一句广告语来说就是：鞋子舒不舒服只有脚知道。

▶ **提问：我来自中国电信。在您的计划里，万达未来总收入的30%来自海外。中国企业要走出去，目前看有联想模式和华为模式两种范例，您对"走出去"在战略层面上如何考量？**

王健林：万达的目标是未来20%~30%的收入来自海外。跨国经营是企业做到相当规模时的必然选择。我们给自己定的目标，五到六年后企业收入超过1 000亿美元，那时如果仅仅在中国大陆，首先达到这样的收入有一定的困难，因为中国经济总体处在一个缓慢减速的过程中。第二，国际化会给我们带来思维上的变化。

从战略角度来思考，万达国际化出于以下几个方面的原因：

第一，实现长远战略目标的需要。现在万达的口号叫"国际万达，百年企业"。万达的口号是经过提升的，公司刚成立的时候，我们的口号是"老实做人，精明做事"。那时企业比较困难，我们就老老实实做人；为什么精明做事，是告诫自己不要被别人骗。1998年前后，那时万达有了一点钱，对企业文化进行提升，口号是"共创财富，公益社会"。后来企业规模更大一点，第三次提升定的口号就是"国际万达，百年企业"，国际万达一定是国际化的，百年企业一定是长青的，为了实现我们宏伟的目标，必须国际化。

第二，分散风险的需要。国际化可以分散风险，特别是民营企业更需要国际化。

第三，收入增长的需要。靠国际化、并购才能做得更大。通过研究世界500强的企业，我们发现没有一家企业是完全靠自身生长成长起来的。没有一家企业在进入世界500强财富排榜前没发生一次并购？没有！

▶ 提问：我来自一家跨国集团的空气化工公司，万达商业模式在国内的小城镇是不是能做得通？如果您走出去，在国外有政策风险，还有政治上的风险，能不能走得顺？

王健林：万达的商业模式小城镇照样可以做，我们现在已经在一些县城做。万达广场我们自己分成A、B、C三个级别，最终万达广场会走入很多县城，不然怎么有空间发展呢？

关于是不是要国际化，国际化不一定是指万达不动产的模式克隆到外国去。万达"走出去"是不会投购物中心的，为什么？因为购物中心在国外已经高度成熟，几乎没有空间，而且在美国、英国、欧盟等地，做零售有非常严格的规定，比如一块地他们就会规定这里的零售面积不得超过多少，或明确此地块不能做购物中心。其实中国应该认真向这些国家学习一下零售的布局。

万达到国外发展是做文化、旅游，假如有一天要搞不动产，只能是并购模式。并购的前提是，跟万达业务有相关性，业务不相关的不并购。国际化不是意味着不动产的国际化，是企业战略、企业文化或者说企业发展的国际化。现在，万达国际化做得最大的一件事就是建设高端五星级酒店。凭什么外国人把酒店开到中国来，就不能中国人开到外国去呢？所以，万达的目标是十年之内，在世界各地建十几二十个高端五星级酒店，当然也不排除并购一个大型跨国连锁酒店公司，将来中国人出去都住自己的酒店不更好嘛。

▶ 提问：我们公司是一家做节能与新能源汽车的民营企业。企业内部执行力需要很多外部的配合，比如建设项目，从选址、拆迁、办证，到最后的消防验收等等有很多制约因素。万达是怎样让政府审批通过，保证万达所有项目能够按期开工开业的呢？

王健林：你问得挺专业，确实内部控制容易，外部控制很难，特别是一些许可。万达为什么能做到？这些年很多人问我，你不行贿为什么还能成功呢？就是靠创新商业模式，让你的模式具有唯一性、独特性，别人来请你，这事就OK了。

很多年前，在还没有什么企业有不动产意识的时候我们就开始搞万达广场，一代、二代，到第三代成为城市综合体，产生很大影响力。现在，在很多企业还在犹豫要不要做不动产的时候，我们已经进入文化、旅游领域，并进行跨国发展。

另外，万达拿到的土地完全是净地，而且从我们自己的教训出发，没有消防许可绝对不能开业。我们为什么一定要成立自己的设计院呢？目前万达有商业设计院、文旅设计院、酒店设计院，就是高度遵从商业、消防的规范，在设计过程中尽量规避瑕疵。设计上我们掌握中国的特点，东部、西部、中部规范都不一样，掌握好它的规范条件，设计尽量满足这些需求，所以一般情况下不会存在审批障碍，当然也包括我们当地团队努力的因素。

▶　**提问：我来自杭州，万达也做过住宅，后来选择商业地产的模式，当时在您的团队里是不是也有反对的声音？那时，您有纠结过吗？**

王健林：万达的第一次转型就是跨区域发展，万达是全国最早跨区域的，1993年就到广州去，当时办公司，广州工商局不给办，说你大连的为什么跑到我这里办公司，国家没有规定。怎么办呢？我就去找当地一家叫华侨房地产的公司，它愿意出租账号，我给它200万元租了一个账号，办了一家分公司，每年给它交点管理费。第二次转型是从住宅向不动产，第三次转型向文化旅游转，最近正在做的是第四次转型，即实现国际化，成为全球一流的跨国企业。

第二次转型中肯定有不同的声音，住宅做得如火如荼，钱很好赚，为什么要去搞商业地产？一开始不会做，每年都有人告我们，不断打官司，做商业地产前3年累计被告222次。那时，没有一点坚持精神就退回去了。我的很多副手说，何必这么累呢？我就给他们讲一条，不动产是长期、稳定的现金流，住宅地产现金流不稳定。其实，那时我还没有意识到中国城市化的完成和终结问题，现在看来，更有这个风险了，现在城市化52%，再有15年可能达到70%，甚至75%，那时人们对于住宅的需求就会大幅萎缩，这个行业还会存在，但现在这种大规模、快周转、大现金流的模式就结束了。追求长期、稳定的现金流，这是企业要做长必须想的。我劝任何一个做企业的人都要牢记这两句话，一是长期，二是稳定。这是做企业的法宝。

　　过程中也有纠结，这里就有大股东的好处。我曾经跟大家说我们就熬满5年，熬满5年还不行再收。到2004年，上海五角场、宁波鄞州、北京CBD三个店同时开工，我们好像朦朦胧胧找到一点感觉。当时我跟大家讲，这三个店如果成功我们就坚持走下去，如果不成功，咱们还回去干老本行。后来，这三个店极其成功，这就坚定了我们的信心，一直走到今天。所以，创新也好，创业也好，坚持精神非常重要。

CHAPTER 3

创新成为
企业成长的终极密码

—— 第三章 ——

万达的企业创新

在北京大学光华管理学院的邀请下，王健林就万达的创新问题做了主题演讲。

在企业的创新中，最重要、最关键的是什么创新呢？王健林认为是商业模式的创新、赢利模式的创新，远比技术、管理层面的创新更重要。企业只有在赢利模式上有所创新才能在市场份额、利润空间上有更多的回报。

没有演讲之前，讲一个观点，在世界范围内，不管是个人的成功还是企业的成功，都没有固定的模式或者说规律。成功的道路和模式千条万种，我从来不相信那些所谓的"成功的秘诀"、"制胜的绝招"，光读这些书籍恐怕也很难成功。成功要靠自己领悟，靠自己的投入，所以也不应该把我今天的演讲看作成功的灵丹妙药，这仅仅是我们企业发展中的一些思想、一些体会。我自己的看法是：成功的路是要靠自己走的。

万达成立于1988年，现在有超过百亿元的资产与年销售额。2005年纳税超过10亿元。除此之外，还有一个比较自豪的地方，万达集团的慈善捐助是中国民营企业中最多的，国家民政部、中华慈善总会等机构都给予了充分肯定。我今年两度荣获慈善方面的奖项，先是10月份被评为第二届"全国十大社会公益之星"，然后是11月份荣获首届"中华慈善奖"。我们的宗旨就是"共创财富，回报社会"。

今天我演讲的题目是"万达的企业创新"。结合万达十几年发展的实践谈谈我对创新的几点体会。

一、创新的核心是思想观念

企业创新有很多种，管理创新、体制创新、营销创新，我觉得核心是观念的创新，也就是说要解放思想。

1. 倡导求异思维

中国传统文化强调循规蹈矩，强调守旧，强调不冒尖，"木秀于林，风必摧之，行高于人，众必毁之"，"出头的椽子先烂"，这种思想束缚，造成了近代中华民族的衰落。最近400多年来，国际上重大的科技创新很少看到国人的身影，我们一说都是几千年历史、四大发明等等，这种思想阻碍了中华民族的复兴。万达这些年之所以发展比较快，一个非常重要的体验，就是能够解放思想，有求异思维。

万达集团在1988年成立，严格意义上说是一个"私生子"，是区政府自己成立的公司。那时和现在不同，现在只要获得土地，有钱就可以干，当时除了有钱还要有"粮票"，要到计委装进计划的笼子，必须凭计划指标才能申请用地。我们由于没有计划指标，成立一年都找不到项目，我就到市有关部门反复去磨。当时市政府是日伪时期盖的关东军总部，非常漂亮，门前有几十万平方米的大广场。但就在政府的一街之隔，就是一个棚户区，掏一次大粪整个社区要臭好几天。市政府开了几次会要改造，找了市政府所属几家公司都不愿意干。规划局和政府就说这个项目给我们，我拿回这个项目，公司大部分人都反对。当时我们公司的名字叫"西岗住宅开发公司"，后来我讲了一句话："开发开发，不开怎么能发呢？"统一大家思想后，我们分析为什么那几家说要亏损呢？经过反复测算，发现按照政府给的规划条件，按当时大连最高房价1 100元一平方米来说是一个亏损账，所以一般企业不愿意干。后来我说1 100元是亏本，我们卖1 500元一平方米不就挣钱了吗？但是怎么能卖这么高呢？于是搞了四点小小的创新。

第一是设计了比较大的户型。最小的房子80多平方米，最大的140多平方米，户均达到了120平方米。这在当时是冒风险的，当时的规定是局级干部90平方米、处级干部70平方米。户型这么大，开始也有人反对。第二是设计了明厅。当时盖房子都是套用苏联的图纸，只是一个过道而没有明厅。第三个创新就是每套房子做了一个洗手间。大家可能不了解，20世纪80年代政府规定县处级以上干部住房才可以有独立洗手间。就因为我们做的房子有洗手间，政府还要我提供所有购房人的名单。第四是做了铝合金窗户。凭着这四点小小的革新，我们大着胆子卖到了均价1 600元一平方米。没想到恰恰是这些创新，满足了当时一些客户的需求，旧房还没拆迁完，1 000多套房子一个月就卖完了，掘到了万达的第一桶金。

这个项目为万达赢利近1 000万元，更重要的是我们创造了一个纪录，成为中国房地产企业中第一个参与旧城改造的企业。从此一发不可收，成为中国房地产企业中旧城改造面积最多的企业之一。

2. 富有冒险精神

什么是创新精神？有多种多样的解释，我的看法是：创新精神某种意义上就是冒险精神。中国有句古话说，"富贵险中求"，就是说只有冒一定的风险才能求得富和贵，不敢冒风险是不可能有发展的。从发展历史来看，万达也是富有冒险精神的。

我们1993年就跨区域，走出大连到广州开发，因此万达也成为中国房地产企业中第一个跨区域开发的企业。当时去的广州番禺，就是现在全国房地产界都非常有名的"华南板块"。因为没有经验，买地的时候被人宰了一刀，买的地比较贵。再加上对南北文化和区域消费心理的差异把握不太准，一开始房子卖得不太好，后来反复调整折腾了四年。几十万平方米一个小区，最后一算账挣得不多。这并没有影响我们跨区域开发的决心。1998年我们又到了成都、长春两个城市。1999年开始逐步拓展，现在万达在全国近30个城市有项目公司，成为中国房地产企业中跨区域最多的企业。

2000年的时候我们决定要做商业地产，当时很多人也不看好，甚至还有知名的企业家批评我们不务正业。在他们看来，房地产企业就是盖房子、卖房子。我们觉得商业地产难度比较高，难度越高，竞争越少，反过来说成功的机会越大、赢利空间越大。所以我们果断地进入了商业地产，这也有冒险精神在里面。因为敢闯敢试，经过这四年的发展，万达已经成为中国商业地产行业的龙头老大。

冒险精神和蛮干是有区别的，冒险精神是有调查，看准了，但是没把握，敢闯敢试。蛮干是没有目标、没有调查，随心所欲地干。

3. 创新不怕失败

创新意味着冒险精神，冒险精神意味着有风险，有风险就意味着有失败，而且可能有很多失败，只有不怕失败才能成功。但创新仅仅不怕失败还是远远不够的，重要的是能够从失败当中吸取教训、总结进步，"吃一堑，长一智"，才能获得成功。我曾经讲过这样一句话："先行者绝大部分会成为先烈，少部分会成为先进。"先烈和先进的区别在哪里呢？区别在于谁能从失败当中总结进步，不然你只能成为先烈。

从万达商业发展的实践来看也是这样，我们做的第一个商业地产项目是失败的。这个项目在长春，我们以为找沃尔玛这样一个大的跨国零售企业来做招牌就行了，沃尔玛这个牌子大，而且沃尔玛开的店都是人流巨大，肯定赚钱。当时长春项目一共卖了几十个商铺，有上百人排队，卖得非常贵，3万元一平方米，推出来就被全部抢光。但是最后出了问题，因为售价比较高，而实际能租到的租金比较低，回报率不够。所以一些业主就闹事，有的找媒体写文章批评我们，这个事后来闹得很严重，当时压力很大。出师不利，第一个项目就遇到了这么大的问题。公司很多人也质疑为什么非得进入商业地产。这时候如果我们回头，就不会有今天商业地产的成功。我们反复分析，认为路走得对，只是方法有问题，价卖高了。我们就采取两个办法，第一是降价，第二是重新和买商铺的业主谈判，我们整体回租经营十年。这样做，除了创新方面的考虑外，还有一个原因是要维护我们的企业品牌。

后来又开发了五个购物中心。原来以为第一个价卖高出事，第二批项目卖的时候价格低一点就没事了，可实际上又有两个项目的业主闹了事。我们分析研究，发现有两个原因。一是我们卖的商铺都很小，20平方米、30平方米一个个卖出去，商场的整体经营受影响。可能这边经营着服装，旁边却在卖炸酱面，整体经营效果并不好。二是所有商业项目都有一个培育期，任何一个商场都要培育两三年才能火，但小业主不愿承担培育市场的责任，租售的当年他就要8%以上的回报才行。他可以和你共荣，但不能和你共难。所以我们决定，做购物中心不能走销售商铺的道路，2004年以后开发的项目只租不卖。紧接着2004年又来了宏观调控，把商业地产列为不发放贷款的行业之一。面临这样的问题，万达又寻求走国际资本市场的融资渠道，经过一年多的努力，这件事做成功了。

万达商业地产的发展就是创新、失败、总结进步的三部曲。现在万达在全国已有21个购物中心，其中开业12个，在建9个，总规模超过300万平方米。到2006年年底，我们购物中心的租金收入就会超过10亿元，成为万达集团稳定的利润来源。我们的目标是到2010年，在全国至少拥有50个购物中心，物业面积达到700万平方米，年租金收入达到50亿元。如果实现了这个目标，我们不仅国内领先，在全球行业中也是领先企业之一。

二、创新是持续完善的过程

1. 创新是渐进的

企业的创新绝非是点子主义，也绝非是灵感的闪念，任何企业创新都是在实践中慢慢完善的。我们有了创新商业地产的思路以后，先是学习国外的做法。一看外国的购物中心都在远郊，因为他们有汽车文化。第二是占地面积特别大。国外人口少，土地比较便宜，欧美很多地方政府为了吸引投资者做购物中心，土地价格极低，甚至白送土地。我们认为，中国汽车少，也不会有免费的地，必须根据中国的实际向空中发展。我们的第一代购物中心就是向空中发展，做一个5万平方米的大楼，地下是停车场，一层是精品店，二层、三层租给沃尔玛，四层卖家居或者是电影城。建了这种独栋楼的购物中心以后发现事与愿违，守着沃尔玛反而不好做生意，而我们商业中心的地理位置都非常好。什么原因呢？我们就做市场调查，发现每天沃尔玛的客流非常大，三四万人次，但是从沃尔玛出来就走了，并不逛其他精品店。经过市场调研和分析判断，发现是目标客户不对、消费层次不对，进入沃尔玛的人流绝大部分是中低消费人群，很多是老头、老太太或者家庭妇女，购物以生活用品为主，这部分客户和首层精品店的目标客户是不一样的。

我们发现光有沃尔玛不行，它带来的客户对于其他店铺的消费贡献度太小，所以又做了改进，产生了我们的第二代购物中心，那就是组合店，有百货、超市、电影城、美食广场、数码广场等业态。大概每个项目有六到十个不同业态的主力店，这样就避免了只有一个主力店，目标客户不对称的问题。但是接着又出现了新问题，第二代购物中心六个店做完以后，发现回报率不行。主力店虽然抗风险能力大，交租稳定，但投资回报率太低。于是2004年下半年开始做了以宁波、上海、北京为代表，也就是现在我们所说的万达的第三代购物中心。其中50%~60%是主力店，40%~50%为室内步行街的中小店铺。零售业态大概占60%，40%是休闲娱乐、餐饮文化等业态。这种设计既保证了避免投资风险，又提高了投资回报率。

我们创造出来的第三代购物中心不仅我们自己觉得好，也赢得了世界同行的赞扬。

通过万达自身的实践看，我认为任何企业的创新都是渐进地在实践中完善的过程。绝不是什么点子主义，为什么现在点子大师不像以前那么火了？我很早以前看过一本书叫"指点江山"，现在他们行吗？

2. 创新成果属于坚持的人

许多创新方向没有错，方法也没有错，但是最后没有获得成功，其中很重要的原因是没有持之以恒的精神。我举一个例子。这几年国际金价往上走，我认识的一个人，比较看好这个行业，想开金矿。这对于他的企业来讲是创新，从一个行业跨入另一个行业。他找了技术人员到山东去挖金矿，连打两个洞都是到了

200多米不出金，他认为肯定不行了，就把洞很便宜地卖给另外两个人，买洞的两个企业都是只打了20多米就出金了。仅仅是他运气差吗？当然不是，他没有坚持下去，假如他多打一个星期，多打20米，发财的人就是他了。

万达做购物中心也是这样，我们一开始做单店、组合店到后来的第三代购物中心，如果不是有一种坚持不懈的精神，不是咬牙坚持自己走的路，就不会有今天。我相信有了好的创新思想，有了好的创新方法，就多一点坚持精神，肯定会成功。

三、创新的关键是商业模式

全球创新理论的发明者是美国的知名经济学家熊彼特先生，他曾经说过一句非常有名的话："创新是企业发展的根本动力。"那么在企业的创新中，最重要、最关键的是什么创新呢？我认为是商业模式的创新、赢利模式的创新，远比技术、管理层面的创新更重要。企业只有在赢利模式上有所创新才能在市场份额、利润空间上有更多的回报。

房地产业有两个行业特点。第一是不具备核心技术。所谓不具备核心技术，是指房地产业实质上是一个集成行业。网络智能化用别人的设备，建材谁的好就用谁的。房地产只是一个集成，不具备自己的核心技术。第二是没有知识产权。你做再好的东西，一个月后肯定有人学。你还不能告他。正因为这两个特点，房地产行业不像其他行业可以"一招鲜吃遍天"，可以很长时间占有市场，所以非常重要的一点就是创新商业模式。

1. 为什么创新商业地产

万达创新商业地产有两个理由。

第一是我们打造百年企业的需要，"国际万达，百年企业"是万达企业文化的核心。万达集团是在全国房地产企业中第一个公开提出要做百年企业的。房地产企业不是万岁行业，一般几十年后很多企业就要转型，但是我们有信心做百年企业，不是做房地产一百年，而是我们企业要做一百年。"国际万达"是我们的思想。第一，我们的合作伙伴是国际级的。第二，我们要在国际资本市场上表演。

第三,万达最终要走向国际,不满足于在中国某一个行业或者某两个行业做老大。

我们提出"百年企业"以后做了分析,百年企业有什么标准呢?有三个标准:第一,要有现代企业管理制度;第二,要有优秀的企业文化;第三,要有坚实强大的物质基础。一个企业每年盈利几十万元就喊着做百年企业,这是不可能的,一定要有强大的物质基础。这个物质基础我们总结为一句话,就是"长期、稳定的现金流"。哪个行业能体现出长期、稳定的现金流呢?分析来分析去就是租赁物业最稳定。所以我们决定做大型购物中心,

第二是寻找新的利润增长点。我们认为万达原有的利润增长不能满足企业发展的需求。2000年的时候房地产业比较火,新一轮增长的苗头已经出现。当时各行业领袖企业都进入了房地产,海尔做房地产、联想做房地产、红塔做房地产、鲁能做房地产。这时候我想起一个哲人说的话:"所有人都在做同一件事的时候,这个事就是危险的事。"大家都在挤这个独木桥,弄不好一批人挤下去被淹死了。我说干脆我们走另外一条路,从这个角度出发,万达进入了两个行业,第一是购物中心,第二是文化产业。

2. 订单商业地产是对中国的贡献

"订单商业地产",包括四个方面:

第一是联合协议。我们的租户首先和我们签一个联合发展协议,我想做的是长期的事情。第一次和沃尔玛谈,他不接受。沃尔玛在全球从来不签协议。他在美国做的店多数是自己投资的,少数是自己租的。我说你全球不签在中国签一个怕什么,游说了两年终于签了联合发展协议,然后就推广开,每家都签了联合发展协议。第二是平均租金。我是在长春项目谈判中产生这样的想法的。一个合同谈了八个多月,把人折腾得晕头转向,怎么能实现快速发展?后来我们决定采取平均租金的方式,全国除北京、上海外,其他所有城市一个平均租金。第三是共同设计。选了地先做一个规划,平衡大家的需求,根据需求量身定做。第四是先租后建。建成后几个月开始计租,不论你开业不开业,我的利益不受损失。

订单地产有四大社会效益。首先是新增就业。购物中心是劳动密集型产业,

一个购物中心最少5 000人就业，多的有1万多人。而且都是新增就业岗位。在欧美企业只要能维持就业岗位就有优惠，如果是创造就业岗位还有更优惠的政策。按照万达目前购物中心的发展速度，每年至少能创造3万以上的就业岗位。其次是新增税收，每个购物中心每年新增几千万元税收。第三是方便消费者。我们的购物中心，零售、电影院、家居、图书、餐饮、娱乐所有业态都有，是一站式的购物中心，集购物、休闲、娱乐、交际功能于一身，在休闲娱乐的同时增进人际交往。第四个效益是购物中心成为城市地标性建筑。

万达创新了企业赢利模式，因此也获得了建设部部长汪光焘的好评。今年8月份，汪部长陪同曾培炎副总理到大连参加全国房地产调研会期间，说了一句话："万达才像真正的房地产企业。"他当时提出一个问题，什么是中国房地产企业，什么是外国房地产企业？大家没有谁敢回答。后来他说："外国的房地产企业是不动产企业，中国的房地产企业是开发企业，只知道盖房子、卖房子。"房地产商更多持有不动产，才是真正的房地产企业。两到三年内，万达的主要利润将来源于稳定的租金收入，由于我们创新了商业模式，也获得了丰厚的企业利润。

现在我们的20多个购物中心，不讲租金，仅仅是资产升值至少超过20亿元。比如南京新街口的项目，南京市一号地，当时南京市一个企业买到手以后，因为规划限制只能做商业，它不敢做。我买那块地时670万元一亩，现在2 000万元都买不到。正因为我们比较早地领悟了商业地产，在全国建了许多购物中心，单是资产升值就有很大的获利。

订单地产更重要的是对行业的贡献。第一是引导行业减少盲目投资。订单地产是由零售商决定在不在这个地方干，如果旁边500米有一个相同业态的购物中心，他肯定不敢在这儿租赁经营，这就避免了重复投资。另外订单地产也可以保证不会产生无效投资，不会建完了租不出去。大连有两家企业在相距不到200米的范围内建了两个15万平方米的大型购物中心，结果两家相互压价竞争，恶性竞争也导致大连市的租金只有东北其他主要城市的一半多。第二是减少资源浪费。房地产占用了中国多数的资源，即使你有钱把购物中心建完，如果招不到租户来经营，房子空着，资源也浪费了。

有两个项目曾请我去帮忙招商。广州东莞的一个购物中心，还有上海的"松江Mall"（Mall：购物中心）。当时说只要把商招满就给我20%股份。我看了以后说，不要这20%的股份，你按我的要求重新设计，我给你保底租金，条件就是赶快把现有的地下基础炸掉重建，可惜这两家都没有听我的，所以现在都死掉了。

正因为订单地产对中国是一个贡献，所以2003年、2004年，中国商业联合会、中国商业网点协会的评比中都把"订单地产引领商业地产投资方向"作为商业领域年度十大新闻。

3. 创新中国资本模式

2004年6月，国家针对宏观形势，停止了对购物中心的开发贷款。我们还要继续发展，只有走国际资本市场，建立长期的低成本融资管道。我们选择了国际上四家大投行，他们相互竞争，最后我们选择了澳大利亚的一家财团，组成了一个信托基金（REITs），即将在海外上市。这种模式在中国是第一个。我们这样做理由有三点，第一是参照了国际经验，从全球来看，房地产投资超过八成是有基金支持的。只有这种低风险、低回报的基金，才能支持购物中心的资金需求。第二是海外资本市场对上市公司募资是有限制的，每12个月才能募资一次，一般的上市公司都是两三年才募资一次，而基金没有这样的限制。第三是募资成本低。亚洲的募资成本一般是6%，欧美是4%~5%。万达首次募资创造了中国民企海外募资的最大金额。更有意义的是，我们创新的这种模式对中国的资本市场是一个借鉴，让大家看到除了公司上市以外，还有这样的模式，为在海外上市的中国企业提供了借鉴。

四、创新能力靠机制

创新重要的是要形成持久创新能力，能力怎么形成呢？我们的体会有两点。

1. 形成保障创新的制度

从2003年开始，万达聘请了国际咨询机构，对企业制度与文化进行全面的提升，形成了数百万字的制度。万达每年都要评选一个创新项目，哪个公司被评上以后，都要给予精神鼓励和丰厚的物质奖励。同时我们还鼓励员工提建议，要求员工每年必须提一条建议。杰克·韦尔奇讲过一句话：有想法就是英雄。每年年会，我们都隆重表彰创新者。

2. 形成创新文化

万达创新有两个特点。第一，不是靠外力推动，而是企业追求卓越的内力驱使；第二，不只是靠万达高层的推动，有鲜明的全员创新文化。这使万达形成一种创新传统。万达是全国第一个参与旧城改造的企业，是第一个跨区域开发的企业，是全国房地产行业中第一个提出承诺制的企业，是被建设部表彰过的唯一的房地产企业，是第一个提出百年企业口号的房地产企业，是第一个做商业地产的企业，是第一个推出 REITs 的企业等等。创造了行业中的很多第一个，说明万达形成了自己的创新文化和传统。只要万达始终保持创新能力，五年内我们完全有可能成为世界购物中心领域的前十强，我们的文化产业力争在中国占据更大的份额，我们的住宅地产继续保持全国领先企业的地位，万达就会成为中国的超级企业、世界级企业。

五、创新要合理适度

1. 不能为创新而创新

创新的目的是什么？不是为了创新而创新，不是为了出名而创新，也不是为了获奖创新，更不是为了利益创新。比如房地产营销创新，有一些人宣传"没有卖不出去的房子，只有卖不出去的策划"。还有人更夸张，本来就是卖房子，硬说是卖给你生活方式。做了一个欧洲立面的房子，就说你体验到了西班牙、意大利生活。正因为这些创新的误区，所以房地产的营销广告，连续多年被列为十大虚假广告，房地产投诉也连续多年是全国十大投诉的热点，导致房地产行业在全国各行业中信誉度整体偏低。

万达也是干房地产的，也要强调房地产的营销创新，但我们很清楚我们的创新目的，是为企业永续经营创造阳光利润。这种定位使我们反对浮夸，走的是平实路线。首先是诚信营销，1996年我们在全国是第一家推出承诺制，提出了有名的"三项承诺"。第一，保证不渗不漏，渗漏一处赔款3万元。第二，我们保证卖房子不短缺面积，如果卖的房子和产权证上的面积有偏差，缺一赔三。第三，从购房后到交房入伙的60天之内，随退随换。"三项承诺"对行业造成了很大的冲击，正因为我们这样坚持诚信地营销，2000年6月，被建设部树立为销售放心房的典型，是全国房企独有的一份殊荣。其次，万达注重质量。房地产商品是所有商品中价值最高、使用时间最长的产品，最根本的是要经得住用。国家规定的标准有合格，万达提出"质量为本"，消灭合格产品，全部工程质量达到优良以上，自己给自己加压。最后是坚持合理价格，给购房者留有适当的升值空间。以万达的品牌和质量，本来可以卖1万元每平方米，我们卖9 000元，市场可以卖5 000元每平方米，我们卖4 500元，留出适度的升值空间给购房者。

就是这老老实实的三条，创造了两个现象。第一是零空置现象。万达每年在全国开发200万平方米以上，到现在为止空置房为零（按照建设部的标准，建成后12个月没有卖出去，称作空置房）。第二，创造了万达二手房现象。万达十几年来开发的房子，所有的二手房都比一手房贵。比如我们十二年前开发的小区香海花园，当年卖2 800元每平方米，现在卖5 000多元。还有星海人家，当年卖4 500多元每平方米，现在8 000元都买不到，有价无市。不仅在大连，也包括万达在别的城市的小区，在成都2002年开发的河滨印象，当时卖5 000元每平方米，现在快到1万元了。我们去年开发的北京万达广场，开盘是1万元每平方米，现在已经是1.8万元。因为我们当时就留下了一部分升值空间，所以造成了这样的万达二手房现象。

2004年我们公司进行了一次调研，发现接近50%的客户是老客户多次购房或推荐购房。最多的一个客户买过我们8次房，他觉得买万达的房子就是保证。17年的历史证明，在最难形成品牌忠诚度的房地产行业，万达可以说创造了一个奇迹。

2. 不能过度创新

哲学讲，真理和谬误只差一小步。企业创新并不是越新越好、科技含量越高越好。举一个例子，美国的"铱星公司"，投资百亿美元发射了60多颗卫星，是真正的全球通，覆盖全球95%的面积，只有太平洋7 000米以下的海沟不能覆盖。一部电话20万元，每个月话费2 000美元。但是太超前，市场无法接受，全球只卖了20万部手机，最后没有办法，宣布破产，炸掉了所有的卫星。

万达也有这样的教训，我们进军长春的时候开发了一个小区叫"长春明珠"。当时搞了很多创新。规划请了北京奥规委主任、新加坡的刘太格先生，环境请了香港环境艺术委员会主任韦子范，学校盖了吉林师大附中，还搞了其他很多配套和大量的绿化。开盘的时候按成本价销售，为什么按成本价销售呢？主要是想聚人气，低开高走。结果开盘当天1 000多人排队，把我们的门都挤破了，一周卖了800套，创造了销售纪录。现在这个房子卖得依然很好，可是不赢利，因为我们错估了长春房地产市场的前景，我们以为肯定是随着大势走，每年涨10%，可是没有想到开盘到现在七年，房价增长只有100元钱。这个房地产项目创新很多，名气也有，销售也很好，但是不赚钱。这说明创新要适度，否则就走到反面。

今天结合万达十多年实践谈了创新的几点认识，不当之处，欢迎指正。谢谢大家！

万达创新的竞争优势

2012 年 4 月 25 日，王健林应清华大学邀请，登上清华大学经济管理学院企业家讲堂，发表了"创新与竞争优势——以万达为例"的演讲。在演讲中，王健林鼓励学子们要敢闯敢试，敢于做别人没有做过的事情，敢想别人没想过的事情。

一、万达的发展

万达 1988 年成立，从 50 万元注册资本起家，经过 24 年发展，现已成为中国民营企业的龙头企业。企业四项核心指标，资产、收入、利润、纳税都名列中国民营企业前茅。万达去年创造就业岗位 8.96 万个，占全国新增就业总量的 0.8%，其中 2 万名大学生就业，连续多年在创造就业和吸纳大学生就业方面排在全国企业第一位。24 年来，万达现金捐赠累计超过 28 亿元人民币，2011 年捐赠超过 2.6 亿元。无论总额，还是每年捐赠额，在全国所有企业中都排在第一位。

万达之所以发展得好，首先是国家创造了大平台，中国经济 30 年来平均增速 9.5%，为企业提供了巨大的发展空间。其次，万达能在民营企业中脱颖而出，根本原因是创新，万达的历史就是不断创新的历史。这几年我经常讲一句话："什么清华北大，不如胆子大。"中国古人也有一句话叫"富贵险中求"，就是说想得到富贵就要冒险，成功除了智慧、勤奋外，非常重要的一点就是敢闯敢试。敢闯敢试和蛮干乱干是有区别的，敢闯敢试是看准了就去干，不怕失败。蛮干是没有计划、没有目的，想到什么就干什么。这些年来，正是在创新精神的指引下，万达得到快速发展。

二、万达的创新

24年来，万达的创新走了六步棋。

1. 旧城改造

1988年万达创立时是一家很小的企业，当时开发房地产要有计划指标，拿到指标后才能申请用地。计划指标由国家计划委员会统一分配，大连能拿到计划指标的只有三家国有房地产公司，万达没有计划指标，只能花钱向它们买指标，企业在夹缝中求生存。后来我去找市政府，表态说不管项目在什么地方，只要有活干、有口饭吃就行。当时市政府北侧有一个北京街棚户区，因为形象难看，市政府多次找到三家国有房地产公司，让它们来改造，但谁都不愿意干。见我主动找上门，市政府就提出，如果愿意改造这个棚户区就给指标、批规划。

经过测算，北京街棚户区的开发成本是1 200元每平方米，而当时大连最贵的房子1 100元每平方米。为了获得利润，逼得我们去想卖到1 500元每平方米的办法。为此在项目中做了几点创新：一、当时铝合金窗在东北很少见，北京街小区全部采用铝合金窗。二、当时刚刚兴起防盗门，北京街小区每户都安上防盗门。三、当时的住宅没有明厅，北京街小区每户设计一个明厅。四、当时大连市县处级以上干部住房才配洗手间，北京街小区每户设计一个洗手间。然后，我们又在营销上创新，当时做了一个大胆的决定，出8万元钱赞助一部40集的港台电视剧，那个年代港台电视剧非常吃香，通过赞助让北京街小区家喻户晓。这些创新获得极大收益，北京街小区1 000多套房子一个月全部卖完，而且均价达到1 600元每平方米，创造了当时的纪录。企业获得近1 000万元利润，掘到第一桶金。更重要的是，万达成为全国第一家进行旧区改造的企业，闯出了企业发展的路子。而且从那以后，尝到了甜头，一发不可收，哪儿有旧区改造我们就去干，迅速把企业规模做大了。到1992年，万达销售约20亿元，占整个大连房地产市场的25%。

2. 全国发展

1992年年初，小平同志南巡讲话，提出改革胆子再大一点，步子再快一点。我听后热血沸腾，当时全国流行一句话，"东西南北中，发财到广东"，我们就决定去广州开发房地产。那时国家政策不允许企业到外地注册公司，但天无绝人之路，我们找到当地的华侨房地产公司，为我们单独注册成立一家分公司，我们交管理费。在广州我们开发了一个40万平方米的小区，由于当时对当地文化的理解、成本控制能力、管理水平都还不太到位，虽然没有挣到太多的钱，但是获得了信心，万达也因此成为全国房地产行业中第一家跨区域发展的企业。

获得了经验，锻炼了胆量以后，万达一发不可收，1997年开始全面跨区域发展。到今天为止，万达已在全国除新疆、西藏、青海、贵州外的28个省、市、自治区80多个城市投资，成为全国跨区域城市最多的一个企业。

3. 创新模式

万达在模式创新方面主要有以下做法：

（1）傍大款

2000年年初，我认识到，搞住宅开发是有风险的。第一，住宅产业没有百年企业。城市化进程完成后，住宅需求就会下降，绝大多数企业将消亡，这是行业特性决定的。第二，做住宅现金流不稳定，有房子卖时就有现金流，卖完后再重新买地，再做设计开发，现金流就没了。第三，我当时受到了刺激。创业之初就进入企业的两个员工，一个得了癌症，一个得了肝病，那时没有社保，民营企业要自己拿钱。我明知不可为而为之，给两个人治病，一个人花了200多万元，一个人花了100多万元。这引发我思考，万达还年轻，才发展十多年，当发展到三四十年，达到几万人规模，很多人老了、退休了，医药费怎么办？为了弟兄们，也为了我自己，我提出了企业发展方向的两个限制词，叫长期、稳定的现金流。怎样才能实现现金流长期、稳定？经过开会研究，决定做商业地产。因为盖房子我们明白，招商经营业务虽然不明白，但可以招明白人来。这次会议开了三天，在万达历史上叫作万达的"遵义会议"，决定了企业发展的正确方向。

万达决定做商业地产后，第一个想法就是"傍大款"。在这之前，万达也做过一些收租物业，有七八个小型商场和酒楼，但经常欠租，逼得我们成立了一个收租队。为了防止这种现象，我们提出，收租物业一定要找实力强的租户，要向世界500强收租，并且决定从沃尔玛开始。我就约沃尔玛主管发展的副总裁，约了很长时间才见上面，他听完我的想法就笑，这是一种轻视的感觉，可能想这么小的公司怎么敢提出和沃尔玛合作。我就反复跟他讲，我们有好的条件。最终他同意先不谈合作，先做一个项目试试。然后我又亲自去深圳，数次游说沃尔玛亚太区首席执行官。历时半年多，前后几十次的游说，沃尔玛终于答应和我们在长春合作第一个万达广场。我们想方设法把项目干好，让沃尔玛觉得可行，于是继续跟我们合作。干到第五个万达广场的时候，沃尔玛同意跟我们签一个战略合作协议。我们拿着这个协议，开始"忽悠"更多的跨国企业跟我们合作，也包括国内的苏宁、国美等等，这些品牌在早期对万达广场发展起了非常大的作用。站在巨人的肩膀上，可以看得高、走得快，所以这个战略是成功的。

跟跨国企业合作的好处不仅是商业上的，更主要是它们的管理和文化对万达发展起了很大的启示作用。发展到今天，万达已经是中国商业地产合作商家最多的企业，有超过5 000家战略合作商家，其中跨国企业接近300家。我们和商家的关系也完全扭转过来，现在这些企业都得看万达的眼色行事，正应了商业中的一句话："客大欺店，店大欺客。"这也说明，创新除了胆子大之外，还要有毅力，敢于去磨，才有可能成功。

（2）产业链

我们做了几个万达广场以后就发现问题来了，这种项目国内没有一个设计院能做好，它们主要是设计住宅或者百货店，不会设计购物中心，我们只能去请澳大利亚、美国的公司来设计。这样带来的问题，一是设计费用高，二是设计时间长，跟不上万达的发展速度。我就思考，如果把商业地产作为我们的终生追求，作为企业的核心价值，就一定要有自己的规划设计院和管理公司，不能把自己的命运拴在别人的裤腰带上。从2003年开始，万达成立了自己的规划院和商业管理公司。万达商业规划院是目前全国唯一的商业规划院，专门从事购物中心和五星级酒店设计。商业规划院有200多人，可以独立完成购物中心和五星级酒店的设计，建筑、结构、装饰、机电等都能完成。这样不仅节省成本，更重要的是万达拥有知识产权，掌握核心竞争力。企业管理中说三流企业卖产品，二流企业卖品牌，一流企业卖标准。万达商业规划院先后为国家公安部、住建部、商务部制定了中国购物中心的消防规范、评价标准、管理标准等，体现了万达在行业中的地位。

万达商业管理公司成立后，对万达广场的快速发展起到了强大的支撑作用。商业管理公司到2011年为止，连续6年保持了租金收缴率99.6%以上的超高水平，列全球不动产行业租金收缴率第一。

（3）标准化

有了商业模式，形成完整产业链后，万达又研究标准化，因为只有标准化才能快速发展。

首先是建立品牌库。万达先把跟自己合作的商家和产品分门别类，建立品牌库，规定只有进入品牌库才能跟万达合作。然后把品牌分成A、B、C、D四个级别。万达广场分A、B、C三级店，A级店只能引进A、B两级商家，B级店只能引进A、B、C级商家，只有C级店才能同时使用A、B、C、D四级品牌。品牌库每年调整一批，有重大事故随时上黑名单。这样做的好处是可以准确评价商家，防止内部腐败。

其次是项目实行模块化管理。我们把一个商业地产项目的开发按时间分成近400个节点，每一步每一个相关业务部门做什么，都有严格规定。这些节点又分为三级，对应不同层级的领导，比如总裁只需关注一级节点，副总裁关注二级节点，项目公司关注三级节点。这些规定好后，编成一个模块化管理软件，每年11月，我们把第二年每个单位、每个人、每天的计划事项都录到系统中。这个信息系统会自动考核，如果到时间没有完成进度，会亮黄灯警示；如果规定时间内没有把功课补上，就会亮红灯。一旦亮红灯，相关责任人就要被扣分，分数会与收入挂钩。这样就使万达的管理完全变成标准化和流程模块化管理。

4. 文化产业

万达广场不仅是购物，还包含餐饮、娱乐等等，是多样化的生活中心。为了万达广场的发展，万达也进入了电影院、量贩式 KTV 等文化产业，最近几年，我们又有计划地做大文化产业，现在已进入中央文化区、大型舞台演艺、电影制作放映、连锁文化娱乐、中国字画收藏五个行业。

（1）电影产业

万达 2005 年进入电影产业其实是"逼上梁山"，刚开始我们不想做经营，只想做房东收租金。我们先找到上海广电，双方签了协议，它跟着我们发展。没想到半年后，我们六个电影院刚封顶，上海广电就换了老总，说不能离开上海。按协议，他们交的 2 000 万元保证金万达可以不退，但他们说不退钱是国资流失，我们还是把钱退给上海广电，万达也不是挣这种钱的企业。然后，我们找到全球最大的文化企业集团时代华纳，双方签了一个紧密战略合作协议。华纳积极性很高，但不到一年，中国加入 WTO（世界贸易组织），规定外资企业不能进行影院经营管理，而且股权投资也不能超过 49%，这样，时代华纳也不能干了。但那时我们已经有几个影院在经营中，接不接手成为一个难题。这时，我在公司董事会上讲了一句话："做影城再难，难得过搞两弹一星吗？"就这样，万达被逼上梁山，成立了自己的院线公司。没想到委托别人管理的那三年都是亏损，万达院线公司成立当年就盈利了，而且一不小心成了行业老大。到今年年底，万达开业 115 家五星级影城，银幕 1 000 块，成为亚洲最大的院线。

（2）中央文化区

万达在武汉投资 500 亿元建设中央文化区，其中文化项目 10 个，最核心的是电影科技乐园和汉秀。电影科技乐园 2014 年开业，把世界上最新的电影科技和互动娱乐结合在一起，包括 4D 影院、5D 影院、飞行影院、互动影院、太空影院、灾难影院等。这在全球是唯一的，完全出自万达的创新。我们投资 25 亿元，建设了世界一流水准的"汉秀"。武汉中央文化区里还有湖北省最大的图书城、杜莎夫人蜡像馆、中国最大电影城、量贩式卡拉 OK、五个名人广场、艺术琴行、汉街大戏台等。

武汉中央文化区一期 2011 年 9 月开业，开业每天人流超过 10 万，被评为武汉十大名景之一。2011年国庆节七天客流达到240万人，是全国唯一一个上了国家假日办通报的新建景点，被评价为创造了都市文化休闲新模式。

（3）大型演艺

万达跟全世界大型演艺方面最牛的两个人合作，投资100亿元，在中国打造5台世界顶级演艺节目。一个是弗兰克·德贡，国际顶尖艺术大师，曾策划导演美国拉斯维加斯"O秀"、"梦秀"，中国澳门"水舞间"等著名节目。一个是马克·菲舍尔，国际顶尖建筑艺术大师，北京奥运会、广州亚运会、伦敦奥运会开闭幕式艺术总监。

（4）连锁文化娱乐

大歌星量贩式KTV到2012年年底可以开63家店，仅用3年就做到行业第一。

（5）中国字画收藏

万达的收藏始于20多年以前，最初完全是出自我个人的兴趣。在著名的大鉴赏家指导下，我有意识地排出近现代100位中国画名家，收藏每个人的代表作，现在万达在收藏界的地位跟万达在商业地产行业差不多，收藏了百位大师千幅名作，多次代表国家参加对外文化交流活动。

5. 旅游度假

万达商业地产大发展后，应吉林省邀请去开发长白山，因此进入了度假区这个全新行业。长白山国际度假区投资200亿元，已经开工，今年7月份全面开业。长白山项目也激发了万达做度假区的信心，接着又投资了西双版纳等项目，西双版纳项目投资150亿元，规模巨大。因为万达近几年在旅游度假产业的快速推进取得很大成就，引起世界行业的重视，国际游乐园及景点协会（IAAPA）——全球最大的度假区、游乐园方面的综合协会，接纳万达为高级会员，目前该协会只有6个高级会员，其中就有迪士尼、环球影城、海洋公园等响当当的大企业，万达是亚洲唯一的高级会员。

文化旅游已成为万达商业地产之外的核心支柱产业，而且我本人这三年对商业地产过问很少，全力抓文化旅游。从大趋势看，国家已经制定中国消费发展的长期战略规划，2015年，中国的消费市场将翻一番，从2010年15.7万亿元变成

31万亿元，相当于净增15万亿元的市场；到2020年再翻一番，达到62万亿元，相当于净增45万亿元的市场，届时中国将超过美国，成为全球最大的消费品市场。万达的发展符合国家长期的战略发展方向，是顺势而为。三到五年内，万达一定会成为文化产业和旅游度假行业的世界级企业。而且我相信一定会对中国做出贡献，做不动产是在做项目、做商业，而做文化旅游是在做历史，成就更高。

6. 跨国发展

今年年初，万达提出了十年战略规划，主要目标是跨国发展。我们提出不做"国门口的汉子"的口号，力争十年内成为世界一流跨国企业。万达今年就会有震动世界的跨国并购，除了并购，万达还要进行直接投资，万达要用实践证明，中国的民营企业一样可以成为世界知名的跨国企业，成为国际竞争的主角。

三、万达的竞争优势

万达的竞争优势体现在四个方面。

1. 快速发展

万达从成立到现在24年时间，发展速度始终保持在两位数以上。最近五年，每年环比增速超过35%，进入良性发展通道。预计到今年年底，集团收入超过1 400亿元，按收入可能进入世界500强。预计到2014年，万达的收入将超过2 000亿元，进入世界500强，净利润、公司价值与资产的排名将更靠前。也就是说，三到五年后，万达将成为世界一流企业。

2. 行业领先

万达从事的所有行业都在国内甚至世界领先。到今年年底，万达持有物业在全球不动产行业排名第三；按目前正常发展速度不变，到2015年万达将成为全球不动产行业老大。

到今年年底，万达将成为全球最大的五星级酒店业主。开业38家酒店，在建中的还有40多家。

到今年年底，万达将成为中国最大的文化产业公司；电影院线规模亚洲第一；演艺公司2014年开业两个项目，届时将成为全球舞台演艺界的龙头。

旅游度假现在已经被行业承认，成为全球行业投资的龙头企业。

百货已是中国最大的连锁百货企业之一。

万达所进入的五个行业中，最低目标是中国行业第一，我们的目标参照系是世界行业。做世界第一没什么不好，只要是正规、市场化、盈利的企业，就应该有勇气去做。现在万达所进入的五个行业全部是国内龙头，甚至是全球行业龙头，说一句不谦虚的话，只要万达进入的行业，国企甚至央企，都没有机会成为龙头。按照民营企业目前快速发展的趋势，十年后大家会看到，民营企业将会成为中国企业的主体。

3. 超额利润

创新带来的好处是人无我有，在市场上获得定价权，赢得比同行业企业更多的盈利。比如全国有130多个电影院线，万达电影院线银幕总数只占全国不到7%，却创造了全国15%的收入，每块银幕的收入是行业平均水平的2倍以上，净利润是行业平均值的3倍以上，这就是创新管理带来的好处。

4. 受到欢迎

万达现在从事的业务，不论是万达广场还是高级酒店，特别是文化产业和旅游度假，都受到各地政府和老百姓的热烈欢迎。很少有企业，做的事情政府也欢迎，老百姓也高兴。一座万达广场能创造近万就业，纳税上亿元，还能带动区域发展。所以现在各地政府纷纷上门邀请万达去做项目，万达只能从中选择1/3甚至1/4来干。

成功的原因有环境、勤奋、人才等等，但根本核心是敢闯敢试，敢于做别人没有做过的事情，敢想别人没想过的事情，这样才能获得成功。创新才能带来竞争优势，带来企业超速发展。

接下来欢迎大家踊跃提问。

现场问答

▶ 提问：首先向您提问，之前媒体上关于您本人和万达的传言很多，但是后来您本人去中南海领中华慈善奖，我想这是对传言最有力的回击，您是如何看待传言的？第二个问题是，目前中国房地产走向不是很明确，您作为资深的开发商，对未来的市场走向如何看待，对于有刚需的百姓有什么建议？

王健林：第一个问题，有传言很正常，特别是对知名企业、知名企业家。现在网络兴起，没实名，爱说什么就说什么，特别是对万达这种大型集团，发展这么快。最近又传言万达是不是和谁有牵连，我一开始想传言一会儿就过去了，没想到还在传，所以万达决定发一个严正声明。其实在15年之前，万达内部就做了决定，公司取消现金支付的所有可能，所有公司包括总部，都不能支出现金，就是要杜绝行贿。万达也是中国民营企业当中少有的敢于公开说"我们不行贿"的企业，一般企业没这个气量。现在传言在逐渐消失，有没有事还是要看我们企业的自身发展，明年如果我还站在这里讲课，那就说明没事。

另外，万达在2002年企业文化升级的时候就提出口号"国际万达，百年企业"，我们现在才做了24年，还有76年到100年，这76年当中，不会一帆风顺，一定会有沟沟坎坎。万达干房地产行业24年，经过六次调控，前三次叫治理整顿，后三次叫宏观调控，今后十年，少说还得经过几回，经济肯定是有起有落的，企业一定要能承受落差、坚持正常发展，才有可能成为百年企业。至于我个人，如果不能承受非议，不能承受批评，怎么能成功呢？

第二个问题，关于对房地产行业怎么看。我实事求是地讲，中国的房地产至少还有15年到20年比较好的发展前景。中国现在城市化率只有51%，而中国的城市化率实际上是城镇化率，只有3 000人、5 000人的镇其实不能算作城市，不能算成城市化的。中国的城市化率即使算有51%，还有49%的人生活在农村。全球的城市化率是60%，中等以上发达国家城市化率都在75%~80%。中国可能不会像美国、欧洲国家那样完全城市化，但至少应该有70%的人将来生活在城市里，按这个比例，至少还有3亿多人要进城。城市化就是中国今后经济长期发展最大的动力，再加上中国的工业化还没完成，这意味着中国在今后15~20年，在城市化进程中，房地产长期趋势是看好的，只不过这两年受宏观调控政策打压，再加上前几年快速成长有泡沫、有风险。但是如果长期来看，房地产还是处在平稳发展、上升的过程中。

▶ **提问**：万达做了很多非常有影响力的大手笔，是怎么控制风险的？这么多的好项目，怎么决定来投资哪个、舍弃哪个？另外一个问题，您的好多思路，不管是在中国还是在世界上都是很超前的，您怎么来和政府部门沟通或者是让他们来认同、支持您想做的非常有创意性的事情呢？

王健林：风险控制是企业管理的重中之重，特别是对中型以上的企业，如果不懂得风险控制，企业是不可能发展的，不可能快速发展。控制风险首先是决策风险，万达要上项目的时候，前期是有博弈的。我们的发展部门专门选定发展项目做策划，还有投资部和成本控制部门进行博弈、拷问，看行还是不行，达成一致才写分析报告。万达这些年发展出了格式，设计出50问（最早是100问，后来合并成50问）。要求报告中对这50个问题都必须做出回答，而且必须提出数据支持。到了决策层，他们提出的项目，比方说50个，我们每年只能上20个。怎么选？我们根据哪个城市大、哪个项目好，选择排在前头的。

还有其他的风险控制，比如说财务风险控制，很多企业一个财务、一个经理、一个出纳，三人一勾结几个亿就拿走了。万达在信息管理系统中，设计了签字审核程序，必须OA（办公自动化）系统上所有人审核签字才能提钱。万达的财务系统和成本控制系统是垂直管理的。每个系统各地公司的财务和成本控制，总部垂直管理，不受当地公司的制约，人事的任免、奖惩、调动都由总部管理。为了进一步防止勾结，这两个系统都在一个业务模块下进行，三年必须调岗。还有一系列的规定来进行风险控制。所以说发展企业，不完全是干得好，很重要的是风险控制得好。做得大不叫本事，站得稳、走得远，这才叫本事。

　　第二个问题，怎么做才能受到大家欢迎？最重要的是把产品模式打造好，我们一定要研究出别人不能做、只有我会做，或者别人即使能做也没有我做得好的产品来。我们做生意要别人来找我们，不要我们去求他们。万达创造出商业地产模式，还有文化产业现在做秀场，把世界最好的德贡和菲舍尔全部整合起来，而且考虑到竞争的关系，跟他们签了若干年排他协议，他们不能跟别人合作，全球范围只能跟万达合作。再比如全世界最有名的做主题公园和游乐场的设计公司，也是这样紧密合作。我们承诺在中国地区，今后十年至少做五个大型项目，把人力资源、知识产权等全部凝聚在一起，别人有钱再想做，难得多。我们的产品受到大家欢迎，就不用点头哈腰求别人了。把竞争的行业做到没有竞争，自然别人就邀请我们。

▶　　提问：我的老家是黑龙江省齐齐哈尔市。我问一个问题，您对齐齐哈尔这种三线城市的房地产商有什么建议或者想法？我之前很关注您，发现您不是很愿意在媒体前露面，或者说在这种大型场合演讲，希望您可以更多进入校园演讲，用您的成功和人格魅力去激励在校大学生，让他们去创业。在北京有很多有想法、有实践经历的同学，我在这里代表我们学校的老师和同学们非正式邀请您。

　　王健林：我对全国不管是一二三四线城市的所有企业，都是一个建议，做住宅房地产，一定要创新。万达到2020年的目标，来自于不动产的收入一定要降到公司收入比重50%以下，利润比重也在50%以下。国家提出来，调结构、转方式，靠什么来实现呢？所有的企业都要主动调结构、转方式，国家的战略才能实现。如果还是死抱着旧模式搞住宅开发，路子会越来越窄。每个企业都要重新调整战略，特别是随着保障房的大力发展，市场的蛋糕会越来越小。

关于演讲的问题，我不是不愿意演讲，因为我是非常忙的人，我大概每年纯休息时间不会超过5天。冯仑曾经评价我是中国最勤奋的企业家，难道要把所有钱全部赚完？我真不是为了赚钱，我已经宣布把90%的资产捐出来做慈善基金，捐钱多，才聘我做中华慈善总会荣誉会长，鼓励我更多捐钱。再加上我是中国企业家中社会职务最多的人之一，党代表、政协常委、工商联副主席，还有这个会那个会。当然，我会争取今后多和大学生交流。我也向在座的大学生提出建议，大家如果想创业，可以向全国瀛创业基金申请，瀛基金在全国建立了20多个创业指导中心，聘请创业五到十年的小企业家做义务指导老师，让他们给你指导，评价方案。基金为每个人提供100万元的创业资金，不要利息，但是要归还，支持青年创业，鼓励大家创业。

▶ 提问：我来自清华大学中国创业者训练营，我的问题有两个，一是万达院线和万达地产都在申请上市，问一下有没有最新的进展。二是之前看报道说中国的房地产市场还有20%的下降空间，我想问一下您对近期的房地产行情的看法。

王健林：我们确实有两个公司在申请上市，但因为在房地产宏观调控期间，所以商业地产上市可能困难一些；院线是文化产业，我个人估计可能要稍微好一些。我们现在上市目标不是为了募集现金流，主要不是为了我自己，是为了跟我多年合作的小股东。而且我去年拿出超过50亿元的股票，分给几百位高管，如果上市，到了级别的高管，还会给他们股票。我相信企业只要是好企业，上市只是时间问题，今年不行，就明年、后年。

对于第二个问题，要说没有降价空间，可能别人会说，这是地产商为自己说话，要说有，那是忽悠你。中国的房价是在调控，但是下行比较缓慢，因为价格构成中成本有很多是刚性的，土地成本、建筑材料成本、人工成本、税收成本这四项都在上涨，一直在涨，指望在这些成本上升的情况下，中国的房价还在快速大降，不可能。房价会跌的，把房地产的利润空间压缩到合理区间，这是可能的，但是再大跌不太可能。我一定得说，愿望和现实总是有距离的。

▶ **提问：** 第一个问题，您觉得中国现在的这种政商关系是什么样的关系？您心目中理想的政府和民营企业家、民营企业的关系应该是什么样的？第二个问题，今天在座的很多都是大学生、年轻人，您的孩子可能也跟我们年纪相仿，您作为父亲在教育子女方面有什么经验、心得？

王健林： 这是很有意思的问题，先讲政商关系，我认为正常关系是干干净净的关系，在商言商，在政言政，像欧洲国家和美国的政商关系可能是最好的。但是在中国目前阶段有一定困难，因为中国的经济就是政府主导型经济，所有的主导权、生杀大权全部在政府。企业家不跟政府打交道，我觉得也不对。有一个口号很好："亲近政府，远离政治。"跟政府要打交道，要主动，但是不要靠权钱交易。能做到像万达这样，企业完全受邀请做生意还是很难的。

对于第二个问题，我孩子今年24岁，在做自己的事情，但是我因为太忙，教育方面没有经验，我可能比较严厉，在教育孩子方面，真不像做生意一样能拿出经验谈一谈。我对孩子的要求，从内心希望他勤奋、敬业、有善心，将来这个职位我能交给他。万达不是家族企业，到现在为止万达没有我一个亲属，我也不是一定要交给他。我给自己定了时间表，到2020年我退下来的时候，万达应该是五六千亿元的收入、几十万名员工，他有这个能力就交给他，他没有这个能力，我硬要交给他，不仅害了他，这几十万名员工可就惨了。所以我觉得，他能干什么就干什么，不能干也可以请职业经理人。

▶ 提问：我是希尔顿酒店亚太区的职员，我们在中国开业的30家五星级酒店中，其中有10家是万达的，万达是我们最大的业主，希尔顿在中国未来三年会建100家五星级酒店，不知道万达是否还继续是我们最大的业主。另外，万达在自己的酒店品牌方面有什么规划？

王健林：今后跟希尔顿肯定还有合作，万达旅游度假区像三亚、长白山、西双版纳都是十几家酒店，希尔顿一定会有几家，还有全国各个城市，有合作机会。关于自有品牌，万达刚刚批准成立了自己的五星级酒店管理公司。我们到年底已经有40家合作酒店，还有几十家在建，按照现在的速度，到2020年一定会超过100家五星级酒店。如果到100家酒店的时候，我们还是请人家来管，那我们的后人将来会不会骂我们，这点事都不敢自己管？所以我们决定自己管理和委托管理两条腿走路。而且国家部门领导多次跟我谈，中国要有自己的奢华酒店管理公司，希望在万达。没有一家企业像万达这样一年开业十几家奢华酒店，酒店是世界奢侈品当中最大的奢侈品，万达都不敢干别人怎么干？所以我们做这个不完全为企业，还有民族责任在里面。我们干五年、十年，也创立一个至少在亚太区站得住的奢华酒店品牌，当然，这与和其他企业合作是不排斥的。

▶ 提问：我是清华公共管理学院的博士，您做得这么成功，您的人生目标或者说您希望您的人生境界是怎么样的？

王健林：我在多年前讲过，戴尔先生——戴尔公司的创始人说过一句话，他一生的最大成就就是创立了一个伟大的组织，我的人生目标就是，创立世界上一个伟大的组织，而且我交出去以后，依然是一个伟大的组织，这就是我的人生目标。所以我现在才那么勤奋和努力，换作十年前我没那么勤奋，也没那么多雄心壮志，人生坐标是随着企业发展不断在调整的。如果不是在中国这样一个大国，如果不是公司已经发展到几百亿元，甚至上千亿元，想进世界500强、进世界100强，没有可能，我只有一个亿，提这个口号就是天方夜谭。现在看，万达的基础和可能性都具备了，只要大家多努力，牺牲自己的时间，就把事做成了。有历史性机遇，就要把握它。不是说要每个人都有这么大的雄心壮志，我们有了这种可能性，就希望做到最好、做到最大。我的人生目标就是创立一家让世界尊重的中国民族企业，来证明中国人跟洋人一样行，甚至比他们还行。

▶ **提问：我是来自清华经管学院的学生，也是房地产行业的从业者，我想请问，支持万达进行商业地产不断扩张、产业转型和不断进行持续创新的人力资源优势和策略是什么？因为很多企业在转型过程中，要人才流失，万达是怎么解决这个问题的？**

王健林： 万达发展的短板就是人力资源。万达所有的业务都受人力资源的限制。首先，我们扩张得太快，去年新增员工1.57万人，今年新增2万人。其次，我们所从事的行业都是创新性的，不管是做商业地产、做高级酒店、做文化、做旅游度假，国内都没有借鉴，所以人力资源部门是非常痛苦的。因此，我们强调培训，一年的培训投入上亿元资金。在三年前，我们在廊坊找了200多亩地，投资7.8亿元，建了中国标准最高的企业学院，叫万达学院，去年已经开学了，大概一年培训学生1万人，主要是对部门经理以上的员工进行培训。另外，万达现在每年支付猎头费高达几千万元，通过猎头、通过专业公司去猎获我们需要的人才。还有就是内部的员工提拔，一定是先培训自己人，培训是万达的核心竞争力之一。

我们现在每年开业20个广场，10~15家五星级酒店，其实以现在的资金能力和速度，完全可以开业30个或者更多，就因为来自人力资源的限制，而不是资金。比如开20个广场，就要有20个商业管理公司、20套管理团队、20个一把手，还有七八十个副手；还要有20套百货的管理团队，三四十套院线的管理团队，还有KTV团队等。所以现在万达发展受限制，每年要评估管理公司能接多少，确定要建立多少个新团队。我希望万达学院能用五年左右的时间解决这个问题。

▶ **提问：我也是做商业地产的，一直在学万达，做得比较小。我们在三四线甚至五线城市复制万达模式，您会不会介入？我们在北京做了一个黄金珠宝文化创意产业园，我们也想把这个模式进行全国省会城市的复制，我不知道这个模式您怎么看？**

王健林：所有企业都在互相借鉴、互相学习。我们去年定了目标，要把教材全部整理完，除了万达学院自己用，明年要全国公开发行。我们在全国看到若干好的项目被浪费了，他们买了地建设，最后却空楼招不到商。我希望能给大家提供更多的专业化知识。万达商业地产已经进入三线城市了。

对于第二个问题，随着人们消费水平提高，黄金、珠宝、首饰的消费肯定是逐渐扩大的，这毫无疑问。到香港买黄金、珠宝、首饰的人很多，说明这个行业是没问题的，但是如果要统一在全国进行复制，就要面临招商的问题，你们公司和多少家首饰公司、珠宝公司签订了合作协议，这将决定你们有没有能力复制。假如你有一百家以上甚至几百家合作伙伴，你的复制能力就很强。假如是建了之后再去招商，那就必须慎重。

▶ **提问：了解您和万达是从足球开始，想问足球方面的问题，像日本、韩国，足球联赛完全市场化、完全职业化，能够带领足球水平向上提升，如果中国足球想搞好，我们可不可以把中国足球联赛办成真正的职业联赛，完全走向市场化？**

王健林：万达去年再次支持足球，我既然支持中国足球协会，支持国家队，支持联赛，你现在问我，我如果批评他们，这不合适。所以很遗憾，这个问题我不能跟你说实话。足球怎么能搞好，这个问题在中国比解决哥德巴赫猜想还难。中国经济发展这么快，什么事都能整好，就足球整不好。在中国有两件事，一是足球，二是股市，很难整好。所以就别问我了。

万达的快速发展

美国当地时间9月8日，王健林及万达赴美考察团人员参观美国哈佛大学。王健林发表了长达一个多小时的精彩演讲，并回答了现场学者及听众的提问。

在演讲中，王健林回顾了万达发展的四步棋，并总结了万达快速发展的原因。

今天站在这里，我心里诚惶诚恐，哈佛大学在全世界人的心目中都是一个神圣殿堂。万达相对于世界顶级企业来说，还有很大差距，我们丝毫不敢懈怠。借此机会，我跟大家分享一下做企业的一些心得。

一、万达发展的四步棋

万达成立于1988年，靠借钱才完成公司注册。当时中国成立房地产公司需要100万元注册资金，我借了100万元，借款必须找人担保，担保人拿走50万元，实际上我只拿到50万元。而且借100万元给我的人，要求我5年还款，每年25%的回报。看起来条件非常苛刻，但如果当年没人借钱给我们注册，也许今天就没万达了。这些年，万达之所以能比别的企业发展快，关键是创新。万达创新关键走了四步棋。

1. 全国发展

万达的第一步是敢于走出去，到全国发展。公司1988年成立，1992年就走出大连到广州发展，是中国第一家跨区域发展的房地产企业。那时中国的政策不支持民营企业到外地发展，困难很多。我们去广州开发，企业不能注册。一般人遇到这种政策壁垒就退缩了，但我想，毛主席说过一句话："世上无难事，只要肯登攀。"有政策壁垒，我也要登攀一下看看。我就去找广州当地企业谈，看谁愿意借给我们执照，最后跟广州华侨房地产公司谈好了，一年给他交200万元，他为我们注册一个分公司，就把事情办成了。正是从广州开始，万达跨区域发展起来，一发不可收。到今年年底，万达在中国投资的城市将超过90个，成为全国进入城市最多的房地产企业。全国发展让万达从一个地区的小公司，成长为一个全国性规模比较大的公司。

2. 商业地产

万达发展的第二步是进军商业地产。2000年前，万达主要做住宅开发，生意做得很顺，为什么要转型做不动产？当时有一件事触动了我，公司有两个跟我一起创业的老员工，一个得了癌症，一个得了肝病。那时中国民营企业没有医疗保险、养老保险等社会保障，能不能治病要看公司有没有钱、愿不愿意出钱，我当时决定不管花多少钱也要救治这两位员工，其中一个人花了200多万元，一个人花了100多万元。这件事促使我思考，尽管公司当时还年轻，但发展20年后，当员工老了、退休了，有病的人多了怎么办？

住宅房地产开发的一个特点是现金流不稳定，有项目销售的时候，公司就有现金流；一旦项目卖完，需要重新买土地，做新项目的投入时，公司现金流就会下来。而且中国房地产行业经常遇到国家宏观调控，这时现金流波动更大。我担心如果一直做这个产业，一旦出现极端情况，会影响企业存亡和员工生活。为了寻求稳定的现金流，万达不断探索。万达做过制造业，其中包括中国很有名的奥的斯电梯以及变压器、制药厂，还做过超市、外贸等等。到2000年，万达决定把商业地产作为企业的支柱产业来发展。在做决定之前，企业内部有过两三年的讨论，大家觉得商业地产包含盖房子、招商两大部分，至少盖房子我们是明白的，所以决定全力以赴去做。做了几年后，找到感觉了，商业模式也越来越成熟。这是一个从被动到主动、从不自觉到自觉的过程。

现在万达商业地产已经开业1 300万平方米，在世界行业排名第三，在建的还有2 000多万平方米。而且我们发展速度很快，每年开业400多万平方米物业，到2015年，万达将成为全球规模最大的商业地产企业。能走到这一步，除了我们自身努力，也有赖于中国地域广阔，人口众多，消费总量大。

万达做高级酒店，一开始是做试验。我们发现，把酒店和商业中心、写字楼、公寓等组合在一起更受欢迎，所以就按这个模式发展，几乎每个购物中心都会配一家五星级酒店。几年下来，万达就成为了全球最大的五星级酒店业主，现在已经拥有38家开业酒店，正在施工的还有30多家。

万达商业地产的模式推出后，受到中国各地政府的欢迎。中国的土地不像美国可以自由买卖，只能从地方政府手里买。因为很多地方政府邀请万达去做项目，在合作中万达就占据了主动地位，具有了议价权，获取土地的成本比其他企业要低很多。现在邀请万达做的项目和万达投资项目的数量比是3∶1至4∶1，万达拥有选择权，所以项目利润比较高。

3. 文化旅游

万达发展的第三步是做文化旅游。2003年就开始做电影院，因为万达购物中心需要配建电影院。最初万达跟美国时代华纳院线合作，但由于两方面原因，双方没能合作下去。一是中美WTO谈判规定外资不能控股中国影院，华纳不愿做小股东；二是华纳对中国电影市场发生了误判，当时全中国票房只有1亿多美元，他们觉得投资赚不到钱。万达只好在中国找合作伙伴，当时各地做影院的都是国有的广电集团，万达先后和上海、江苏、广东、北京等地的广电集团谈过合作，我们做业主，他们经营。但因为这些广电集团都是官办，没有赚钱的动力，结果都没谈成。其中还有一个小故事，当时上海广电集团总裁很有创新思想，他觉得这是一笔好生意，和我们签了协议，也交了保证金。但协议签订半年后，上海广电集团换了新的总裁，反对这个协议，坚决不履行。但这时我们有10个新店马上要开业，逼得我们只好自己做。中国电影恰恰从2005年开始腾飞，此后每年递增都超过30%，今年中国电影票房将超过160亿元。如果中国电影市场今后按每年25%的速度递增，2018年就将超过北美市场。

除了电影院线，万达还进入许多文化产业行业。如舞台演艺，我们把拉斯维加斯著名的水秀制作团队收编了，投资100亿元，在中国打造五台世界顶级的舞台秀节目。万达电影科技乐园的第一个项目将于2014年在武汉开业，相比迪士尼、环球影城做这类项目内容比较单一，万达武汉的电影科技乐园一次做了六项内容，而且采用的是中国的故事、中国的形象。

万达文化产业越做越大，因此成立了一个文化产业集团，把文化产业作为支柱产业来发展。今年万达文化产业集团的收入，可以排到世界文化产业的前40名。计划到2016年，做到400亿元，进入世界文化产业前20名。到2020年达到800亿元，进入世界文化产业前10名。

万达从2008年开始做旅游投资，首个项目是长白山国际度假区，占地22平方公里，总投资200亿元人民币，现在已开业，反响非常好，远远超出我们的预期。万达西双版纳的度假区也在建设中。万达颠覆了传统度假区的概念，每个项目都会做多个高级酒店，还有旅游小镇、大剧院等设施，突出文化和商业。

4. 跨国发展

万达发展的第四步是跨国发展。之所以要跨国发展，首先，万达按照目前速度发展，今年资产将达到2 800亿元，收入达到1 450亿元，规模已经很大。但如果只在中国发展，即使做得再大，也只是一个国家的企业。要想成为世界范围的著名企业，就一定要走出中国。其次是为了分散风险，不能把鸡蛋都放在一个篮子里。万达今年年初宣布了十年战略规划，计划十年内成为世界一流的跨国企业，为中国的民营企业争光。现在《财富》公布的世界500强中有70多家中国企业，但只有三四家是民营企业。万达应该用自己的发展来证明，民营企业没有国家特殊优惠政策支持，依然可以发展得很好、很快。

万达跨国发展第一步是并购美国的AMC影院公司，我们也正跟美国的六大电影制片公司洽谈，将来会在内容上进一步加强合作。万达不是为国际化而国际化，并购AMC不是为了做大规模而做大规模，在规模做大的同时，还要追求比较好的利润。两年多的并购谈判，也等于给我们上课，给我们补充知识。我们发现，很多美国大企业由很多小股东或者基金持有，没有真正的主人，都是追求短期回报。这样的企业缺乏长期战略规划，看不到长远发展。所以，只要万达不看短期利益，能忍受短期的亏损，从长远看，在美国、欧洲国家都是很有机会的。

二、万达快速发展的原因

万达发展这么快，主要有以下原因：

1. 商业模式领先

企业创新有很多种，如技术创新、管理创新、文化创新等等，其中很重要的是模式创新，我一直认为商业模式创新的价值远远大于技术创新和管理创新。比如咖啡谁都会卖，但星巴克进行流程再造、商业模式创新，成为一个优秀的连锁企业，麦当劳、肯德基也是这样。我非常反对有些人说，高科技、新能源、新材料才是希望，其他产业都不行。我认为不管是传统产业还是新兴产业，只要善于创新商业模式，一样可以获得超额利润，而且生命周期更长。因为既然称为传统产业，就是能延续成百上千年的产业，所谓先进的东西，寿命反而不一定很长。

2. 信息化水平高

万达多年前就成立了信息管理中心，从海内外招聘优秀人才，自己研发管理信息系统。万达是中国拥有管理软件国家专利和知识产权最多的企业之一，去年一年就获得近二十项。管理上，万达善于利用科技手段进行创新，万达最著名的管理模式叫作模块化管理。我们把一个商业地产项目的开发按时间分成近400个节点，每一节点每一相关业务部门做什么，都有严格规定。这些节点分为三级，总裁关注一级节点，副总裁关注二级节点，项目公司关注三级节点。这些规定好后，编成一个模块化管理软件，每年11月，我们把第二年每个单位、每个人、每天的计划事项都录到系统中。这个信息系统会自动考核，如果到时间没有完成进度，会亮黄灯警示；如果规定时间内没有把功课补上，就会亮红灯。一旦亮红灯，相关责任人就要被扣分，分数会与收入挂钩。所以，尽管万达发展速度非常快，但是并不忙乱，用一句传统的话来表达就是紧张有序。

万达发展快的另一个重要原因是执行力强，赏罚分明。万达没有公司政治，我个人在公司里没有任何亲戚。正因为各方面的综合作用，万达能实现比较快的发展速度。万达不是唯一能代表高速发展的中国经济的企业。在中国，像万达这样的民营企业还有很多，随着中国经济的发展，中国会诞生一大批优秀的民营企业，这些企业都会走向世界。十年前，世界500强公司中，美国有197家，中国只有7家。2011年，世界500强公司中，美国有145家，中国有74家。按照这个速度来推算，十年以后，应该是中国、美国各100家左右，或者说中国略多一点。不管美国人承不承认、不管高不高兴，这就是世界发展的趋势。我相信，中美两国的经济互补和联系是分不开的，像万达这样的企业，会越来越多地到美国发展。

现场问答

▶　**提问：收购AMC是万达集团第一次海外并购，有没有碰到一些没有预料到的困难？您觉得26亿美元是买贵了还是买便宜了？**

　　王健林：并购是曲折的。一开始跟股东谈，觉得不行，决定反过来先跟管理层谈判，因为管理层稳定是关键，如果管理层不稳定，并购虽然成功，但人都离开了，我们的钱就白费了。跟管理层谈也不是那么容易，过去十年中，AMC的管理层接待过许多意向购买者，刚开始时万达对他们来说不过是多一个而已。我们要让他们相信，万达进来后对公司长期发展有好处。跟管理层谈得差不多了，我们才跟股东谈。

　　26亿美元买AMC到底贵不贵，可以算一笔账。首先AMC账面上有几亿美元现金；其次，AMC拥有美国最大电影广告公司的股票，市值2亿多美元。去掉这两项，大概是20亿美元，平均每块银幕300万元人民币。在美国新建一个影厅，300万元下不来；即使在中国，每块银幕的成本也要400万元人民币。这么算下来，我们认为不吃亏。当然，AMC已经连续三年亏损，如果永远亏损的话，光便宜也不行，必须想办法让它盈利。为此我们做了一个制度安排，万达不直接参与AMC管理，只派一个人过去。我们和管理层签了中长期合约，给他们涨了一点工资。然后建立激励机制，只要创造利润，10%归管理层。而且赚的钱，原则上不拿走，在美国继续扩大投资。并购之后，万达又给AMC 5亿美元进行影院改造。相信改造后，几年内利润会提升。这个利润拿到美国资本市场上市，可能融不了太多钱，但拿到中国资本市场上，市盈率可以很可观。这个制度变革，使AMC公司产生了明显进步。管理团队告诉我，AMC今年就能实现盈利。

▶ 提问：中美文化产业的差距在什么地方？

王健林：中美两国在经济领域的差距越来越小，中国GDP十年之内就能赶上美国。如果折算成购买力平价，可能会更快一些。但中国和美国的文化产业差距更大，即使中国GDP赶上美国，文化产业仍然有较大差距。举个例子，万达在武汉做电影科技乐园，有6个科技娱乐项目，要做一个3D介绍片，如果按中国人的思想，一出来就是展示这个项目建在什么地方，有哪些内容。我找美国人给我们做，拿过来一看就感觉到差距。美国人的作品一上来是一家三口在家里，母亲在做饭，父亲领女儿翻一本书，打开一看，里面都是4D、5D、飞行、动感影院，父女俩觉得很好，正在热火朝天地说。母亲从厨房出来，问"你们讨论什么呢"。他就告诉她说，武汉在建一个电影乐园，一篇篇翻看，看完了。女儿说，这么好玩，什么时候开业？回答是2014年开业。简单的一个创意，就人性化地把项目说清楚了。所以我觉得，中美文化产业的差距主要在创意方面，不在技术层面。

▶ 提问：不论在上海还是在北京，万达广场给人的感觉基本上是一样的。如果过了十年，中国有更好的消费模式，万达广场会不会落后？

王健林：说每个地方的万达广场感觉都差不多，这个话也对，也不对。说对，因为万达广场都是综合体，里面都有百货、超市、电影院、餐厅，内部装饰差距不是特别大。但外行看热闹，内行看门道。比如说餐厅，任何一个万达广场的餐厅都是完全不同的，因为每个地方的饮食文化都不一样。万达要求每个万达广场，招商前都要在所在城市做餐饮行业调查，当地排名前30的餐饮企业至少引进20家。所以每个万达广场的餐饮品牌都是很不一样的。即使是服饰品牌，其实也有很大差别，不同城市的品牌也很不一样。

至于你所担心的万达十年后怎么办，商业的基本规律就是调整，行话叫春调、秋调，每年有两次大的调整。万达广场与租户签约一般是三年，最长五年，就是为了将来容易调整。所以，十年以后的事情，大可不必担心，不断在调整。即使到了调不了的时候，在中国把它拆了重建，重置成本也比买地开发便宜多了。

▶ **提问：请问万达是让自己的管理层到美国来管理公司，还是想让在美国生活很久了的中国人来管理公司？**

王健林：第一选择是美国人，我肯定不会大量地派中国人过来。因为就算语言过关，对当地情况的熟悉程度也差多了。第二选择是生活在本地的中国人。比方说项目在华盛顿，我不会选洛杉矶的中国人去管理，一定是本土化。万达只派一个人去AMC，而且不是高职位，只做联络员。人才本土化是世界趋势，世界500强企业在中国，只要多派本国人去管理的，没有发展好的，这个道理同样适用于美国。

▶ **提问：在北京、上海顶级的商业地段，很少看到万达的身影。请问，这么做是出于什么样的考虑？**

王健林：首先，万达广场的定位是时尚流行为主，不以奢侈品为主，所以极少选择核心地段投资。地段远一点，获得土地成本低，但万达有品牌和增长趋势，获得的租金并不低。从财务角度，我不会选择核心地段。其次，不是万达不想在核心地段拿地，但在中国改革开放早期，外资、港资比较有钱，他们在核心地段拿了很多地，现在我想拿也拿不着了，比如上海南京路、北京王府井，只好在新发展区域寻找机会。

明年万达会在武汉、长沙各开业一个顶级奢侈品店，特别是武汉汉街万达广场，无论建筑设计、内部装饰还是招商品质，都是世界奢华购物中心的NO.1！在商言商，万达有几个这样的购物中心，证明自己有做奢侈品店的能力，而且可以做得更好，这就足够了，做商业还是以赚钱为主。

▶ **提问：万达并购AMC，是中国文化产业走出去的重要一步，在这个过程中，有没有碰到法律的挑战？**

王健林：说实话，万达并购AMC最担心的是美国的安全评估。因为美国法律规定，外国企业到美国投资，需要通过安全评估，虽然是自愿提交，但如果没提交，一旦发现安全问题，即使已经营业50年，也可以关闭你的企业。这就逼得万达必须提交安全评估，但是实践证明这种担心是多余的，第一，因为万达并购的不是国防、能源等敏感行业。第二，因为万达是真正的民营企业。所以一个月之内，拿到了美国商务部和国土安全部两个部门的批准，比中国政府的批准还快了半个多月。

▶ **提问：今年以来中国经济增速放缓，是不是意味着中国经济遇到了问题？未来增长速度还能不能持续？**

王健林：未来15~20年，中国经济至少会保持年均8%以上的增长速度，因为中国经济发展的核心动力仍然存在。一是城市化进程。现在中国城市化率只有51%，而且包括乡镇在内中国的真实城市化率只有40%左右。按照国家的战略规划，每年城市化率要提升0.8%~1%，意味着每年有1 000万~1 300万人进城。中国城市化产生的巨大需求，至少可以支撑中国经济再较快发展15~20年，等中国城市化率达到70%~80%的时候，才是中国经济真正放缓的时候。中国经济增速这两年有所放缓，主因不是世界经济放缓，而是自己主动调整，压缩房地产。其次，目前中国还处于工业化中期，中国工业化过程还没有完成，中国人均拥有的高速公路、高速铁路、用钢量等指标还有很大提升空间。

▶ **提问：收购一家连续多年亏损的企业，对万达有哪些挑战和风险？**

王健林：中国有句古话叫"富贵险中求"。如果所有的人都认为这件事情可以干，这件事情一定不能干。只有少数人判断对的事情，敢于去做，这才可能成功，才可能有更高的盈利。收购AMC，不管是失败还是成功，我们都愿意试一下。这不是有没有风险的问题，企业如果没有风险，那叫什么企业？恰恰是巨大的风险和挑战，才让人感觉到满足，才有成功感，才有喜悦感，只有痛苦更多，喜悦才会更强。而且我相信，万达有能力把风险变为盈利。并购AMC后，我们没有对AMC动大的手术，我们的做法一是增加资本金，降低负债率，使AMC募资更便宜。再加上有万达支撑，而且宣布永远不卖，无论中国的银行还是美国的银行，都愿意和万达做生意。收购后，AMC债券价格在市场上马上往上升。其次，万达给管理层一个机制，只要盈利，就多给奖金；产生的利润，允许他们继续投资发展。结果，在连续亏损三年后，今年就会实现盈利。当然，今天所做的一切，有赖于三年后得到证明。也许会成功，也许会失败，但以万达现在的实力，即使失败，也不会有大的风险。

▶　**提问：您在经营过程中，要跟政府产生很多关系，这些关系会给您带来什么样的风险和挑战？**

　　王健林：政商关系在中国是非常复杂的问题，比在哈佛读博士后还要难。一个美国派驻中国的官员跟我讲，他特别佩服中国成功的民营企业家，在中国，民营企业能成功做大，太不容易了，比美国企业家要艰辛好多倍。中国包括亚洲经济是政府主导型的，政商关系是绕不开的话题，所以我提出八个字："亲近政府，远离政治。"不理政府，在中国是行不通的，即使在美国也不可能不理政府。但是，企业家要把握好度，不去做使自己伤筋动骨的事情。

▶　**提问：您认为在中国创业，成功的关键因素是什么？应该多关注哪些方面？**

　　王健林：非常不幸的是，中国的创业环境与十年前相比是更严酷了。因为以前只有国有企业实力强，但现在很大一批民营企业也做大了，留给中小企业特别是小微企业的空间就比较小。但跟美国比，还是中国机会更多，在中国创业还是比在美国容易。

因为万达是从小企业做起来的，在创业的前五年，我受过很多白眼、刁难和歧视，所以非常同情小微企业。我在政协的提案、发言都是围绕支持民营企业，建议给小微企业免税、低息贷款等等。我也决定从明年开始，做一个支持青年创业的基金。我看过一份调查资料，2011年中国大学生创业比例不到1%，所以我很担心，中国的企业家，特别是民营企业家断层，其实现在已经有这种现象。现在舞台上活跃的企业家，多数岁数比较大。如果有二三十岁的年轻人顶上来，中国的希望会更大一些。所以我愿意支持青年创业。

对于回国创业，我觉得关键是不能好高骛远，要放下身段。在中国创业最好从消费领域入手，因为中国消费的空间特别大。但如果有专利、能创新，做科技、信息产业也可以。按照中国政府的规划，中国消费市场2015年要比2010年翻一番，2020年要比2015年再翻一番，会形成规模十几万亿美元的世界最大消费市场。所以要围绕消费做文章，不管是做吃的、做服装的，哪怕做洗脚的，我相信机会都会有。

▶ **提问：万达是做商业地产起家，但万达跨国发展第一步，为什么选择了文化产业，而不是商业地产？**

王健林： 房地产业是全球所有行业中最需要本土化的行业之一，开发程序复杂，而且不能标准化，每个项目都需要重新研究。基于这个原因，万达商业地产不会大规模走出去，即使偶尔有一两个项目投资，那也是实验。万达选择文化产业先走出去，也很难说如何具有前瞻性，事先算计好了。正好AMC想卖，我想买，碰上了。我现在还想买美国的酒店管理公司，也谈了很多家，现在看来也比较困难，买起来比较困难。哪一个产业先走出去，还得看机缘。

▶ **提问：万达收购AMC时，底线是什么，考虑到的最坏情况是什么？如何防止这种最坏情况出现？**

王健林： 国际并购历来比较困难，但是一个企业走向国际化，并购是必须迈的坎。光靠自己发展，很难做大。世界500强企业中，找不到一家企业，完全没有通过并购发展到现在的规模。但既然并购，就必须做好准备。第一要算好自己的现金流和失败的成本，能不能承担。能承担，就去干；不能承担，就不要干。第二要对并购后果进行评估，先请人做详尽的技术层面的分析，而且要多请几家公司做分析，然后和并购对象做深入探讨，来自外部的和来自并购对象内部的评估与企业自己的评估都吻合的时候，才能做决策。总而言之，技术层面要充分评估，要有足够能力支付失败成本。

▶ **提问：美国学生去中国，或者美国公司在中国创业，有什么样的优势？**

王健林： 我在一次演讲当中，讲了一句话，"什么清华北大，不如胆子大"，现在我也告诉你，什么哈佛耶鲁，不如自己敢闯，因为机会是闯出来的，哪有算出来的？首先要敢闯敢试，企业成功，以我自身的经历和接触过的许多成功企业家，最重要的体会就是敢闯敢试。古人说，"富贵险中求"，你要想创业成功，有把握没把握，都要去试。绝对有把握，哪有这么容易的事情？如果你有10个朋友告诉你这事能做，你千万别做；三个人告诉你说可以做，七个人说够呛，你可以去闯去试。可能会失败，失败了再来，你有本钱，你年轻。当然也不能盲目干，最好做一点小成本的，资金不是太大的，做一些实验。所以我就一个建议，胆子大一点，比什么都强。什么叫企业家精神？最重要的有两条标准，一是创新，或者叫敢闯敢试。二是坚持精神，凡是成功的企业家，特别是卓越的企业家，都接近神经病。自己相信自己的故事，相信我能做成，失败五次十次甚至更多次也不怕。如果没有这种坚持精神，没有这种执着是不可能成功的。

CHAPTER 4

商业地产：只能被模仿、
无法被超越的商业模式

———————— 第四章 ————————

商业地产的八点心得

　　"杭州商业地产论坛"由中国房地产业协会等机构联盟主办，作为商业地产的领军企业，王健林受邀成为主讲嘉宾。

　　在演讲中，王健林总结了商业地产的八点心得，赢得了全场多次热烈的掌声，王健林当时提出的心得观点，比如提出用基金来做商业地产的重要性、只租不卖是最好的形式、做对程序、搞好规划设计、商业物业、给商业三年的培育期等，不但让现场听众获益匪浅，现在也已成为商业地产领域的不易法则。

　　最近三年，万达商业发展公司专注于做购物中心，在全国 19 个城市建了 21 个购物中心，总面积 300 万平方米，其中开业 12 个，在建 9 个。我们的目标是到 2010 年至少建设 50 个购物中心，争取 60 个，总面积 700 万~800 万平方米，年租金收入 50 亿元以上，这是我们的长期目标。

　　我们为什么提出 2010 年的奋斗目标呢？因为我们全面分析了世界前 100 个购物中心发展商的资料，如果达到 800 万平方米、50 亿元租金收入这个规模，那么我们就可以在购物中心这个领域进入世界前三名。

万达目前和17家跨国企业，其中有10家世界500强企业，签订了战略合作协议，双方约定了权利义务。战略合作协议有四个方面。第一，共同选址。对每一个店址大家提出意见，书面确认。第二，技术对接。一个店谁要多少平方米，高度、出入口、交通体系等等，每个战略合作伙伴出专业人员与我们的规划设计部进行技术对接，之后再正式签署确认书。第三，平均租金。我们把购物中心作为长期发展的产业，假如一个购物中心有6家主力店、10家次主力店，那么16个合同谈判，恐怕得用半年时间才能搞定。为了快速扩张、快速发展，我们与所有加入合作的伙伴，都约定一个前提条件，就是接受我们的平均租金这个概念。全国的城市分三等租金。这样做的好处是，每个店的租金具体多少不用再谈判，速度快。第四，先租后建。签了租约之后，我们再投资。这四点加在一起，叫作"订单地产"。

现在订单地产这个概念已经在全国叫响了，我们用自身的行动做示范，希望全国做商业地产的同仁都能这么做。倒不是向我们学，而是都能先下订单再投资，这样做的最大好处在于规避投资风险。下了订单，一年可以收1 000万元租金，那么总投资额无论如何不能超过1亿元。因为租金要扣17%的税，控制在1亿元以下，还能有8%的投资回报率，还了利息，还能有点收入。这样就能规避风险，符合中央禁止重复投资的政策，不管钱是不是自己的，只要浪费，就是浪费社会资源。

什么叫商业地产？我看报纸上谈了很多商业地产，但很少有人搞明白。我个人理解，商业地产不是商业，也不是地产，也不是简单的商业加地产。我认为，商业地产是以零售物业的租金收入为目的的长期房地产投资。目的明确，是以零售物业租金收入为目的，如果开发后销售出去，称不上商业地产。我们在大连有一个大型开发项目，做了5万多平方米的二层底商，建完后全部出售了，这就不叫商业地产，这是房地产，房地产开发本来就包含住宅、写字楼、底商建筑等。如果开发目的不是以零售物业租金收入为目的，就不能叫商业地产。

我认为，中国目前来讲，商业地产还不是进入的最佳时机。或者说，中国的商业地产的黄金时机还没到来。因为商业地产发展要有三个前提要件。第一是收入水准。从全世界来看，人均GDP三四千美元的时候，购物中心才能发展起来，目前中国一些大城市和沿海城市已经达到这个水准。二是市场需求，租户有这个需求。中国加入WTO开放国门之后，全球百强零售企业有70多家已经进入中国，前50强几乎全部进入中国，都想来切中国这块蛋糕，市场需求巨大。去年，沃尔玛全球的首席执行官李斯阁先生应我们邀请出席武汉万达商业广场的开业仪式。他跟我说：能不能加大每年的开发量？按照我们现在的约定，每年开发5~8个。他问，能不能每年20个、30个？他希望十年以后，每年开100家店。可以说，租户需求足够大。缺的是什么？缺的是房地产金融。购物中心这个产业，只有发展房地产信托基金，才能托住这个产业健康地向前发展。尽管银行推出10年、8年的长期贷款，也不适合做商业地产。从全世界范围来看，目前国外投资商业地产的回报率是4%~6%；在中国由于是新兴市场，有一点高收益，收益能达到8%~9%。如果10年期贷款，每年利息8%，那么就不可能做这个产业。全世界购物中心发展比较好的国家，无一例外地，都是使用房地产信托基金。只有这种模式，它吸纳的是民间闲资、退休基金、政府基金、保险基金这种求稳而对回报率要求不高的资金，只有它们才能托住购物中心的发展。所以，凡是解决了信托基金的国家，购物中心才能呈现前所未有的发展态势。包括英国这个老牌资本主义国家，虽然其他产业很平稳，但十年来购物中心的发展却如火如荼，现在开业1 400多家，在建200多家，占据了整个英国基本建设近一半的投资。

因为中国目前还没有开发出房地产信托基金这种金融产品，中国的购物中心开发的黄金时期还没到来。据我了解，香港当局在2005年将正式放开允许成立房地产信托基金，新加坡政府已在三年前放开政策，我相信再过几年，中国大陆也会出来这个产品，到那时候，我们就会迎来购物中心大发展的时期。

下面谈一些我们做商业地产的体会、心得。

一、解决资金

商业地产其实是一个进入门槛很高的产业。平均下来，全世界的房地产公司，只有2%~3%的企业在做商业地产，在中国的比例就更少，少于1%。商业地产是一个复合型的产业，不是房地产行业，也不是商业行业，它包括地产、商业、投资、金融等，非常复杂。在这个行业里，最需要的就是资金，而且是低成本的、能长期使用的资金。解决不了长期资金的问题，商业地产是很难做的，即使能做，也走不远。所以最重要的，做商业地产，首先要有资金实力，或者有长期能使用的资金平台。万达在这方面有最深刻的教训。我们在2001年开始做商业地产的时候，是以房地产开发的惯性思维来思考问题的。从银行贷款，贷二年期，就来做购物中心。2004年，遭遇宏观调控，短融长投的弊端就显现出来了，尤其是国家把购物中心列入限制发展的七大行业之一，我们的资金链就变得紧张。幸亏我们的决策有前瞻性，在2004年1月开了一个总裁办公会，决定除了已开工的购物中心，暂停其他购物中心的建设，集中精力寻找长期资金管道，我们找到了一个战略投资者，拿到几十亿元，解决了问题。如果没有预见性，等到银行催债的时候再想办法，那就可能出问题了。所以我体会，做商业地产，解决资金而且是可长期使用的低成本资金最重要。

二、找到人才

所有行业都注重人才，但对商业地产来说，更需要人才，因为这个行业是一个复合型的行业。大家不要以为，搞超市、搞百货的人拿来就能用，搞百货、搞超市是零售思维，同单纯的房地产思维一样，都不行。做购物中心，是先做商业规划，然后找租户，找到合适的主力店、次主力店租户，再做商业物业管理。因此，单纯做零售、做百货的人不一定就是商业地产的行家里手，单纯做房地产的人也不一定是，这里需要复合型的知识。现在中国商业地产人才非常紧张。

我举一个例子说明人才的重要性。万达在上海的五角场做了一个三十几万平方米的购物中心，计划明年开业。请了号称世界第一的商业设计公司做设计，这家公司有120多年专门做购物中心规划的经验，全球做了几百个购物中心。开始动工后，一个偶然的机会，我请美国的托伯曼公司的总裁帮忙看看项目，他是专门做高端购物中心的，他提出了一些修改意见，让我们有眼前一亮的感觉。可惜因为已经施工了，基本的东西不能推翻，只能做些修改。修改之后，规划和人流动线比原来更加合理。我们计算了一下，仅一项设计上的修改，可以每年增加2 000万元的租金。这说明懂行的人才对商业地产多么重要。所以做商业地产，没有这种既懂商业又懂地产再懂一点金融投资的综合型人才，是非常难的。正因为如此，万达现在几乎变成了一个学校，一些人来万达做了一两年，就有很多单位想挖他们。所以我们想，以后干脆自己建一个专门的培训学校，慢慢培养商业地产人才。

三、只租不售

做商业地产要切记这一点。在这方面，万达有深刻的教训。我们现在有21个购物中心，前10个购物中心，有部分商铺是销售的，一共卖了9万多平方米。如果从单一销售的角度来看，是很成功的，全国每平方米均价3万多元，卖了几十亿元，但是这10个项目竣工后，虽然也进行了招商经营，还是有五六个出现了问题。什么问题呢？商铺在销售之后，再进行商业规划、整合，有两个方面保证不了，一是经营的整体性，二是经营的有效性。销售商铺的时候，因为我们做了十七年房地产开发销售，合同写得很清楚，房子出售后，我们不承担经营上的责任。根据销售合同，我们在法律上没有责任，但经营不好，业主商户就要闹事，我们在道义上的责任无法推脱。如果万达不是品牌企业，不是一个把购物中心作为长期发展目标的企业，只是打一枪换一个地方，那我们就不用对业主负责。当时有四五个业主起诉万达的案子，都以业主败诉为终，因为合同约定很清楚。但是我们以购物中心作为长期发展方向，作为品牌企业，就一定要解决业主的问题。去年和今年上半年，我们决定，卖出去的这10个项目，除了南京、青岛等项目，因为地理位置特别好，经营稳定之外，绝大部分出售商铺全都拿回来，保证业主若干年8%的回报率，个别地区9%。

所以商业地产即使有个别成功销售之后仍然红火经营的先例，我个人认为那是个案，不能成为规律。万达在全国卖了10个项目的商铺，超过一半以上都有问题。2004年，我们做了一个决定，购物中心只租不售，以租为主也不行，只能只租不售。凡是销售购物中心的，在全国失败的例子比比皆是。我举几个。譬如东莞的一个大 Mall，销售得好，价格高，但是现在刚刚开业，已经出现经营问题，我可以断定他们正在走我们以前走过的路。无锡站前城投广场，钻石地段，商铺卖的时候火得不得了，现在开业不到两年，整体关门，200多个业主正在打官司。还有很多例子。我们观察，凡是卖商铺来做商业地产项目，九成以上运作不好，有个别占着天时地利人和的成功，那是个例现象。

说到这里，大家可能会说：讲了半天，你讲商业地产只租不售，你有钱有资金管道，我们规模小，但也想做，怎么办呢？我给大家出三招。

在购物中心旁边规划开发一些住宅。假如总投资5亿元，7%的回报率，住宅卖了2亿元，剩下3亿元作为租金回收，加起来，回报率12%，就可以了。

如果在一个核心区，旁边没有地做住宅，那么办？可以在购物中心上面规划写字楼或公寓，把上面的部分卖出去，也不要卖商铺。

如果不能做写字楼或公寓，用地性质就是商业，那么就把租金回报率低的大店卖掉，以卖大店的现金流来平衡回报率，但不要卖小店铺，小店铺的租金是随着商业的升值不断增加的，大店的租金则是非常稳定的，几乎很少增长。

这些招不是我的招，全世界的购物中心都是这样运作。美国购物中心里50%的主力店，主要是百货、超市这两种业态，地是白送的，有一些甚至连房子都是送的。美国吉吉彭尼、西尔斯决定一个项目是否进入至少需要三年，你把地块提供给它，它要反复调查三年，分析、规划，才能最后做决定。而且做了决定也很牛，要你把地送给它，甚至把房子盖好白送给它，它付租金也是极低。那么为什么购物中心发展商还要把它们拉进来呢？因为要靠它们来拉人流。美国没有在城里面拆迁的，城里都是私人产权，购物中心都是在郊区，只能靠这一招，拉几个主力店，人流引来了，在主力店与主力店之前做些中小商铺，两层、三层，慢慢提升租金，找到资金平衡点。

想做购物中心，只有这三招。除此，想卖小店铺，那就不要做了。

四、做对程序

做购物中心的发展商，九成以上是由房地产商转换而来，包括万达，不可避免地带着房地产开发的思维定式，先做规划设计，看立面挺漂亮，自认为各方面都挺好，开始建，建一半甚至建成了再招商，在谈判中发展商处于弱势，只能被迫接受他们提出的价格。大连有个发展商的总经理跟我讲："外国主力店的租金价格真是恨人，要它不行，不要它也不行。"我说："那你就是在程序上做错了。你应该在开始规划时与它谈租金，不是建设期再招商。而且还可以故意与两三家谈，这样租金就会谈高一点。"

所以做购物中心，非常重要的是做对程序。一定要先租后建，招商在前，建设在后。或者叫：颠倒程序，把房地产开发商的惯性思维颠倒一下，招商在前面。而且招商绝非招一个主力店的问题。做一个购物中心，一般有七八家主力店，主力店一定要是不同业态的组合在一起，这样才能满足一站式购物的需求，同时提高大家的比较效益，而且很多大的主力店签约时都要求排他性，不能出现同业态的竞争对手。所以，一定要把程序做对了，招商在前。

招商在前还有个明显的好处，能节省巨大的投资。万达现在做购物中心，建安包括税费、管理费等，不算精装，平均每平方米3 000元左右。为什么这么便宜？就是设计阶段与进驻的各店对接好，没有无效面积，大堂、电梯、卸货区的位置都是反复计算好的，所有面积都能产生租金。我们2004年以后建的购物中心都是收租面积，没有无效面积。而且我们的程序做对了之后，我们与主力店、次主力店签好合同，约定拿到质检验收证书免租三个月，第91天开始计租，不管它们开不开业。做对程序的好处就是给我们带来效益，避免麻烦。

五、商业定位

具体到技术层面而言，商业定位决定项目的成败。商业有两句名言。一句是"隔街死"，一条街20米宽，一边火得要命，另一边死街。还有一句话是"一步差三成"，哪怕门挨着门开店，但差一步生意就差了三成。这些语言都形容了商业定位选址的重要性。商业地产具体到技术层面，最重要的就是商业定位。那么，在商业定位里，注重哪几个环节呢？

1. 定地址

选址靠的是真功夫，没有教科书，更多要靠经验，这就是零售人员、物管人员与开发设计人员智慧的综合，绝大部分是经验的积累。在选址上，无论如何不能一次确定，有时间的话，一年的时段，最好在黄金季节、非黄金季节，一天的时间，中午、晚上都看看。还有一点非常重要，看政府规划，到任何一个城市，先了解当地城市规划，城市发展方向。暂时人不多不要紧，预计几年后会怎么样。我们在南昌的项目，头一个在八一广场，效益很好，第二个项目我们去了红谷滩新区。江西省委省政府、南昌的市委市政府决定在江北发展一片，为体现他们的决心，他们把市委、市政府、公检法等所有行政中心都搬过去，但是他们过去办公了，还是有城无市，人气不旺。政府希望我们去做一个购物中心，我们规划了一个十几万平方米的购物中心。一个十几万平方米的购物中心要靠十多万人来支持，那里目前至多有一万人，为什么我敢做呢？因为购物中心要两年以后才开业，现在房子卖了很多，另外政府配套建设了两所好学校，我相信，我们的购物中心一上，就会促使更多人入住，形成人气商气。我看大势，所以新区也敢去。

2. 定规模

购物中心在国际上有个理论，10万平方米以内叫最佳规模，当然这是国外的理论，英美、澳大利亚，他们的人口比较少，10万平方米是他们的上限。按照中国的国情和快速发展的态势，我个人认为15万平方米是最佳的上限。规模与效益连在一起，不是越大越好，规模一大，比较效益就下降了。规模越大，租金越低。15万平方米的商业，至少要5家不同业态的主力店，超过20家次主力店来组合。在中国，零售业态没有这么丰富，在发达资本主义国家有50万种商品，中国目前只有20万种商品。目前在中国，大主力店的发展可以，1万平方米以上的超市、建材店好找，但次主力店的发展相差太远，1 000平方米、2 000平方米的次主力店极其难找。在欧洲，我看到一个糖果的连锁店，每一个店就几百平方米，但是在一个购物中心里可以开四五个店，每个门口开一个。别看小小的糖果，一个店可以有上千种类的糖果，甜的、咸的，什么口味都有，卖糖果卖出了世界级的连锁品牌，每年20多亿欧元销售额。类似这种有特色的次主力店，中国现在很少。所以，规模上不宜过大。

现在中国购物中心有比大、比规模的不好风气。在广州开会期间，安徽的一个市政府领导找到我，希望万达去开发一个规划38万平方米的购物中心，只要我们肯去，地可以很便宜。而当地城市人口只有30万人。我说：地白送我，我都不做，你们这种思维，谁去做都危险。北京人口那么多，在东、西、南、北规划了四个几十万平方米的Mall，到现在第一个规划的春天Mall都是死的，58万平方米，根本做不了，政府被迫修改规划，修改到20万平方米的规模。所以，规模要求最佳，不能求最大，要求比较效益。租金高，回报率高，才是真本事。现在在中国做购物中心，迫切需要解决规模偏大的问题，在商品和次主力店不匹配的情况下，盲目求大的结果只能是自食苦果。

3. 定主力店

地址、规模确定好以后，就是主力店、次主力店的问题。主力店和次主力店的确定是有讲究的，有些业态适合在商业中心区，有些业态适合在副中心，有些业态适合在郊区。在核心商圈，不能搞建材、家居，在郊区不适合做百货、珠宝，这里面是有商业规律的。在什么位置上适合建什么主力店，这里面学问很深，要根据你的地址和规模选择合适的业态。比如在副中心你就选新兴业态，如果在核心商圈，你就不要选大卖场，尽可能选租金比较高的业态，而在郊区，尽量选聚人气的业态。

关于主力店和次主力店的确定，目前在世界上有一个趋势，更多地向文化、休闲、健身的业态方向发展。

我写过一篇文章，里面有句话说"购物中心是吃出来的"。国际上也有新的理论，叫"四大功能"：第一个功能是购物，第二是休闲，第三是运动，第四是交际。这是世界购物中心新的理论。随着现代生活节奏的加快，邻里疏于来往，那么，到购物中心去，不仅可以休闲、健身，还可以交友，这种大型综合性的购物中心可以让人一待一天，起码可以玩几个小时。为什么现在的购物中心要更多发展文化娱乐方面的内容，说穿了，就是为了增加人们的滞留时间。现在国内的购物中心，有一些人只单纯地考虑零售卖场，而国外的购物中心，有近一半的面积都拿出来做休闲、娱乐、文化、健身。我们从自己开发的购物中心也有体会，哪一个购物中心的娱乐、餐饮做得好，哪个购物中心就火。

以上讲了三个定位，如果地址、规模、主力店都做好，从技术层面上讲，这个购物中心就基本成功了。

六、搞好设计

搞好规划设计绝不单是设计师的责任，反过来说，单靠设计师是做不好购物中心的。因为设计师大多是从建筑结构的角度提供有益的意见，但做购物中心，第一位是租赁人员的责任。设计师，尤其西方国家培养出来的设计师，他们讲个性、讲创新，不考虑投资成本，也不考虑从商业上是否合理。完全凭设计师规划购物中心风险很大。我可以举一个大家熟悉的例子，上海的正大广场，黄金宝地，小陆家嘴最好的位置，20万平方米的购物中心。现在只有1、2层没有关，3~8层全停业了。而且1、2层卖的都是大杂货，跟陆家嘴的定位完全不符，没有品牌入驻。我看正大广场没有救，胎里带来的毛病，先天不足，为什么这么说？当年他们买地便宜，8万多平方米的土地价值比现在这栋楼的价值高多了。可以做公寓卖出去，就是不做公寓，重新思考一下做购物中心，也可行。正大集团就是因为崇洋媚外，迷信美国的设计师，连中庭都是拐来拐去的。美学是有了，但人流动线不合理，做商业地产是失败的。

搞好设计有四个关键点。

1. 人流动线

这是设计方面的第一要素。人怎么流动，就像河一样，水往低处走，怎么样让水流得顺畅？不能突然加一个2%的坡度。我们自己的体会是，单一通道是最好的，最多一个环路。人在这种路线中，方向感好，容易找到位置。

2. 视觉通透

在国外做购物中心有个设计要求，一眼至少能看到十个店招。看到越多的店铺越好，能刺激人的购买欲。不能搞花里胡哨不实用的东西。

3. 交通体系

卸货区要尽量安排在地下，我们现在做购物中心，卸货区全部安排在地下，为什么呢？人车分流，不和地面争位置。如果觉得地下室做卸货区要把高度提高有点浪费，那么可以局部把卸货区做高一点，其他地方做低一点。如果钱多一点，可以都做高。这样有好处。将来停车位不够了，可以加一层低停车场，停车位就加了一倍。首先要解决人车分流问题。车辆，包括私家车、送货车，都不要和人在同一层面交叉。

再一个，厕所最好设在离电梯与扶梯近的位置。这是很小的细节问题。人有内急，一层厕所满了，可以坐电梯上二层，不能让人排队等候如厕，增加卫生清洁的难度。这里面涉及的内容很多，不展开讲了，有很多专业书籍，大家可以看。

4. 主力店的技术标准

这与一开始我讲的招商在前建设在后有很大关系。不同业态的主力店有不同的要求，建材超市要求荷载4吨，普通的超市和书店1吨，做普通的百货荷载有四五百公斤就够了。高度，如果做建材超市，至少要8米层高；做生活超市，5米层高就可以了；而做仓储的话，要9米；如果建电影院，至少要10米层高，要考虑将来使用大银幕。不同的主力店都有不同的荷载、高度、卸货的要求，只有招商在前，与主力店进行技术对接，才能掌握好这些东西。做了两三年，所有业态的特点就掌握了，再做就会很熟悉了，这需要时间积累。

上海有一个48万平方米的购物中心，做到正负零，来找我帮它招商，它招商了一年，一个主力店都没招进来。它主动提出，如果我帮它招商满场，它给我20%的股份。可我们研究过图纸之后告诉它，炸掉重来。当时只盖了一层地下室，投资花了8 000万元。它的项目设计，层高平均4.5米，通通荷载500公斤，怎么能去招商呢？建材一进来，就能把楼板压塌，就是做超市也有危险。这样的条件只能做百货，都做百货的话，6万多平方米一个平面，地下1层到地上6层，哪个百货敢做？

所以，如果不注意主力店的技术要求，就会造成浪费。

七、商业物管

购物中心的物业管理是一个特殊形态的物业管理，绝非简单的保安、保洁。目前万达最缺的就是这方面的人才，既懂商业又懂机电又懂物管的人，太缺了。即使有这样的人，待遇要求也很高。我们与上海复旦大学、深圳物管学院签了一个协议，每年定向培养人才。但远水解不了近渴，他们毕业后，还需要五到十年的锻炼才能真正用得上，不过作为一个有长期目标的公司，这种投入还是要做的。

购物中心的开业，对购物中心是个考验。不是什么开业大吉，开业其实意味着大麻烦，开业后经营不好要掉铺。一般来讲，购物中心开业的前三年，尤其是第一年的掉铺率会达到30%。小租户的特点是只能共繁荣不可能共患难，火的时候想方设法挤进来，生意不好卷铺盖就走，但小租户的好处是能承受不断提升的租金。所以，招满商、开了业绝不意味着大吉，第一年可能会掉30%，补充上来后，第二年可能会掉20%，这种调整是个永远的循环。

商业物业管理第一重要的是商业开业之后的补充招商调整，还有机电、保安、保洁等职责。

八、承受压力

一般来讲，商业项目要有三年的培育期，最少也要两年培育期。所以，大多数基金收购购物中心，要开业两年之后才考虑。有的基金要过三年才收购。它们都要等渡过培育期，基金只要求3%~5%的回报，但必须稳定。开业是一个分水岭，开业之后麻烦事很多，主力店、业主、商户的投诉，机电的维保，环保的要求等等，尤其是市场的培育问题，前三年不稳定，很麻烦。所以，想从事购物中心这个行业，一定要有足够的心理准备，一定要有承受压力的心理准备，做购物中心绝非轻松事。否则为什么全国只有1%的房地产企业，全世界只有平均不到

3%的房地产企业做购物中心呢？我打一个不恰当的比喻，做住宅开发是小学，做写字楼、酒店等是中学，那么做购物中心就是大学，是一系列业态的集合，而且开业后要迎来一大堆的问题，要有足够的心理准备，要渡过市场培育期，才能迎来阳光坦途。

广州的天河城，现在成了购物中心的典范，开业八年半，租金比最初翻了6倍，看起来很成功。大多数人却不知道，天河城也曾差点死掉，如果不是国有企业的话就已经死掉了。天河城建设时，贷款7亿元，前三年连续亏损，租金收不上来，还不了贷款，困难重重。后由广东省政府出面组织六大公司分担出钱还贷，才渡过了难关。过了几年，培育期过了，大家认可它了，买东西的人也走顺腿了。人都是有惯性思维的，去什么地方走顺腿了自然就去了，不一定是有目的性的。我们调查发现，购买行为中只有百分之二十几是目的性购买，接近80%是随机购买。天河城渡过难关之后，才有生意兴隆。所以说，轻轻松松做不了商业地产，没有承受压力的准备做不了商业地产。即使有资金、有人才，但是怕麻烦，想潇洒就不能做商业地产。

这是我自己的一点心得，总结起来还有很多。今后还要不断地探索，给大家提供一点有益的东西。借此机会，我也卖一个广告，万达在19个城市做了20多个购物中心，还要继续做，长三角六个一线城市，上海、苏州、南京、无锡、宁波、杭州，唯有杭州没有进。不是我不想来，梦中都想来。上有天堂，下有苏杭，我不来天堂，我去地狱吗？只是以前杭州地产太火，地价很高，我们很难找到项目。如果在座房地产同仁有兴趣，拿到购物中心用地的，愿意与我们合作，我们会让大家获得很好的回报。有钱大家赚。谢谢大家。

2006 年 9 月 7 日

北京民生银行演讲

宏观调控也是一种机会

2006 年 9 月 7 日，王健林受邀与银行界的朋友们交流，王健林通过万达的做法，描述了万达在宏观调控背景下，通过调整发展区域、调整发展战略、调整融资手段、调整营销策略，实现了迅猛发展。

很高兴有机会跟银行界的朋友们交流，讲讲房企怎样适应宏观调控，我今天的题目是"宏观调控也是一种机会"。

一、中国房地产市场出现新的特点

房地产调控到现在已经进入第三年了，国务院先后发了三个文件：2004 年是《关于房地产的若干意见》，2005 年是"国八条"，2006 年 5 月份发了一个"国六条"，7 月份又出了一个《"国十五条"细则补充意见》。调控到今天，房地产市场究竟怎么样呢？中国这三年房地产调控的口号，第一年是降低投资，就是说煤、电、油、运过于紧张，要缓解矛盾；去年"国八条"提出稳定房价；今年的口号是调整住房结构。每一年都是不同的。这三年房地产调控的目的究竟是什么？究竟要解决什么样的问题？我跟建设部的领导交流，包括专家、学者、消费者，都没人能很清晰地说出来。但只有把这个说清楚，才能回答宏观调控是否达到目的这个问题。究竟是稳定房价，还是把投资的速度降下来，还是解决所有人都买得起房的问题？这个目的清晰程度不够，在社会上、老百姓当中引起一些误解，好像我们中国这三年调控就是要解决大家买不起房子的问题。刚才部长讲了，说让大家都能买得起房子，这本身就是一种误解。究竟什么是稳定房价？是涨幅处在我们人均收入可接受范围之内叫稳定房价，还是房价一点不涨叫稳定房价？这些问题总得有一个清晰的回答。

这几年的宏观调控，我认为在舆论宣传上没有一个清晰的答案，所以给老百姓造成一个误解，调控就是要让大家买得起房子。他们说，调控了三年，房价还在涨，我还是买不起房子，就说调控失败。实际上这是对调控目的的一种误解，我相信中央的调控不是让所有人买得起房子，如果产生这种误导，或者让老百姓产生这种期望值，就麻烦了。我查了一些资料，世界上没有一个国家的自有住房率超过70%，这意味着并不是所有的居民都有自己的住房。

这三年调控的措施，再加上2002年开始实施的一个根本性制度改革——土地制度的改革，现在中国的房地产可以说进入了一个平稳的发展期。大家可以看，连续三年调控下来，房地产的投资额和交易额绝对值都没有下降，每一年还有增加。去年全国房地产的总投资额是1.55万亿元，这是国家统计局公布的一个数字。我预计到2006年结束的时候，这个数字可能还会有所突破。大家可以看到，1~8月份，国家统计局公布的数字，房地产的投资增长在20%左右，虽然低于整个固定资产的增幅，但绝对值还是在增加。销售这一块，去年是1.8万亿元的销售额，从投资和销售的数字可以看出来，房地产行业整体利润率并不是太高，1.55万亿元的投资，1.8万亿元的销售，大概销售利润率全国平均在11%左右。当然投资利润率和项目利润率有所不同，投资不可能是百分之百自己拿钱，还有一部分是贷款，有一些是预售款，像万达、万科这些企业可能预售占了投资的接近50%，预售比较好，投资回报率可能就高一些。今年7月出了关于二手房的非常严厉的政策，"国八条"去年说两年之内转手要征营业税，今年改为五年，还要再征所得税，算在一起大概有百分之十几的税率。即使这样，只有7月份一个月全国的二手房交易减少了一半，8月份全国是以往水平的70%左右，估计到今年年底，二手房的交易依然会超过去年。这说明什么问题呢？经过三年调控以后，房地产投机基本上被挤出来了，投资的这一部分也减少了，所以我相信即使再调控两年，中国的房地产投资与销售的绝对值，二手房交易的绝对值不会下降太多，这一块确确实实是中国房地产市场的真实需求，只有这样才有利于专家、舆论和企业家对中国的房地产做出一个判断。

整个中国经济要放在全球经济一体化的角度来考虑。这几年全球经济比较好，美国、欧洲国家都在加息，全球的资产价格都在涨，在全球经济比较好的宏观背景下，对中国现在的经济增长速度应该有一个基本的判断，中国房地产市场是趋好的。我个人认为，房地产市场肯定会长期处在一个上升的局面中。那么经过这三年的调控，整个房地产市场出现一种什么现象呢？

一是房地产市场越来越体现为大城市市场。房地产开发初期的时候，县城、地市、省会、直辖市都在搞房地产，那个时候直辖市以及省会城市占的市场份额并不是偏大。但是随着这几年经济的发展，随着户籍制度的松动，随着人们收入的增加，人的流动性加快，房地产市场出现了一个趋势，就是越来越向大城市和特大型城市集中。国家发改委统计司、国家统计局统计司以及建设部的房地产业司共同搞的一个房地产调查指数，只统计了40个城市，就是31个省会城市加5个计划单列市，另外4个是地级市：苏州、无锡、东莞、温州。这40个城市的份额占中国整个房地产投资的比例接近八成。北京、上海这两个城市就占了四分之一强，3 000多亿元的投资额，接近4 000亿元的销售额。所以说作为一个银行家，你判断中国房地产市场风险和工作的重点就应该向这40个城市集中。房价越低的地方恰恰风险越大，这是我的一个看法。现在中国房地产市场就是这么一种趋势，而且这种趋势越来越明显，这40个城市我相信会越来越大。人也是一样，中国人发展的终极目标就是到北京、上海去，有一点钱的到地级城市、到省会城市，很有钱就去北京、上海。

二是市场集中度逐渐提高，呈现出强者愈强、弱者愈弱的现象。

过去的房地产市场，尤其是在2002年6月份出台土地一级市场招拍挂政策以前，什么人都可以搞房地产，拿一个批文再去找一个人倒出来就能搞房地产。随着招拍挂的实行，需要缴付土地出让金才能拿到土地证，拿到土地证才能办"四证"，才能有银行贷款；再加上银行风险意识的提高，资金向优势企业倾斜，整个房地产市场的集中度越来越高，这就是强者越强，弱者越弱。尤其这一轮的宏观调控加速了这种倾向，万科、万达这样的大公司占了全国市场份额约百分之一左右，在有些城市，比方说京沪，大概各有超过2 000家房地产企业，但他们的50强大概就占了40%的份额，就是几十个公司基本上占一半，要是算到100强就差不多占了七成的份额。比方说大连，有三大家，万达、亿达、新型，这三家企业基本上占了全市市场份额的30%。现在每个城市里房地产企业总数和有项目企业的数字相比，真正每年都能开发、有持续开发能力的公司大概占整个比例最多也就是10%~20%，所以每个城市基本上每年都清理掉一百多家房企。所以我预计，随着招拍挂制度的坚持实行，国家宏观调控逐年加大对房地产市场的干预，可能再有十年，不排除中国会出现上百家每年几百亿元销售、几百万平方米开发量的企业。比方说从万达的发展来看，这两年是万达成立18年以来发展速度最快的两年，我们今年的商业地产项目，我们现在叫城市综合体，新开了7个，住宅项目新开了2个，因此新开的项目达到了9个。我估计到年内商业项目至少还能再开3个，再加上2个住宅项目，今年我们新开工的面积会超过400万平方米，一半以上是商业地产，是历史上最多的。我估计今年万科大概也会超过400万平方米，还有包括合生创展、华润、中海这些企业的开发量也在逐年地加大。

三是非住宅类产品的份额增加。这个也符合中国经济发展的趋势，前些年的房地产市场实际上是解决有无的问题，能不能住得起房子，然后再解决好差的问题，但都是住宅。国外的房地产市场跟国内的房地产市场不一样，住宅和非住宅类产品，各占50%。现在的中国市场，按照2005年国家公布的数字，住宅开发量还是占了85%以上，这个份额还是偏大，这和富裕程度，内在的消费力不强都是有关系的。但总体来看，这几年非住宅类产品比方说商业地产、工业地产逐渐在增加。一是因为调控的原因，对住宅控制得比较严了，对商业地产限制少一些；二是中国经济发展，人们的收入在增加，有的人可能去持有一些物业；再加上中国零售业的发展在加速。根据1995~2005年国家统计局的数字，这十年期间，中国零售业的平均发展速度接近18%，这是什么概念呢？就是零售业增长的速度几乎两倍于GDP的增长速度，而且我认为这种现象还会持续20年以上。1995~2005年，美国零售业的增长是百分之七点几，也是GDP增长的两倍，美国都发达到这种程度了，零售业市场增长还能达到GDP的两倍，所以我觉得中国零售业的增长速度是非常正常的。零售业增长，这些企业就需要找零售场地，就会增加对物业的需求，另外零售业是中国唯一完全开放的行业。中国2002年加入世贸组织以后首先开放零售业，没有地域、没有行业的限制，不管是家电、家居、百货都是没有限制的。这多种因素的综合，使中国现在商业地产的开发比例在逐渐增加。

2002年万达最先提出商业地产概念的时候，中国几乎没有企业搞商业地产，现在来讲做商业地产的企业占总体比例也不是太大，据我们统计，全国真正从事商业地产的开发商大概不超过200家，和中国现在4万多家房地产企业相比还是太少。刚才讲了宏观调控以来，中国房地产市场的倾向，一共是三点。

二、房企应对宏观调控的措施

应对宏观调控，各个企业有自己不同的特点，有自己不同的竞争力，也有不同的方法，我只能讲讲万达自己在这三年来是怎么做的。万达的措施叫作四个调整、一个加强。

1. 调整发展区域

宏观调控之前万达就已经进入长三角和其他一些地区，在调控当中发现这些地区受到的打击是比较大的。万达有意识地把发展重点转向了中部和西部，比如说成都、重庆、武汉、南昌这一类的城市，重点向那里走，有这么四点原因：

一是地价比较低，启动资金比较少。不像北京、上海一动就是十亿元、二十亿元，把这些钱拿到其他城市做，也许可以做10个项目。

二是房价低，上升空间大。比方说我们刚进武汉的时候，市中心豪宅大概也就是2 500元每平方米，现在武汉沿江的房子已经可以卖到六七千元每平方米了。

成都我们刚进去的时候，最早开发了一个项目，最核心的位置，三面环水，正好成都有两条河，我们在中间。那么好的地方，2003年刚开发出来的时候，只能卖到5 500元每平方米，现在可以卖到1万元每平方米。整体房价，成都、武汉现在还不到4 000元每平方米，中部地区房价最高的城市恰恰是太原。

三是泡沫少。中央一开始调控，矛头就指向了长三角地区，因为开发量比较大，投机者比较多，而中部这些城市因为很少有人关注，房价始终也不是太高，投机投资都比较少。举个例子，成都、南昌、济南这些城市都几乎没有空置房，尤其是住宅。成都2005年住宅开发面积是700万平方米，实际上销售了1 000万平方米，把很多年都没有消化掉的旧房子都消化掉了。可能因为成都经济发展比较好，再加上周边区域的改造，去的人比较多了，喜欢那里的人也比较多了，外商也在那里投资发展。

四是投资利润率与大城市基本相同。项目的绝对利润额肯定是比不上北京、上海，但是从回报率讲，在中西部发展和在东部发达地区，和在北京、上海这些城市相比，没有什么太大的区别，因为启动资金少。

2. 调整发展战略

（1）企业定位成为中国最大的不动产商

我们2000年进入商业地产，万达给自己一个定位，就是要成为中国最大的不动产商。这和成为中国最大的开发商是有区别的。2004年我们集团做了一个明确的决定，就是从住宅开发向商业地产转型。到今年万达商业物业的开发量首次超过了住宅，今年的400万平方米中，住宅不到200万平方米，企业成功实现转型。而且我们定下目标，两年内，到2008年的时候万达集团每年开发量的三分之二以上都是商业物业，我们甚至说，到2010年企业原则上不做纯粹的住宅项目了。能做到这些当然是多种原因的综合，企业的核心竞争力不是每个企业都可以学的。现在我们商业地产已经有200万平方米，在建的也有200万平方米，2007年的租金收入可以超过10亿元。我们有一个目标，这是在我们今年7月份的半年总结会上正式提出来的，到2010年的时候万达集团大型购物中心要超过40个，五星级酒店要超过10家，收租物业面积要达到700万平方米，租金收入要超过40亿元。

去年8月份"国八条"出来后，国务院在大连召开了一个"房地产形势座谈会"，就是听听各个房地产企业和有关部门的心声，我们也参加了会议。在会上听到我们的情况后，汪光焘部长给了我们一个评价，万达是中国唯一的不动产商。当时他提出一个问题，让所有在座的来回答：什么是中国的房地产企业，什么是外国的房地产企业，什么是中国房地产市场，什么是外国房地产市场？汪部长讲，外国的房地产企业严格地说叫不动产商，中国的房地产企业叫作开发商，只会开发房子、卖房子。

我们企业发展向不动产转型，也有我们自身的原因。经过这几年的发展，我们万达已经从最早的第一代模式发展到现在提出的第三代模式，我们起个名字叫城市综合体，什么意思呢？就是购物中心、酒店、写字楼、公寓的一个综合体。从2005年到现在，包括今年新开的10个，全部都是综合性开发，每个项目都超过30万平方米，租金收入会超过1亿元，年回报率10%以上。万达最早做的第一代商业地产就是一栋楼，这个模式发展到第二代，就是一个组合体，有三四栋楼，不同的业态，超市、百货等组合在一起，但都是单一的商业，后来发现单一地做商业也有不少缺点。所以我们从2005年开始调整，发展综合体的开发，一个项目，有酒店、写字楼，允许的话再搞点公寓，销售出去。这种产品是比较受欢迎的，因为酒店、商业什么都有，比较方便，完全符合中央发展中小户型的精神，也可以提升整个项目的回报率，所以我们现在做的基本上都是这种类型。

（2）万达战略转型的原因

一是百年企业目标的需要。我们在2002年年会上提出要做百年企业，是中国大型房地产企业当中第一家提出做百年企业的。房地产企业是很难做到百年企业的，因为任何一个国家房地产市场都是有阶段性的，一般就是几十年。所以房地产企业提出做百年企业的确实不多。什么是百年企业？我们提出三个必备条件，一是有现代的企业制度；二是要有企业文化；三是要有强大的物质基础。什么是物质基础？2002年之前万达做了很多行业，我们有三个工厂的投资，制药厂、电梯厂和变电站设备厂。其实就是搞房地产开发老觉得不踏实，所以搞了这么几个工厂，后来觉得这也不是路子。搞合资电梯，占的股份是40%左右，自己说了不算，又没什么技术，工业方面对手也强，动不动就是世界500强。所以还是转过头来做传统的老本行，研究来研究去，从企业追求长期、稳定现金流的角度，决定转型做商业地产。收租物业以前也做过，搞了很多的商铺、商店去经营，收不到租金，成天打官司。那么既然要做收租物业，首先就要选择稳定的租户，所以万达搞了一个战略合作协议。要么是世界500强企业，要么是国内行业龙头，和它们签一个战略性的协议。有什么好处呢？我们去一个地方开发都预先告诉它，它根据自己的企业发展战略，在哪个城市哪个区域发展，60天时间内做出选择去还是不去。再加上其他的内容，我们叫作订单地产。很多发展商在2002年我们开始做的时候不理解，房地产那么火那么好，为什么不去赚快钱？实际上我们研究了，快钱、慢钱，实际上是一种相对的东西，也很难说商业地产是慢钱，因为它稳定。做了这几年，我们觉得越来越好，一个商业地产项目经过两三年的培育期后，回报率绝对不是开始的10%，会逐年增加租金回报率。

二是资产价格升值利润。从全球来看，资产价格是处于不断升值的趋势当中。伦敦一套房子，2002年到现在已经翻了一倍了，英国的市场多成熟啊，400多年的工业史，但总体上看，20年前的房子，价值还是升了好几倍，更不要说中国这种发展中的国家。但我们以前开发房地产，升值的空间在业主手上，我们是享受不到的。物业收费，管理得好，像万达、万科这样的企业收取率超过九成，有的企业物业费收取率比较低，维持都困难。举个简单的例子，万达在南京新街口买了一块地，当时是南京市一号地，南京市的一家开发商买的，手里捂了好几年。我去看了，和老总一商量，我说给你多少钱，老总一看比原先买的时候多，就卖给我了。我买的时候670万元一亩，现在2 000万元一亩都买不到。

三是追求高额利润。君子爱财，取之有道，只要是正当渠道来的，企业就应该追求高额利润，这是企业的定律。万达获得利润之后有一部分是回馈社会的，我们是民营企业，从成立到现在不到20年的时间，捐赠了8亿多元，我们每一年企业做计划的时候都至少有几千万元的现金安排做捐赠。万达去年交税10.8亿元，我还养很多人。有人说我有负罪感才捐钱，我说好多人什么都没捐不也是一样吗？其实做企业不追求利润恰恰是不道德的，把企业做垮做死就是好吗？我们进入商业地产后，四万多家企业还在走住宅地产这个独木桥，谁被挤下桥谁就会被淹死。做商业地产全国不到200家企业，专门在全国跨区域做购物中心开发的，在中国内资企业中仅有万达一家，还有一家外资企业，叫凯德置地，新加坡的。

为什么这么多有实力的企业都不去做商业地产，因为商业地产很复杂，我总结为五难：定位难、规划难、招商难、管理难、资金难。我有一个比喻，做住宅开发是小学生，做商业地产是大学生，就是说商业地产难做。因为难，所以真正的竞争对手也少，竞争对手少，我的利润就可以拿得多一点。

四是政府支持，容易拿项目。尤其是我们转型做城市综合体开发以后，走到哪个城市都受欢迎。一去说搞一个购物中心再加五星级酒店、写字楼，相当于小型的商务区，都很欢迎，尤其在政府规划的项目中，更容易拿到项目。现在万达在全国发展，像今年已经开工的7个项目，大多来自于政府的邀请。每个月邀请我们的项目好几个，我选一选，觉得还不错就去谈一谈。当然也走招拍挂的程序。

（3）万达具有核心竞争优势

一是订单地产。

2001年跟沃尔玛提出签订战略协议的时候，它的亚太地区总裁一笑，那是一种很蔑视的笑法，他说能不能搞一个是一个，不要签。最后经过一年多谈判，沃尔玛和我签了。我们把这种方式扩大到百货、家居、文化娱乐行业，现在我们有30多家签约的战略合作伙伴，其中12家是世界500强企业，其他的都是国内的前三强企业。我们这样做的好处在哪里呢？首先，它们想去哪个区域我了解，每个城市想发展几个我清楚。其次，我要去一个地方，我要拿这块地，问它们去不去，最多一个月就可以得到回复信息。可能这个企业想去，那个企业不想去，那么分析一下想去的企业，挑不同类型的组合在一起。我根据它们的需求做一个规划，规划做出来后，平衡一下每个企业的位置，谈好以后，这个企业就要给我一个正式的具有法律效力的确认书。确认书签订后，一般都会交一笔保证金，这个时候我再投钱进去。如果我投钱进去你不来，按照规定保证金没收，你还要支付赔偿金。从我们执行这个订单地产以来，到目前为止还没有一家企业签了合约要进来，最后建好的时候没来。这种订单地产的优势在哪里呢？首先，招商在前，家居、超市、电器各要多少，根据它们需要的面积建设，基本上建设的面积全部都能出租，不会出现有的企业建设完了再去招商的情况，就会处于弱势地位，谈判就不对等。其次，如果所有的企业都不看好一个项目，而我对这个项目非常看好，就说明我的判断还没有达到业内企业的标准，这样我就放弃投资，可以避免投资风险。最后，约定拿到工程验收证的90天开始计租，我不管你开业不开业，我的收入是非常稳定的。这些企业在我的计租期之前拼命争取开业，有极个别企业没来得及开业，到期租金也得交来，所以这一系列的风险就可以回避了。在这方面我们有很多的经验心得，我总结出来的名字叫订单地产。从2002年起，我在所有的论坛、协会和行业的会议上都大声疾呼，所有想做商业地产的企业，首先要做对程序，就是招商在前，开发在后。所以，订单地产是我们第一个竞争优势。

二是城市综合体开发。

我们的城市综合体开发在国内可以讲是绝无仅有，独此一家。当然很快就会有人来模仿，但到目前为止，我还没有发现和我们同时做的。至少在两三年内我这块的利润可以多享受一点。

三是商业地产的招商与运营管理。

我们专门做商业地产，再加上有了五六年的经验，人才结构就发生了变化。目前商业开发这个系统人才的比例基本是4∶6，地产类的人才占六成，其他零售类、营销类的人才占四成。我的目标是将来变成"倒四六"，两个反过来。各种各样的人才结合在一起，再加上运营了这么多年，招商营运的能力就提高了。举个例子，上海的五角场，是上海市规划的副中心。五角场地区政府有意识地规划，投了很多钱，交通做了四层，叫作四层立体交通，地下两层，地上两层。刚开始做这个项目的时候，市政府，尤其是杨浦区政府非常担心我们的招商，因为我们项目做得大，有34万平方米，怕我们招商有问题。和我们一道之隔，就是上海比较大的一家零售企业，百联集团开发的一个12万平方米的购物中心，它这个项目比我们早拆迁一年，早开工10个月，但到现在还没有竣工。我今年12月就可以开业，而且在8月份的时候，我的招商就全部结束了，而且我现在招商的租金比一道之隔的百联平均至少超过30%。

经过这几年专业地发展，尤其重要的是我们商业地产的运营能力在提高。招商招得好和今后经营得好是完全不同的。我曾经在一个论坛上讲过，做商业地产绝对不是开业大吉。商业地产开业绝不是顺利的开始，而是麻烦的开始。开业以后就会有很多店铺的调整，租金能不能收上来，管理能不能到位，资产能不能增值，租金能不能增加，一系列麻烦的问题。万达现在有一个几千人的专业管理团队，我们叫作万达商业管理有限公司，这也是中国目前唯一一家冠以商业管理名称、跨区域进行商业管理的企业。我们也是被逼出来的，一开始我们做购物中心时，想请别人来管，一谈管理费高得要命，只好自己管，一开始的时候手忙脚乱的，五六年的时间我们练出了这种能力。今后营运管理能力就是万达的核心竞争优势，而这种核心竞争优势是很难克隆的。几千人的团队你说挖两个人走就能解决问题吗？商业管理有了这种核心竞争优势，赢利的空间就出来了。做商业管理原来只想着管好自己的物业，也没有想到做商业管理本身也能产生利润。经过这几年的发展，我们的商业公司开始盈利了。我举一个例子，我们上海项目的商业管理公司，大概利润可以达到2 000万元；北京万达广场的管理公司，利润可以超过1 000万元。按照现在的速度发展下去，如果干到50家，可能我们的商业管理公司年利润就有几个亿。

上面几点合在一起，形成了万达商业地产的核心竞争力，也使我们更加坚定了做商业地产的决心。

3. 调整融资手段

调整融资手段要"三管齐下"。

（1）打通海外融资渠道

刚才讲了，海外融资手段的打通使我们能够更加自如地应对宏观调控，尽管政府六部委发布了《关于规范房地产市场外资准入和管理的意见》，按照规定，每一个项目都要设立公司。国外专业会计师分析，国家规定并没有使利润的回报减少太多。没有出台这个规定之前，外资收购商业项目可以不成立公司，一个境外公司就可以收购几十个国内的商业项目，这样做营业税、所得税、租赁税全部加在一起，总的税率是27%。现在要求注册公司，但注册公司并不意味着成本的增加，而是有一些资金，例如折旧费不能出境。比如1亿元的租金，每年提2 000万元折旧是不能汇到境外的，所以，投机者就不会喜欢玩这个资金游戏了。但是长期投资者是不受影响的。经研究，我们把今年开发的项目全部重新注册公司，虽然从境外来看现金回报率偏低，但是终归是有收益的，而且可以将资金继续投入新项目开发，总的回报率并没有很大损失。国家规定这么设计，相信是很聪明的，投机者望而止步，对长期投资者来说能保证一定利润空间。

（2）大力开展经营物业抵押贷款

万达是国内最早尝试经营性抵押贷款的企业，2002年、2003年就与东亚银行等银行搞过经营性抵押贷款。那个时候都是被迫的，我做商业地产，可当时国内银行不给贷款，我就找到境外的银行。到了2005年年底的时候，四大国有银行开展了这种业务。因为我们已经有了经营性物业抵押贷款的经验，根据我们的经验来看，资产评估不是主要的，资产评估做抵押适合传统开发模式。传统的开发模式是做项目开发，还款来源依赖开发。而经营性物业抵押不同，要五年、十年时间，这种抵押贷款只能以租金作为唯一还款来源，如此来看，对项目租金资产及安全的评估和租户的评估要远大于对资产的评估。

我今天给大家介绍一下我们的做法。基本上是看总租金额，抵押贷款额大概为总租金额的70%，项目总投资额的70%。我们做了五六个项目，基本都是这样。为什么是总租金的70%呢？因为减去税收，租金税在不同的地区，收取情况是不同的。北京市的租金税大概只有10%，但是有的地区总额是17.5%。所以，银行在计算的时候应当先把这个税扣掉，剩下82%的净租金额度再打个折扣。万达可以打到九折，因为万达的租户大多都是跨国大型企业，另外这五年以来万达的租金收取率都在99%以上，几乎没有欠租的。

（3）加强总行对总部的银企合作

工商银行、中国银行、农业银行三家总行，还有两家股份银行都与万达签订了银企合作协议。每个银行都对万达授信几十亿元，全部授信超过100亿元。尤其农业银行，是银企合作的典范。农总行很快给央行、财政部金融司写了一个报告，把我们和万科两家企业作为中国"房地产企业金融改革试点"报上去了，得到了央行的批文，允许这两家企业开展叫作总行对总部的合作，贷款可以直接审批，叫作绿色通道。就是来得快一点，给项目贷款的前提也是要四证齐全，资本金达到规定的比例，这种方式使我们今年加快了和农业银行等总行的合作。

4.调整营销策略

过去我们销售有几个方法：定价相对其他的企业要高，别人5 000元，我们可能定6 000元；每一个项目有意识地分期销售，20万平方米的项目分成了四期，每一期推出几幢出售，每推一次价格相应适当提高。从去年开始，我们调整了这种营销手段，定价参考同类楼盘，别人卖5 000元，我们就卖5 500元，快速销售，改变了过去每一期拉高价格销售的方式，不再以每一期都追求高利润率为目标，加速资金回笼。对于大客户，也适当地提高价格优惠折扣。

总而言之，在宏观大势上我们把风险看得大一点。今年年初，"国六条"没有出台的时候，我们就根据对市场形势的判断组织召开了一次全体会议，提出企业要做好"过冬"的准备。

以上四点，是万达集团在应对当前宏观调控情况下的调整。有备无患。因为我们提前调整，结果在宏观调控当中我们不但没有受到影响，反而加快了发展。所以今天我发言的题目是"宏观调控也是一种机会"。

5.加强企业管理

所有企业战略最终要落实到企业的管理上。我曾经讲过决定企业强和弱最关键的不在于战略而是在于执行。美国著名企业家韦尔奇先生也讲过一句话，"最伟大的是执行"。我的看法与他一致。企业执行力的强弱，决定了一个企业能否走得远、走得好，而不在于战略。中国有100多万家企业，能有100多万个战略吗？不可能的，企业的战略大同小异，只不过表述方法不同。企业最重要的是执行，今天我简单介绍一下万达怎样对项目进行管理。

（1）调整架构，集权管理

2004年，万达集团根据在全国二十多个城市快速发展的态势，为防止鞭长莫及导致失控，我们实行了严厉的管理制度，可以说万达集团是中国大型房地产企业中实行最严格管理办法的企业。在大型的房地产企业中，万达是唯一一家实行严格集权管理。为什么这么做？有两点思考。

一是靠制度管人，不靠人管人。靠人管人是靠不住的，所以我跟员工也讲，我们主要是靠制度，其次靠忠诚度，忠诚度是会发生变化的，今年有忠诚度，可能明年没有了，给10万元有忠诚度，给1 000万元可能忠诚度就没有了，所以我们强调靠制度管人，不靠忠诚度管人。

二是不给员工犯错的机会。与其事后惩罚，不如预先防范，堵塞漏洞。房地产行业的特性是漏洞多、黑洞多，古今中外概莫能外。在这样的行业里面，要想做到独善其身，发展得好，走得远，是极其不容易的。所以中国的房地产行业发展20年来，能够站得住的只有万达等少数企业。

万达集团财务和成本控制实行垂直管理，财务系统200多人，包括会计、出纳，都实行垂直管理，隶属集团财务部管理，在集团开工资，由集团委派到各地公司。成本控制管理也很重要，有句话流行了十几年，"赚钱不赚钱，全在预算员"，说的就是成本控制。成本和财务，一个管花多少钱，一个管怎么花钱。垂直管理加强了集团的控制力，对各地公司起支持和监督的作用。比如说像贷款、担保，除了我以外，任何人没有贷款权和担保权，各地公司原则上是没有负债权的，只能由我统一来调配资金。

万达实行项目资金封闭管理。项目公司实行目标责任制，按目标责任制使用资金计划，不允许到另一个项目调用资金。这是为了防止差公司把好公司拖死。如果有10个公司，2个差的，8个好的，我们不让2个差的把8个好公司拖垮。

万达也是中国房地产企业里面唯一的开发全系统计算机管理的企业，目前还在完善中。我们和用友集团签了个超千万元的开发合同，包括营销、财务、成本控制、商业管理、电影院线等等系统。因为这种系统软件在国内没有，我们自己出钱开发，知识产权与用友各占50%。这个软件开发出来后，除了我们自己用，也可以给全国大型房企、跨区域的房企和其他的企业一些借鉴。

（2）重点做好前期工作

前期是什么呢？说穿了就是定位，做前期规划实际上就是市场定位。前期定位做好了，后面的工作，营销也好，开发也好，基本上能够做好；前期的定位失误，后面的本事再大，他也做不好。比如说在一个二三线城市，南昌、合肥这种城市开发几十万平方米的豪华写字楼，能卖得出去吗？所以定位是最重要的。定位主要是这么三点：

一是搞好自己的数据库。

我们叫作电子地图。我们的发展部针对全国40个主要城市，建立了自己的电子地图，在这个地图上，哪个区域有什么商业地产项目，哪些项目是计划要做的，项目是什么类型，都会在地图上标示出来。这样的好处是，我们在发展的时候，不至于这里原来已有一个商业地产项目，我们还在旁边搞一个，相互竞争。

二是先做规划。

我们内部的行话叫作先做功课。做项目的时候，我们从来不在规划做出之前拿地。可能有些房地产企业先把地拿了再做规划。但万达不是这样做的。这个区域大概怎么规划？做什么类型的物业？容积率是多少等等。我们拿地之前一定要先做功课，起码要做几个方案。内部讨论比较，选一个认为比较好的方案，保证所有的数据都在政府规定的范围之内。拿出规划方案以后，知道商业占多少，住宅占多少，判断出可以拿多少租金，根据这个租金我们再反算回来，看能够承受多高的地价，采取什么样的付款方式。这个做完以后，就可以形成基本的原则性决策文件。这些都做完后，才会去参加招拍挂。这个工作做好了，后面基本上不会出什么大的差错。

三是可研报告。

我们的可研报告是在基金的帮助下，经过三四年时间建立起来的一套可研模式，是真正的研究性报告。我们自己设计了大概近百个问题。我们要求发展部门、规划部门或者当地项目公司拿到集团决策委员会讨论的可研报告，对我们提出的全部问题都要给予回答。回答的所有问题都要提供数据支持。我们的可研报告可能只有30页，但附件可能是100页。比如说某个地方的电力取暖费是100元，不是光写电力费100元就完了，还要提供数据支持：1.周边500米内已经竣工的楼盘，它的电力费用是多少。2.电力局关于项目电力费的文件里是怎么规定的。3.施工单位的数据。有些东西找不到文件，但要有访谈记录。我要求发展部门去访问当地相关部门，我们做好记录，两个人签字。就是所有回答都要求提供数据支持文件，然后把这些附在可研报告的后面。还有一份附件是关于这个问题的其他一些能够搜集到的证据。这个工作做好以后，到现在还没有出现过项目失败的例子。工、农、中三家银行已经有我们的可研报告范本，只是给到它们的风险部门。民生银行如果需要我们也可以提供一套，这个对将来设定贷款审批标准有一定帮助。

（3）确定目标决策文件

我们决策前先搞一个目标决策文件，也叫目标责任制，这个文件大概分几十个子项。决策文件不是说简单定项目花多少钱，利润是多少，那是没用的。我们分成很多子项，材料、装饰、机电都很明确。一个决策文件做完，我们还有一次做功课的过程，就是成本控制。万达集团的成本控制部和当地的项目公司老总、分管总裁再进行长时间的交流，我们叫作内部功课。这次功课要求一个子项一个子项地和成本控制中心进行交流，成本控制中心一定要认可才行。我们有几项指标是刚性的，不能超支：第一是工程成本，第二是营销成本，第三是管理成本。即使利润超额了，这几项也不能超。如果超利润就可以超成本，有的公司就可以大把大把地花钱，你把成本降下来，可以多拿奖金；把利润搞上去，也可以多拿奖金，但有几样目标是不能动的。

做完这些内部功课之后，才能正式签署决策文件。万达集团所有项目开工之前，一定会有项目决策文件书。这个决策文件书会有签字组合。

由于前期这么些做法，这五年来开发了40多个项目，到现在为止还没出现一个超出决策文件的项目。算到的钱我一定拿得到，而不是像有些房地产企业预算利润1亿元，最后项目还亏损，这就是有经验的企业和没有经验的企业的区别。

（4）科学工程管理

首先是选择长期战略性伙伴。施工单位也选战略性伙伴，这是我们定的原则。商业地产施工单位必须是中字头企业，现在基本上是中建。由集团统一选，一是为了省钱，二是下面公司就是执行，不会出事。三是施工企业有战略协议，每年都能保证它的施工量，它就会珍惜，它就不会把功夫下到人身上去。我们企业还有一个红黑名单，上了红名单就给你优先投标机会，给你一些优惠的政策；上黑名单不仅不允许参加投标，还把法人代表的身份证号码给写上，防止他重新注册公司再来。

其次是原则上实行工程量清单办法。很多房地产企业没有走到这一步，好多还是实行决算制度，容易有漏洞。搞工程量清单，双方没有什么争议，也不存在施工企业闹事等事情。

我们有一个想法，要在几年内最终在万达集团的工程承包这一块形成造价包干制度。招投标不是最科学的，是相互不信任的情况下进行的，最科学的是造价包干制度。我相信万达集团以这样的商业地产开发规模，再有两到三年，根据工程成本的各种常量、常数，可以建立起一套模型，A标准、B标准、C标准，在哪个城市做，有一个标准，我们就出这些钱，你保证工程质量建完。

（5）成本预警制度

我们还有一个成本的预警制度，成本支出只要超出计划书的范围，马上就会有提示，马上就要进行分析。确实也存在这种情况，有个公司，预算1亿元，它多付了3 000万元，下去一查，是施工单位加快施工进度，超了进度的30%。我们五年多来，没有超出成本的情况出现，就是因为成本实行预警制度。像有的企业工程没有干完，超付工程款，最后施工单位跑掉了，这种现象在我们那里是不可能出现的。

（6）内部审计制度

我们有一个审计部，是直接归我管的，不仅审财务，还配有工程人员，是全面审计。虽然我们定了目标责任制，但它可以去做过程方面的检查，结束后去做成果的审批检查。审计过程中也确实发现一些问题，比如说我们的昆明项目，各方面反应还不错，但是审计部门下去后发现它在营销成本和工程方面有些问题。最后我们经过核实，证实审计部发现的属实，我们把这个公司的有关领导免掉。

（7）奖罚严明

因为是民营企业，公司内部收入差距是比较大的，干得好多劳多得。比如我们北京公司的一期，因为做得好，去年就有1 000万元的税后奖金，人均20万元。像昆明公司营销成本超支和工程渗漏，而且晚交房，创了我们万达集团19年历史上第一个晚交工项目的纪录，最后虽然保住了利润，但是因为它损害了我们万达的品牌，所以把它两年的奖金全部取消了。

由于这种内部机制，再加上还有企业文化等方面的因素，总体上万达的员工还是不错的。万达也保持了比较低的员工流失率，房地产行业的骨干员工年流失率平均是10%，我们的员工尤其是骨干员工的流失每年都在1%或2%左右，副总以上的高管员工走的情况是非常少的。

谢谢大家！

商业地产是万达的核心竞争力

　　王健林在业务培训会上讲解了商业地产的发展渊源，总结了万达商业地产三代店的发展历程，归纳了万达商业地产的竞争优势。

　　刚才主持人介绍我是中国商业地产教父，教父是不敢当的，但教授是可以当的，本身我就是国内三所著名大学的特聘教授，名正言顺。而且万达在中国商业地产行业是最有资格讲话的，万达也应当总结自己商业地产的经验教训，把它公开供行业探讨，避免他人重走万达以前曾走过的弯路。下面我讲讲万达的商业地产。

一、商业地产概述

1. 什么是商业地产

　　"商业地产"其实不是国际上流行的说法，这是中国人自己的讲法，国际上称零售业为不动产。商业地产既不是商业，也不是地产，商业地产是以租金为现金流来源的长期不动产投资，是复杂的综合性产业。是近些年国际上才得到蓬勃发展的产业。

　　国外商业地产归类于金融类行业，一般是由基金公司、信托公司等来控制的。金融公司募集资金，找到土地，委托发展商进行设计建造，再委托商业管理公司招商管理，然后把收益对投资者进行分配，资产完全证券化。但是中国情况不一样，资产证券化的问题在中国没有得到解决。政府曾经若干次酝酿推出，我本人也曾经给国务院发展研究中心和中央政策研究室专门写过报告，建议在中国推行证券化，推行房产信托。中央有关部门有一段时间曾经要启动这项政策，但是这两三年来的房地产过热导致这个问题又被搁置了。

2. 商业地产的好处

（1）长期、稳定的现金流回报

商业地产的第一个好处，是有长期、稳定的现金流回报。住宅地产产生的现金流多，但是一次性的。住宅的销售利润高的能到20%~30%，但是一次性收入后就没有了，不会产生二次现金流，物业管理甚至会亏损。但商业地产不同，它的现金流是稳定且长期的。只要这个物业还存在，每年就会有现金回报。目前在中国做商业地产，初期几年回报率也就10%左右，回报率是较低的。但是商业地产的现金流是逐年增加的，万达商业地产的租金平均每年增加3%~5%。这个增长是环比递增，假如第一年租金是100元，第二年涨3%达到103元，第三年则是在103元的基础上再涨3%，基数会越滚越大。

（2）享受资产升值的双重利益

除了长期、稳定、逐年增长的现金流回报外，商业地产还能享受到资产价格升值的好处。

比如，大连万达华府住宅项目，几年前卖的时候才7 000元一平方米，现在达到1.2万元一平方米左右，但是这块物业增值开发商拿不到，都被业主拿走了。商业地产项目就截然不同了，比如我们在上海五角场的项目。上海城市规划中有"一个中心、两个副中心"的说法，两个副中心指的就是徐家汇与五角场，一开始大家都不看好五角场副中心。在政府想启动副中心建设的时候，万达去了，并且开了一个先例：上海市第一次出让市中心100亩商业用地给一家开发商，而且地价非常便宜，楼面不到4 000元每平方米。今年9月份，在万达已开业项目的旁边又出让了一块商业土地，位置还不如我们的好，楼面地价已经上涨到1.6万元每平方米，这就意味着万达五角场项目的物业至少升值了数倍。这就是商业地产的好处，除了有长期、稳定的现金回报，而且资产升值很快。

（3）不受经济周期影响

除了以上两点好处，与其他产业相比，商业地产还不容易受经济周期的影响。一旦经济萧条的时候，住宅、汽车就卖不动了。但商业地产不同，不管怎么萧条，人不能不吃饭、不买生活用品，所以零售业是受经济周期影响较小的行业。

拿亚洲金融风暴来说，几年的时间里，金融证券行业、房地产行业、奢侈品行业下跌得非常厉害，很多原来年薪百万美元的投资公司总经理失业后被迫去开的士，但是亚洲的零售业在金融风暴期间仍然保持了增长。在日本，政府为了抵抗金融风暴带来的市场低迷，给每个家庭送购物券，鼓励国民消费，保证了零售业没有下滑。再一个例子是"9·11恐怖袭击事件"后，当时美国的金融业、航空业等非常低迷，那个时候只有美国的零售业保持了微弱的增长。在"9·11恐怖袭击事件"后，销售增长最多的是沃尔玛，光卖美国国旗就卖了几百万美元。

这就是商业地产和住宅地产的主要区别，也是我们选择商业地产作为核心业务的重要原因。当初，我们的住宅地产业务做得很好，是全国有名的开发商，但后来还是坚决转型做商业地产。万达选择商业地产为核心业务有一个根本原因，就是为百年企业打基础。万达提出口号，要打造"国际万达，百年企业"。我当时将百年企业的标准界定为：现代的管理制度，优秀的企业文化，强大的物质基础。物质基础是什么？思考来思考去，还是商业地产最适合万达的企业条件，我们就下定决心从住宅地产领域转型专做商业地产。

3. 商业地产的难点

商业地产有这么多好处，为什么做商业地产的企业不多？因为商业地产一般企业做不了，主要存在三个限制条件：

（1）门槛高

在中国古代，门槛高低实际上是身份的标志，皇宫、寺院的门槛都非常高。

商业地产相对于住宅房地产的门槛也很高。为什么呢?

首先,对资金的需求量大。住宅地产一个项目总投资10亿元,可能2亿元或3亿元就可以启动了,优秀的房地产企业像万科、中海,住宅项目总投资50%以上来自预售。但是商业地产不一样,买地、盖楼的钱要全付,10亿元的项目至少要投入八九亿元才能启动。商业地产的选址也不像住宅地产,住宅地产的位置并不是决定性要素,地段差的楼盘,只要价格合适都不愁销售。可是商业地产对地段的选择标准就非常高,能做商业地产的地块也非常有限,楼面地价也比住宅贵,一个项目总投资动不动就十几亿元甚至几十亿元,企业不具备相当资金实力做不了商业地产。

其次,对人才的要求非常高。做商业地产不是会搞住宅地产就可以做,工程施工在商业地产的链条中只是一小段,商业地产项目的规划设计就非常难;做零售的人才也不一定搞得了商业地产,因为商业地产的招商,更多的是各业态的配置,是零售、餐饮、娱乐、文化、体育等业态比例的合理设计,各业态的搭配是更高层次的招商。所以商业地产需要多方面的专业人才,最好是复合型人才,对人才的要求更高。

(2)风险大

商业地产虽然好处多,但风险也非常大,世界上的事物都是具有双重性的,古人讲"福祸相倚"就是这个意思。好的东西肯定难度大,利润高的东西相对风险也高。

商业地产难在定位与招商。没有相当的基础和经验很难做到定位准确,设计科学。一块地要做多大规模?哪些店更合适?确实非常难把握。俗话说,"事非经过不知难",定位招商是很难的。

万达就有教训。我们最早做商业地产时,一心想找世界500强企业入驻项目,认为只要是世界500强,引进商业中心就不会错。但事实证明这种招商定位思想是错误的。早期我们曾经引进世界建材业巨头进入城市市中心商业项目,后来在实际经营中发现,家具店、建材店是目的性消费极强的业态,对商业中心的人气贡献是最小的,根本不适合在市中心区开店。我们的天津、沈阳万达广场都位于当地最黄金的地段,但项目里面建材主力店恰恰效益最差。

商业地产的另一个风险是规划设计。即使位置选对了，交通动线、人流动线、结构负荷等设计不合理，还是要出问题。举一个例子。上海有一个48万平方米的"松江Mall"，在松江大学城旁，项目位置非常好，附近几个大学加起来有20多万人，政府也做了交通枢纽的连接，地铁站、20多路公交汽车的交汇。当地政府为了打造这个商业项目，还给项目配套了相当数量的住宅用地，应该说项目本身没有大问题。但是由于开发商不专业，将项目设计成地下一层、地上六层，每层6万多平方米，层高4.5米，荷载500公斤的普通公建，这种层高、荷载根本不符合超市、建材、图书等一系列商家的技术条件。再说每层6万多平方米实在太大了，就是开业了，人在里面还不晕掉吗？所以项目都建到一半了，也招不到商，现在这个项目已经烂尾死掉了。

（3）管理难

除了以上讲的原因，商业地产即使有资金，招商成功，项目也建成开业了，也不意味着成功。

对于住宅地产来说，只要地拿下来，户型合适，价位适合需求，房子盖起来，销售之后就赢了。商业地产则不一样，就算有地有钱有人，也成功开业了，但并不意味着就成功了。开业不一定是大吉，也可能是大难的开始。因为商业地产项目后期运营管理，在很大程度上决定着商业地产的好坏。

第一，商业地产有培育期。任何想做商业地产的人都要有足够的思想准备，要熬两年才能说项目是否真正成功。开业不等于胜利，至少还要过两三年市场培育期的苦日子。举一个例子，广州的天河城，五家股东拿了几个亿盖了一个商业中心，当时是广东最大的商业项目。但周边人口不是特别多，交通也不成熟，前四年非常困难，甚至连利息都无法支付，到了面临倒闭的状况。后来政府开会，要求这五家大股东每家再拿几千万元出来，再熬几年。恰恰几年市场培育期一过，周边的人口增加，地铁一开通，现在成了广州最火的商业中心。这个项目的租金，8年之内翻了6倍，现在一铺难求。

第二，收租率也决定成败。一般商业项目火，租金就好收，一旦商业不旺，租金收缴就非常困难。大连铜锣湾开了一个购物中心，6万平方米，一开始还可以。但由于选址不好，运转了一段时间就出了问题。由于大连铜锣湾经营差，租金就逐渐收不到，一年后就只好关店。所以，商业地产项目开店后，租金收取率的高低，决定项目的成败。

讲了商业地产的基本概念，下面讲讲万达商业地产的发展历程。

二、万达商业地产的发展过程

万达创立商业地产8年来，从第一代走到第三代，可以说是一次涅槃，从中能看出万达是具有很强学习能力、创新能力的企业，也正因为善于学习总结和不断创新，我们才能领先于全国。

1. 万达商业地产第一代：单店模式

万达进入商业地产领域之后第一批做的六个店，分布在长春、长沙、南昌等城市的核心商圈，都是当地最好的黄金地段。模式就是一栋楼，总面积5万平方米左右，地下一层，地上四层；业态分层布局，地下是停车场，一楼是分割销售的小店铺，二、三楼是超市，四楼是电影城。那时候我们根本不懂商业地产，以为这就是商业地产，平衡现金流就是靠销售。这些店现在都不错了，但那真是熬出来的，经历了很多磨难，打官司、退租、退铺，什么情况都遇见过。

2. 万达商业地产第二代：组合店模式

万达商业地产的第二代产品叫商业组合店，比第一代有进步：项目面积大了，达到10万~15万平方米；业态也多了，有百货、超市等五六个主力店，但是仍然没有把握商业地产的精髓。一是没有规划室内步行街，整个项目没有灵魂，店和店之间的联系也没有；人流动线设计也不合理。二是纯商业定位，除了商业之外没有文化、娱乐、体育、酒店等别的业态。三是零售类比例偏大，占总经营面积90%以上。

3. 万达商业地产第三代：城市综合体

对于万达商业地产第三代的概念，大家可以讨论，最后是叫"城市综合体"还是"商业综合体"，把它定下来。HOPSCA（Hotel、Office、Parking、Shopping Mall、Convention、Apartment）这个英文名能不能准确概括我们的理念，大家可以好好地研究一下，起一个能更好地表达的名字。

万达商业地产第三代，这里举宁波项目做例子。宁波项目总建筑面积超过了60万平方米，是目前为止万达已开业项目中面积最大的，商业面积是27万平方米，还有一家白金五星级酒店和一栋高160米的超高层写字楼。项目的中心是一条室内步行街，几个大主力店围绕室内步行街布局。步行街的每一层都通往各主力店，在任何一个平面或立体上顾客都可以到达任何商店。平面立体形成互动，这就是万达在商业中心设计上的创新。而万达商业地产第三代的灵魂，就是这条室内步行街。室内步行街不仅可以便利地到达所有的主力店，而且设计有中庭，可以自然采光，冬暖夏凉，环境舒适。宁波的步行街是两层，现在我们的步行街一律是三层，其实两层的感觉是最好的，但中国的土地太贵，不做三层太奢侈；但也不能超过三层，超过三层室内步行街的感觉就全变了。

在座里面有一位是美国哈佛大学的研究生，学的是商业地产开发，到我们这里来实习，我跟他有过一次交流。他说美国老师教的商业地产，就是一条步行街加两三个主力店，层高不超过三层，超过三层商业就要死掉。但他到了日本、中国香港去看，商店都能做到七八层，我说你还没看过万达的商业综合体，看了就开眼了。虽然室内步行街在国外已经有40多年历史，但万达把它创新了。国外的模式是一条步行街，大约三四百米长，两头各做一家主力店，一般是一个超市、一个百货，面积大的1万平方米左右，小的5 000平方米左右。因为欧美国家城区不能拆迁，所以购物中心往往建在郊区，郊区土地便宜，人口密度比较小。这种特性决定了他们没必要将商业楼做得太高，停车场在室外，面积非常大而且免费。但这在中国行不通，中国人喜欢市区购物消费，这种文化决定了我们不可能到很远的郊区去建商业项目，即使将来每个家庭都有车了也不行，中国香港、新加坡就是例子。家乐福在香港远郊区开了7家店，但最后经营不好全部关掉。

消费文化的特征不是企业能改变的，中国的消费文化决定了我们的购物中心只能建在城市副中心或者近郊，这样楼就必须往高里建，充分利用土地资源。万达的创新，就是把国外的室内步行街与中国商业大楼结合在一起，同时在商业综合体中组合了写字楼、公寓、酒店等业态，商业中心里面增加了文化、娱乐、餐饮等内容，所有这些组合在一起就是万达的第三代商业地产城市综合体。万达第三代产品还有一个要求就是零售业态租赁面积占可租赁面积的比率不超过50%。更多增加酒楼、电影城、电玩城、健身中心等文化、体育、娱乐非零售业态，这也是今后的发展趋势。

我们在北京有两个城市综合体。其中东边的万达广场在长安街东边，是北京CBD最好的位置，有中国第一个真正意义上的六星级酒店。一个在北京长安街西延线西四环边。北京公司做了一个广告，叫作"一条长安街，两个万达广场"，其实还少说了一个，我们计划在长安街东部再做一个，到时就是"一条长安街，三个万达广场"，这是我们的目标。

上海万达广场也是具有代表性的城市综合体之一，也是目前上海最火的商业中心，在上海的影响非常大。我去嘉定，上海较偏远的一个区，他们的人告诉我，嘉定也有很多人去五角场万达广场消费。

哈尔滨万达广场在东北地区是最好的。成都万达广场开业之后将成为万达商业地产第三代的旗舰店。

重庆万达广场，我们进行了重大创新，因为地面被路切成了几块，没法做出一条完整的地面室内步行街，我们就设计了一条两层的地下步行街，地铁站有两个口直接通进步行街，顶棚做成动漫天幕，也是非常精彩。

南京、济南、太原项目，也非常有味道，有商业中心、超五星级酒店、写字楼、公寓。太原项目，我们还做了一条很漂亮的酒吧街，将来必将成为太原夜生活的亮点。

大家要清楚，万达广场是第三代城市综合体，是大商业概念，由很多业态综合在一起，所以不叫购物中心，因为这个名字不能体现我们的全部特色。万达广场这个名称才能体现综合体业态的完整性，才能体现我们的定位。

三、万达商业地产的特点

万达商业地产的特点也是我们的创新。

1. 订单地产

万达商业地产花了八年时间学会做订单，现在我们的项目在开工之前，主力店招商就已基本解决，整个项目70%~80%的租赁面积已经有主。订单地产的内容主要是五个：

一是联合发展。和我们联合发展的主力店有两种，一种是必须跟我们走的，另一种是可以选择跟我们走的。两种联合发展方式都签有协议，约定双方的权利和义务。

二是技术对接。在项目设计方案出来之后，万达和各主力店都有专人负责进行技术层面的对接，像餐饮的隔油池、游泳馆的降板、超市的荷载等内容在方案设计阶段就给予确认，尽量避免商家进场后的改建，减少浪费。

三是平均租金。我们和各主力店约定，全国城市分为两档，北京、上海一档，其余城市一档，分别给出一个平均租金，不再就单个项目的租金水平进行谈判。这么做是为了保证我们的发展速度。一个城市综合体，至少要有十余家主力店、十余家次主力店。如果不约定租金标准，一个项目就算只有20个合同，万达每年发展10个项目，就要签200个合同，那么我们至少要100人的商务部，配30个律师，才能把这些合同搞定。平均租金还有一个好处是账算得清楚，一个项目能拿到多少租金、利润，万达在拿地之前就清清楚楚，达不到回报底线的项目就放弃，位置再好也不做，确保投资低风险甚至零风险。

四是先租后建。万达在中国创造了"订单商业地产"的模式，这个模式为什么重要？现在企业界流行一句话：三流企业卖产品，二流企业卖品牌，一流企业卖标准（模式）。万达集团这几年发展速度快，盈利多一点固然令人欣慰，但更重要的是万达创造了一种区别于中国所有房地产企业的商业模式，打造出了独有的核心竞争优势，这才是更令人骄傲的事情。

五是满场开业。万达订单地产有一个优势叫作"满场开业"，不管上海、宁波还是哈尔滨，每个广场都可以做到所有大小商家同一时间开业，但是这一点非万达这种高手不能做到。一般大的商业中心往往是百货店开业了，过两天电影院再开业，是逐家逐户地开。想大家一起同时开业，确实非常不容易，只有像万达商业地产这样越来越强大的时候，才能使得众多商家听从我们的安排。

2. 只租不售

这并不意味着城市综合体中所有的物业都只租不售，综合体中的住宅、公寓、写字楼等是要销售的，要收回一部分投资。只租不售是针对商业物业而言的，主要是商业中心和五星级酒店只租不售。这是我们花巨额学费学到的一个真理，卖商铺绝不是商业地产。万达进入商业地产领域的头两年，也是靠销售商铺来收回投资，结果留下很多后患。现在卖商铺的十来个项目想尽办法虽然都熬过来了，但是有一个没熬过来，就是沈阳项目。因为买商铺的小业主经营不好，就闹事、打官司，要求退铺，沈阳中院和辽宁高院两审都裁决业主败诉。按常理说，买卖契约一旦签订，经营好坏应该自己负责，这是商业逻辑，但万达是一个负责任的品牌企业。我曾经说过，如果我们想把商业地产作为核心竞争力来培养，如果我们想长期做这一行，如果我们想把万达商业地产拿到著名大学去讲案例，就不能不把沈阳这个问题解决。所以去年7月份，万达做出一个可以说是在房地产行业空前甚至绝后的决定，拿出10亿元给业主退铺，不仅全额退房款，还给付利息，而当初卖商铺的收入才6亿元多一点。对于那些不愿意退铺的业主，可以等面积置换我们在附近新开发的临街铺面。这件事在沈阳产生了很大的震动，维护了万达的品牌，维护了我们的道德之心。我觉得，这个事情比海尔当年砸冰箱要伟大得多，砸冰箱就几万元钱，我们是砸掉10亿元。我相信这个事件在万达的发展史上绝对是浓墨重彩的一笔，体现了万达的诚信之风。我们正式与商户签订退铺合约的时候，很多人来了签了合同，都不相信这是真的。等真金白银到手后，多数业主非常感动，个别人甚至流下眼泪。万达沈阳一个项目就交了10亿元学费，得到深刻的认识，就是卖商铺不是商业地产，商业中心只能租不能售。

3. 社会效益

万达商业地产产生双重效益，除了经济效益，社会效益也非常突出。

（1）大量就业

当前中国的就业形势非常紧张，就业压力非常大，而且这种趋势还要持续相当长的时间，我的判断是十年之内就业供大于求的局面不会改变，就业优先已经是而且在相当长的时间内必然是中国的基本国策。其实不光是中国，全世界的基本国策都是这样。在就业这么困难的情势下，万达一个城市综合体就能创造1万个左右稳定的就业岗位，可以说帮助政府解决了大问题，所以万达也被国家劳动与社会保障部、全国总工会、全国工商联等部委评为"全国就业与社会保障先进企业"。两三年后，万达每年有十几个商业中心开业，相当于每年为社会新增10万个左右的就业岗位，这是非常了不起的。

（2）巨额税收

万达城市综合体提供的税收不仅数额大而且稳定，我开玩笑说当地政府睡觉都能收税。高科技产业需要很多扶持才能成长起来，制造企业隔三五年就要升级换代，政府部门要大量付出才能收到这些行业的税。而我们的城市综合体，培育期一过，每年税收都稳定地增长。像上海、北京这种城市，万达规模大点的项目，每个项目每年甚至几亿元税收。

（3）消费者欢迎

万达创造了世界一流（不是中国一流）的商业设施。第三代城市综合体的组合形式在全世界都是创新。一个综合体十几个主力店，零售、文化、体育、娱乐、休闲、餐饮、五星级酒店都综合在一起，这种综合商业设施在世界上也不多见。所以万达每到一个城市都把这个城市的商业设施升级到世界一流的水准，极大地受到各地消费者欢迎。

（4）城市新中心

万达第三代城市综合体项目规模非常大，所以也当然成为所在城市的新地标。我们宁波项目一开业，周边很多著名企业开发的楼盘一打广告，用的全是距万达广场多远，这样的广告语，可见综合体项目的影响力之大。

上海万达广场开业前，很少有人去五角场，现在上海人都知道万达广场，是新的商业中心、新地标。

武汉万达广场尽管是万达第二代项目，但是现在汉口的商业中心也转移到万达广场来了。南宁万达广场更是成为城市的核心商圈，政府提出的口号就是打造万达商圈，以万达广场为核心进行商业布局。

万达的商业地产，是典型的企业效益与社会效益高度统一的项目，所以万达城市综合体受到各地政府支持，我们新投资的项目基本来自邀请也就不难理解了。

四、万达的独有竞争优势

万达以发展城市综合体为己任，拥有什么独特优势呢？

1. 国内唯一的完整产业链

（1）前期规划设计

万达拥有全国唯一的商业规划研究院。原来万达自己只做初步方案，然后找其他设计院做深化设计，在这过程中发现，很多地方的设计院根本搞不明白怎样设计商业中心，更别说五星级酒店了。为了适应万达城市综合体的快速发展，迫使我们必须成立自己的规划院，这是实践中产生的需求和认识。现在万达的规划院无论是商业中心还是五星级酒店，从结构、机电、立面到装修全部能独立完成设计。万达的酒店公司、规划院，几年之内是要出大师的，甚至不是几个而是十来个大师，出一批懂购物中心、五星级酒店设计的大师。这不是开玩笑，因为商业地产、五星级酒店，一般规划院很少有懂的。我们规划院的一位副院长，有一次到一家著名的国家一级院去方案交底，这个院的很多人都跑来听，他们都觉得非常新鲜，因为以前从没接触过。还有一位同志去杭州给政府汇报方案，虽然只是很简单的汇报，但他们规划局的领导听完汇报后，就要求我们的同志下次再去的时候给规划部门全体同志讲一课。可见在这个领域里，万达已经远远走在全国设计单位的前面，将来万达规划院肯定会成为全国响亮的品牌。

（2）中期开发建设

开发建设是万达的起家本领，也是万达的强项，我们最独特的东西是成本、销售、租金这三个决策文件。我们开工之前就会制定出三套涉及二十几个子项的控制性决策文件，做到先算后干。万达执行决策文件几年以来，在集团成本控制部和各项目公司的努力下，至今没有一个项目超决策成本，能连续多年做到这一点，说明万达的决策预算能力和成本控制能力是非常好的。我们的销售控制也非常好，年年超目标。今年就有几个公司销售非常好，比如昆明公司、成都公司，甚至在市场比较弱的哈尔滨、西安，销售也非常好。但是，我不希望万达各地公司把房价抬得过高，要学会适度控制，要考虑会不会损害我们的品牌，会不会影响以后的销售。任何事物都要辩证地看，物极必反，你不要觉得房价越高越好。在租金方面，现在所有的主力店、中小店铺的租金预测都要形成决策文件。这些就是要体现万达集团"专业化、高水准"的理念。

（3）后期运营管理

万达现在拥有全国唯一跨区域的商业管理公司。虽然国内号称商业管理的公司有上百家，但真正能在全国跨区域大规模进行商业管理的企业，只有万达一家。商业管理公司现在有几千人的队伍，专业化水平也越来越高，连续三年的租金收缴率都在98%以上。

收租率能达到这么高，并不仅仅是专业化水准高，也是因为万达"订单地产"的威力，万达选择联合发展的都是商业连锁的品牌企业，它们抗风险能力强，非常重视信誉，不会拖欠租金。

现在万达招商部门有点"怪"，有时宁给低租金不给高租金的。其实，道理很简单，套用一句广告词就是，"宁选对的，不选贵的"。我们北京西边的一个项目，有两家世界500强企业争着要进，其中一个给的价格极高，但我们跟它说，这么高的租金会给后面经营造成巨大压力。所以万达选择了一家出价较低的，但在中国更有影响的企业。有很多人建议万达对热点商铺租赁权进行招标拍卖，我们坚决不搞这一套，就是实实在在地定价招商。大连天津街曾经进行过商铺拍卖，拍到16万元一平方米，事实证明，天津街凡是高价拍到商铺经营权的商家没有经营成功的。商业是需要好好思考的，对度的把握是能力与水准的体现。

2. 独有的商业合作伙伴资源

（1）紧密型合作伙伴

万达已与7家不同业态的主力店连锁企业签约，它们成为万达的"紧密型合作伙伴"。就像和我们签订生死契约一样，我们去哪里它们就必须跟到哪里，不去就罚钱。我们要争取在两年之内将这样的伙伴发展到10家。只要我们用事实证明，万达城市综合体开一个火一个，商家进来就赚钱，就会形成追捧效果，就不愁没有大批紧密型的伙伴。如果都是这种合作伙伴，万达就不存在招商了。

（2）战略合作伙伴

万达的战略合作伙伴有30多家，都是国际和国内的知名公司，也都签了合作协议，但是它们有选择权，某个项目可以来也可以不来。我们有约定，发给项目信息后，在规定时间内它们要决定是否进入，然后我们才会根据它们的需求进行规划设计，双方认可之后再签一个具有法律效力的文件，叫作下订单。

（3）一批战略合作中小店连锁企业

万达还有一大批中小连锁企业伙伴，像必胜客、肯德基、麦当劳，其实也是紧密型合作伙伴，每店必跟，但因为体量小不算主力店，只是中小店。

这些独有的商家合作伙伴资源就是万达的核心竞争优势，万达走到任何地方投资，最少有几十家大小主力店跟进，这意味着80%以上的租赁面积有保证。但这些紧密型合作伙伴也带来一个压力，别人把身家性命都压给我们了，我们就要替它们着想，就要确保店店赚钱才能对得起这些合作伙伴。所以在发展项目时，宁可前期多费点劲，也要保护我们合作伙伴的利益。

3. 市场竞争优势明显

万达独特的"订单商业地产"形成了强大的竞争优势，获得了市场的高度认可。

（1）建立人无我有的商业模式

商业模式比产品甚至品牌的建立更重要，而最好的商业模式是人无我有。

作为国内唯一的全国性商业地产商，万达今年新增的土地储备楼面面积至少在800万平方米以上，而且拿到的地位置好，成本低。现在拿地很困难。很多地产商拿地根本不考虑成本，上海南京路一块地竟然拍出了6.4万元一平方米的楼面地价，而且拿地的还是全国的知名公司。成都也拍出了1.6万元一平方米的楼面地价，而附近的房价才1万元一平方米。

万达的"订单商业地产"模式使我们不用参加竞价拍卖拿地，一位政府官员对我说，万达的项目挠到了政府的痒痒。各地政府会千方百计采取合法措施保证我们拿地。因为他们相信，我们去了能把这个地方做热，创造大量就业和税收。

（2）获得各级政府认可

万达每到一地就能把一地做热，带动周边的发展，所以获得各地政府的认可。万达今年的新项目中，上海某区项目楼面地价不到1 000元一平方米，当地一般地价至少要3 000元。我们北京长安街西边拿的地，楼面是2 400元一平方米，而一街之隔的另一块地楼面地价是6 000元。青岛项目我们的楼面地价是2 100元一平方米，和我们相隔的项目则是8 000元。为什么都这么便宜？因为各地政府觉得万达能启动整个区域，虽然卖给万达这块地少赚2亿元，但我们去了后周边的地能多卖10亿元，而且万达项目带来大量就业和每年长期增长的税收。

4. 赢得金融资本青睐

万达独特的竞争优势，获得了投资者的青睐。

（1）中国企业国际最高评级

前两年万达准备赴海外上市，与澳大利亚麦格理银行合资在境外成立了中国基金。穆迪、标准普尔这两家世界权威评级机构，分别给了这支基金A+和A++的评级。这么高的评级是中国企业从来没有得到过的，这意味着万达拿到了中国企业在国际上的最高评级。为什么给我们这么高的评级？就是因为我们有独特的、富有竞争力的商业模式。

（2）获得国内金融界认可

除了获得国际权威机构的认可，我们在国内还得到了央行的正式红头文件，在2006年时成为全国"房地产企业金融改革试点"，可以与几大国内银行开展总行对总部的合作，全国只有两家房地产企业获得这一待遇。试点企业能融来多少资金是次要的，重要的是诚信无价，品牌无价。

（3）获得国内外投资机构的追捧

由于经济政策变化，我们境外上市的计划受阻后，准备转到A股上市，听到这个消息后，几家世界大投行和国内几大顶级券商全都登门拜访，要求为我们服务。

我坚信万达将来的财富故事会极其精彩。从目前拿到的评估资料看，必将创出财富神话。我是本着"共创财富"的理念经营企业的，我本人与董事会讨论决定，上市之后，高管每人都会有一部分股份，在不长的时间里大家就可以看到万达创造的财富神话了。其实不管在什么地方，创造财富神话只是一方面，公司业绩过硬才是最主要的，企业最终要靠经营业绩说话。

感谢大家参加这次培训，希望各位用心领会商业地产的精髓，为万达在不远的将来，在几年内成为一个世界级的企业，实现"国际万达，百年企业"的目标而奋斗！谢谢大家！

万达广场兴旺的原因

首先我代表万达集团，对各位领导、嘉宾以及媒体界的朋友们光临万达商业年会论坛表示深深的谢意，也希望年会论坛每年都能为中国消费市场发展提供一些有益的思考。

到今年年底，万达集团将开业近 70 个万达广场，在建的还有几十个，分布在全国 28 个省市，我们可以比较准确地把握中国消费市场的走向。今年，中国消费市场出现三个现象：一是客流增速下降。在经济形势严峻的情况下，尽管全国万达广场的客流仍然增长，但平均增长是个位数。而之前五年，万达广场每年客流环比递增都为两位数。二是客单价下降。万达广场包括零售、餐饮、娱乐、文化等多种业态，去年每个顾客每次消费平均超过 100 元，今年只有 90 多元，其中还包括了 3% 左右的通胀因素，这表明顾客的消费意愿在下降，或者说消费能力在下降。三是商家减少开店。特别是一些跨国连锁企业，以前跟随万达，给多少店开多少店，甚至几家连锁企业争一个店面，但今年这些连锁企业普遍调减计划。这些现象说明中国消费市场确实遇到了问题。

在全国消费市场增速下滑的趋势下，万达广场继续保持兴旺的态势，客流人次在增加、销售收入在增长。全国开业近 70 个万达广场，从没遇到经营不下去要关门的情况，有的万达广场刚开始遇到点困难，调整后又变得很好。

为什么万达广场能开一个旺一个？主要有以下几点原因：

一、选址

大型购物中心选址不同于百货店，万达广场选址很少位于城市核心区，因为核心区土地成本太高，会导致投资收益率降低。万达广场选址遵循三个原则：一是交通便利。至少面临两条城市主道，可以从两个方向方便进出广场。如果只有一条主道，人流、车流一多，容易发生堵车，造成进出困难。二是居住人口规模。万达广场选址要求半径5公里内居住人口达到30万。高铁车站、飞机场，可能每年客流上千万，但万达原则上不考虑，因为流动人口只是偶尔消费，而购物中心需要重复消费的回头客。三是相邻地段没有相同业态。

二、定位

万达广场兴旺的重要原因是定位准确。万达广场的定位是年轻、时尚、流行，客户群主要是15~35岁的年轻人，商户以快时尚品牌和大众餐饮、文化娱乐类品牌为主。高端不是万达广场的主要方向，但如果地段特别好，万达也会偶尔做做高端。明年万达将有长沙、武汉两个世界领先的奢侈品购物中心开业，这两个项目无论建筑平面、外立面设计、内部装饰还是品牌招商都将超过大中华地区（包括香港在内）所有的购物中心。

万达广场的整体定位是中等偏上，这样做的好处，一是有人气。大众消费才有人气，做奢侈品店虽然客单价高，但人流量小，随机消费率低。万达做过调查，发现顾客购买行为中，目的性消费一般只占20%~30%，三分之二以上是随机性消费，看电影的时候可能顺便吃顿饭，购物之后可能唱唱歌。所以，只有做大众消费，才有人气。人气旺，销售收入才会高。二是便于复制。几年前，万达集团开始提速，今年开业18个万达广场、12家五星级酒店，明年计划开业20个万达广场、17家酒店，2014年计划开业24个万达广场、18家酒店，估计万达今后每年保持20个万达广场、15家酒店的开业速度。如果都开奢侈品店，城市受限制，地段也受限制，不可能实现"工业化"复制。三是留下提升空间。比如上海五角场万达广场，刚开始做的是中档店，但随着周边社区成熟，消费层次提升，逐渐引入了一些高档品牌。万达广场如果真正成为城市中心，就会有很多奢侈品牌愿意进来，那时进行调整也会比较容易。如果一开始就做奢侈品，以后想改反而麻烦。

三、设计

设计是购物中心能否兴旺的关键一环。我作为一些大银行的顾问，被请去为一些不良资产的购物中心做诊断，银行希望我能提供一些经验，帮它们做起来，可是有的项目看完后，我只有一个意见——炸掉重来，没有任何提升办法。比如上海松江的一家购物中心，在大学城附近、地铁站的终点，地段很好，但总建筑面积48万平方米的综合体，只做了7层，每层6万多平方米，统一层高4.5米、荷载500公斤。6万多平方米一层，人进去根本找不着北；统一层高、荷载，完全没有考虑商家的需要。当时还在基坑阶段，我诚恳地对几个股东建议，一定要推倒重来，但他们舍不得已经投入基础施工的几千万元，最后这个项目成了烂尾楼，损失几个亿。

广东有一个购物中心，当时号称世界最大，这个项目选址没有问题，定位没有问题，也是在设计上出了重大问题。这家公司先后请了七八个国际国内招商团队，但无论怎么招商都不行。我看后也建议拆掉，因为当时建筑只有两三层，成本很低。如果把这块地拆出来，按照现在的地价卖出去，银行能收回贷款，股东能收回投资，施工队能拿到工钱，可以实现多赢，可惜他们没能下这个决心，所以现在这个项目仍很困难。

济南泉城路是一条有几百年历史的著名商业街，以前街宽只有15米，但人气很旺。后来进行改造，把步行街加宽到70米，这么宽的尺度根本不符合步行商业街区规律。结果人都在两边走，中间没有人，人气越来越淡。最后没办法，把步行街改成城市马路。这样的例子还有很多，商业设计不同于建筑设计，建筑大师不一定懂商业，商业设计一定要请懂行的人来做。

做购物中心设计，我们主要有三点体会：一是交通优先。首先考虑车辆进出，大型购物中心离不开车，要充分考虑与周边交通的关系，既要能快速进来，又要能快速疏散。不仅地面交通，地下停车场也要高度重视，方便车主能迅速找到车位。二是出入口选择。购物中心最主要的门应该放在人们经常走的方向。人都有惯性，走顺道了就总往一个地方走，商业上"隔街死"、"一步差三成"的名言说的就是这个道理。人从东边来，门就不能朝西，要像储水池蓄水一样，能把人流兜住。三是人流动线。一般人逛购物中心，边走边看，走400米左右就会感到疲劳，所以建筑长度最好控制在400米之内。万达规划院有一句名言叫"不走回头路"，人流动线要么"一"字形，要么"口"字形。如果设计成平行两条线，必定有一条比较冷清。

购物中心的设计学问很多，万达目前正在编写购物中心投资建设和运营管理的书籍，把我们多年做购物中心的经验系统总结，计划很快出版。如果大家想了解如何做购物中心，可以看看。

四、业态

万达广场更多选择非零售业态。

一是强调体验式消费。万达广场明确规定体验式消费要大于50%。很多人觉得体验式消费商家租金低，卖服装租金高。但是一个购物中心都卖服装的话，租金同样上不去，要是搭配餐饮、美食、文化、娱乐这些业态，租金也不一定少，但服饰的租金会更高。而且不同业态相互促进销售，比较效益更好。

二是餐饮比重大。每个万达广场的餐饮业态占租赁面积比重都超过20%，一般不少于30家餐饮店，多的有40多家。我在8年前就提出购物中心要多做餐饮，而且把餐饮放到顶楼，当时很多人不理解，我说：中国的购物中心不是卖出来的，而是吃出来的。"民以食为天"，中国人好吃，而且由于地域文化的差别，不同地区对吃的喜好完全不同。我们也因此决定减少餐饮联合发展品牌，当地人喜欢什么就引进什么。每个万达广场招商前都要对当地餐饮业进行调查，当地排名前30的餐饮品牌必须引进不少于20家。实践证明，我们的判断是正确的，餐饮恰恰成为万达广场的一张王牌。餐饮火了以后，不仅租金可以达到零售类平均水平，而且吸引客流往上走，然后从顶楼转下来，形成商业中的"瀑布效应"，使整个购物中心人气都很旺。

三是同业态商户只选一家，提升比较效益。

四是对商家分级。万达内部把跟随万达发展的几千个商家评为A、B、C、D四个等级，不同级别的万达广场只能选相应级别的品牌。比如万达广场A级店只能选择A、B类品牌，B级店只能选A、B、C类品牌。这样做既防止内部腐败，也激励商家不断提升。

五、管理

购物中心的兴旺，最核心是管理。管理方面我们有五点做法：

一是管理重于建设。我经常强调，商业管理是万达的核心竞争能力。万达商业管理公司配备的干部数量比其他系统多，级别比其他系统高。工资上与项目开发公司实行同等待遇，商业管理人员工资拿得不比房地产开发人员少。

二是善于解决问题。任何购物中心开业后都会遇到问题，万达不是神，个别广场也出现过开业后不旺的现象。比如沈阳太原街万达广场，位置非常好，但开业后人气急剧下滑，商家退租最高时达20%。我们马上组织研究，总裁多次召开现场会，设计、管理、研究等部门十几次开会会诊，最后形成结论是定位出了问题。于是调整定位，5个月内调换一多半的商家。找准定位后，这个广场很快兴旺起来，目前人气在全国万达广场中稳居前十。做购物中心要敢于面对问题，不能回避，而且要善于研究和解决问题，特别是刚开始出现商家关店或者撤离的现象时，就要马上解决，否则等到30%商家闭店，再进行调整就难了。

三是对商家进行扶持。国内有些酒楼做得很好，但连锁经营的不多，因为一个酒楼光装修就要几千万元，连锁发展资金压力太大。万达就扶持这样的酒楼，由我们提供全部装修，允许酒楼分几年还款，帮助它们形成连锁经营。万达广场有名的"大玩家"，也是在万达扶持下做起来的。大玩家跟随万达全国连锁发展，开始时人才跟不上，万达还派人帮助收款，等到它们形成气候，管理人才跟上了，再把人撤回来。万达还对优质商家提供免租期，给予商家合理的租金，反对把租金拉得过高。租金越高风险越大，做购物中心绝不能有短期榨取商户高租金的心态。前期的忍耐和投入，恰恰能得到长久的兴旺。

四是重视信息化建设。万达集团多年前就成立了自己的信息管理中心，招聘很多海内外优秀人才，自己研发软件。万达广场的租金、营运、安全、财务等管理全部实行信息化。信息化规范了管理，减少了漏洞和失误，极大支持了商业管理公司的发展。

五是进行标准化管理。万达商业管理公司出了近20本书，对每项业务都有非常详细的操作规范。比如《开店手册》，开店流程被分成若干细项，一目了然。招商、安全、租金等也都形成管理标准。标准化配合以信息化，每个人下个月、下周干什么，清清楚楚，只要照着做、做到位就行，新来的人也能很快上手。

万达广场兴旺的原因是多方面的，由于时间关系，只能讲这些，希望对业界和商家能起到借鉴作用，也欢迎更多的商家和万达集团互相支持，形成战略合作伙伴关系。还是我说的那句老话："长期合作，共同成长。"谢谢大家！

2012 年 10 月 12 日

第六届万达商业年会上的演讲

大力发展体验型消费

　　2012年10月，由万达集团主办的"万达商业年会"(以下简称"万商会")在北京国家会议中心举行，来自全国主要城市的政府代表、商界领袖、专家学者、媒体以及国内外知名品牌商家数千人出席本次盛会。

　　王健林在万商会上做主题演讲，阐述了"体验型消费"的定义、特点，以及万达在"体验型消费"时代的大策略。

　　国家"十二五规划"提出，从2011年到2015年，中国消费零售总额要从15万亿元增长到30万亿元，五年实现规模翻番。年均增长15%以上，大大高于GDP增长速度。这么大规模的增长靠什么实现？完全靠原有消费模式肯定不行，要创造新的消费热点，从而刺激消费更大增长。我认为，创新消费热点就要大力发展体验型消费。

一、什么是体验型消费

　　消费可分为两大类，一类叫提袋型消费，一类叫体验型消费。提袋型消费就是购物。现在商家做广告，广告里多是男女两个年轻人，拎着几个袋子，显得很高兴，这就是提袋型消费。广义的体验型消费包括文化、旅游、体育、娱乐、餐饮等。

二、体验型消费的特点

1. 不是生活必需消费

体验型消费是生活必需之外的消费，如看电影、健身、溜冰等，不是非消费不可，不像一日三餐、日用生活必需品，人再困难再穷也要消费。与生活必需消费相比，体验型消费层次更高。

2. 中产阶级为主的消费

体验型消费按收入阶层分，是中产阶级为主的消费；按年龄结构分，是中青年为主的时尚型消费。体验型消费的人，应当是"有钱有闲"。首先收入要过得去，可以花几十元钱看一场电影，也可以花几千元钱办个卡健身，或者上商业中心K歌，这些时尚的生活方式，要具备相对较强的消费能力。

3. 快速增长的消费

中国体验型消费的增速不仅快于GDP增速，也快于社会商品零售总额的增速。近十年来，中国GDP年均增长超过9%，社会商品零售总额年均增长超过15%，而体验型消费的增速大大快于前两项增速。比如中国电影消费，五年年均增长超过40%；餐饮十年年均增长超过25%，餐饮行业年收入超过3万亿元，比汽车、造船行业都大。

4. 不受网购影响

随着互联网的发展，网上购物流行，美国20年前就有人认为，网购的流行意味着终端渠道的灭亡，现在中国也有这样的观点。这些人不懂消费市场，把消费理解为仅仅是购物。首先，网购永远无法替代终端。高端奢侈品、珠宝等极少通过网购，所以网购的商品，一定是简单、价钱低的。其次，尽管网购增长迅速，但消费市场本身也在快速增长。美国二十多年前就出现网购，但直到现在，美国每年近10万亿美元的消费总额中，网购仍然不是主流。第三，体验型消费更是网购不能替代的。点点鼠标就能代替吃饭吗？网上看不到最新的电影，更无法体验IMAX带来的视听享受。旅游、健身等也都是网购无法实现的。体验型消费只能到终端场所亲身体验，才能获得感官的刺激和消费的愉悦。

三、万达如何发展体验型消费

1. 增加商家比重

万达广场的设计规范，其中一条明确规定体验型消费的比重要大于50%。万达特别重视餐饮，每个万达广场都有美食街，餐饮商家超过30家。"民以食为天"，中国人很好吃，我有一句话，商业中心不是卖出来的，是吃出来的，哪个商业中心注重餐饮，人气就旺。

2. 合理规划设计

体验型消费虽然带来旺盛人气，但也有缺点。商家租金承受力较低，所以要对体验型消费进行合理规划。万达把体验型消费的商家安排在室内步行街或大楼的顶层，因为楼层越高租金越低，商家就能承受。这种设计还利用了商业的瀑布理论，把水抽到高处然后形成瀑布流下来。体验型消费先把人流吸引到顶楼，然后一层层往下逛，这样顾客逗留时间长、消费机会多。

3. 强调地域特点

体验型消费地域特点浓厚，不管是餐饮、文化还是休闲，都要结合当地特点，强调地域特色。万达以前重视全国连锁发展的餐饮品牌，后来发现中国人的饮食习惯东西南北差异非常大，很多品牌在当地很好，出去水土不服。后来我们规定，万达广场餐饮招商必须进行调研，排出当地最受欢迎的前30家餐饮品牌，至少引进其中20家，突出地域特色。

4. 给予政策扶持

体验型消费商家装修成本很高，投资回收期较长。万达就在租赁政策上进行扶持，给予它们相当于服饰类商家倍数的租约。万达还给商家其他方面的支持。比如万达广场的电玩商家"大玩家"，一开始资金少，人才跟不上，万达就出人帮它们收银。还有一些极具特色的酒楼，一时拿不出几千万元的装修资金，万达出钱帮它们装修，商家分若干年还给我们。

万达广场现在能做到开一家旺一家，虽然离不开规划设计、招商运营等因素，但重视发展体验型消费是非常重要的原因。

CHAPTER 5

文化产业:
一个没有天花板的行业

第五章

文化产业创新与竞争优势

中国绿公司年会由中国企业家俱乐部主办，已有近 3 000 位全球富有远见、最具变革力的商业领袖、政界要员、学界权威、NGO（非政府组织）代表和主流媒体人出席。

演讲中，王健林揭示了"万达文化产业仅用几年时间就成为全国行业龙头"的秘密，并强调创新给企业发展带来巨大动力。

一、万达文化产业的发展

外界都知道万达做商业地产，万达广场和高级酒店遍布全中国，但现在万达的文化和旅游发展也十分迅速。万达从 2006 年开始投资文化产业，已进入中央文化区、大型舞台演艺、电影制作放映、连锁文化娱乐、中国字画收藏等几个行业。万达文化产业有两个特点：一是投资最多。到今年年底，万达文化产业投资达到 100 亿元，是中国文化产业投资最多的企业。二是规模最大。今年万达集团收入预计将达到 1 400 亿元，其中文化产业收入有可能达到 200 亿元，成为中国文化产业规模最大的企业。五年内，万达文化产业收入将超过 400 亿元，进入世界级文化企业行列。

二、万达文化产业的创新

万达文化产业仅用几年时间就成为全国行业龙头，发展这么快，主要原因是创新带来的发展。

1. 创新商业模式

十年前，严格说中国只有文化事业，没有文化产业，党的十七届六中全会对中国文化的描述也是文化产业和文化事业两方面。过去中国的文化单位都是行政事业编制，做文化有三个特点：一是政府投入；二是不计盈亏；三是独自发展，比如做电影院就单独建一个电影院，做剧院就单独建一个剧院，不考虑与其他业态的配比。这种发展模式因无法适应中国经济的高速发展和百姓日益增长的文化需求，逐渐走向没落。

针对这种情况，万达文化产业进行商业模式创新，全国首创将商业地产、旅游度假等产业结合发展，不同行业之间相互依托，互为支持，产生综合效应。比如武汉江汉路万达广场，将零售、餐饮、文化、休闲等业态集中在一起，形成良好互补，使文化项目获得极佳效益。2008~2010年，江汉路万达影城连续三年排名全国影城观影人次第一，去年近170万人次观影，收入超过7 000万元，净利润超过1 000万元，相当于中国一家五星级酒店的收入水平。武汉菱角湖万达广场大歌星量贩式KTV受益于广场内其他业态带来的客流，经营情况非常好，去年消费人次突破50万，收入近3 000万元。

2. 真正连锁经营

万达十几年前开始做商业地产，在和沃尔玛、家乐福等跨国连锁企业合作中发现，它们之所以能全球发展，不仅因为强大的资本实力，更重要的是采用连锁经营模式。万达文化产业借鉴这些跨国企业的经验，实行连锁经营，做到三个统一。一是统一品牌。VI（视觉识别系统）标识、外立面设计、内部装潢全国统一。二是统一制度。万达文化产业全国各地公司制度统一、流程标准化。三是统一运营。万达文化产业各地公司统一运营、统一采购，万达影城、大歌星物料统一采购成本相比同行单店低近30%。

连锁经营给万达文化产业带来很大好处：一是吸引高端人才。单个企业实力弱、工资水平低，无法吸引高端人才。而企业发展的根本在于人才，万达连锁经营能吸引高端人才加盟，使企业发展更好。二是降低营运成本。中国有句老话："一只羊放，一群羊赶。"放一只羊是一个人，放一百只羊也是一个人。连锁经营更能发挥人的效率、降低成本。三是提高赢利能力，而且是长期赢利。

3. 信息科技管理

万达非常注重信息管理，多年前就成立自己的信息管理中心。每年对信息化投入数亿元，累计投入达到十几亿元。万达连续三年被国家工信部评为全国信息化百强企业，最高排名全国第九，万达前面的都是国有大企业、大银行。去年万达有8个信息化项目获得国家专利或知识产权证书，其中4个是文化产业。信息管理极大提升了万达文化产业的管理水平，为企业快速发展提供了巨大支持。比如万达自己研发的大歌星管理信息系统，解决了连锁娱乐企业最难解决的所谓"跑单"问题，就是客户消费后不记账。这套系统上线运行后，KTV包间只要使用，所有信息即时上传，几点开房、收费多少一目了然，连量贩式KTV内小型超市的销售额也有记录，彻底堵住了管理漏洞，提升了经济效益。万达信息管理中心还开发了万达院线网上订票系统，并且在手机上开通，这在全国是唯一的，这些促进了院线的票房收入。

4. 敢于巨资投入

中国文化产业刚起步，投入少，效益差。中国500强企业很少进入文化产业，文化企业绝大多数是中小型企业。万达是极少进入文化产业的大企业，而且敢于巨资投入，获得比较好的效果。比如万达在武汉投资建设的中央文化区，仅文化产业项目就投入80亿元，是新中国成立以来最大的文化产业项目。去年10月，万达与全球著名的美国弗兰克·德贡公司合资成立由万达控股的演艺公司，投资

100亿元在中国打造五台大型舞台秀，其中武汉、西双版纳项目剧场已经开工。小投入只能换来小收入，大投入才能带来大收益，武汉中央文化区2014年全面开业后，秀场年收入预计达到5亿元，电影科技乐园年收入预计达到7亿元，将创造中国单个文化产业项目的收入之最。

三、万达文化产业的竞争优势

创新的目的是为了获得市场竞争优势，为创新而创新会误入歧途。比如美国著名的铱星公司，发射了六十多颗通信卫星，覆盖全球95%以上区域，手机信号非常好，但创新太超前，导致话费十分昂贵，客户寥寥无几，运营几年就因为支撑不下去破产。这个案例说明创新要适度，能获得市场竞争优势的创新才有意义。万达文化产业创新已形成三方面竞争优势：

1. 规模优势

市场竞争条件下，规模本身就是优势。大企业不一定强，但不大的企业肯定不强，规模不大就不可能在市场上有话语权。万达投入的文化产业项目规模都非常大，像武汉中央文化区在建的电影科技乐园是全球唯一，"汉秀"剧场世界规模最大。万达电影院线今年开业超过1 000块银幕，规模亚洲最大。大歌星今年开业量贩式KTV将达到63家，中国行业第一。万达的中国字画收藏在国内也是绝对龙头。

2. 赢利水平

规模+科技+管理，使万达文化产业赢利能力极强，赢利水平在中国同行业中最高。万达电影院线单块银幕收入是行业平均水平的2倍，利润是行业平均水平的3倍。中国的娱乐行业由于管理比较复杂，都是个人注册、包税方式经营。万达2010年收购大歌星后，为了今后资本市场需要，全面进行公司化改革，成为行业内唯一实行公司制的企业。实行公司制后，尽管每店税收较之前要多缴80万~100万元，但万达实实在在抓运营，照样获得非常好的效益，净利

润超过15%。大歌星随着开店数量的增加，规模效应会更加显著，盈利水平还
会大幅提升。

3. 长期看好

万达商业地产已非常有竞争力，很多人奇怪万达为什么还要投资文化和旅
游。企业经营不能只考虑眼前，一定要有长期战略规划，万达进入文化产业和旅
游度假是为今后20年的发展储备长期竞争优势。党的十七届六中全会提出两个口
号，一是把文化产业做成支柱产业，二是文化强国，要求中国文化产业发展跟上
GDP发展，要和中国的国际地位相匹配。"十二五"期间中国要实现文化产业收
入翻一番，到2020年实现文化产业收入翻两番。如果换算成量化指标，到2015
年，中国文化产业要净增1万亿元收入，从2016年到2020年，还要净增2万亿元
收入。可以预见，今后十年中国文化产业将迎来爆炸式增长，成为中国增长最快
的行业之一。万达投资文化产业具有前瞻性、符合国家发展大势，是顺势而为，
做对的事情。可以说，万达文化产业又一次"蒙"准了，而且中国文化产业外来
竞争度低、国家政策保护、长期远景看好，一句话，文化产业是一个没有天花板
的行业。

希望万达的运作心得能为各位企业家提供一些借鉴，谢谢大家！

万达的转型之路

2013年10月份，王健林到南宁出席项目投资签字仪式，南宁市与万达签署了未来3年内投资200亿元的战略合作框架协议。借签约之际，王健林受邀到第15期广西非公有制企业成长讲座做演讲嘉宾，为广西民营企业高级管理人员以及自治区直属商会、异地商会等近1 000人做了演讲。

演讲中，王健林回顾了万达四次标志性的转型，并指出企业如果没有雄心壮志，没有在某一个关键时刻跳出原有产业的束缚不断去升级，就不可能有发展。

3年前磨主席跟我在一块开会的时候提出来，说你什么时候去广西，给大家讲一课。说实话，也不能叫作讲课，只能说是交流吧，孔子说过"三人行必有我师"，难说谁就是老师，谁就是学生，都有互相学习的必要。今天借着我到南宁出席项目投资签字仪式的机会跟大家交流一下，我想这样，如果我一个人在上面讲两个小时，大家听的意思就不大了，希望有更多的交流，我大概讲三四十分钟，各位如果有什么关心的问题或者有什么想问的问题都可以问，也不设限。说老实话，可能你的提问更有趣味或者更有挑战性，更有利于现场气氛活跃一点。

希望我今天这个交流对大家有一定的作用，不耽误大家这两个小时的时间。

刚才磨主席也介绍了，我在讲之前简单卖一点小的广告，万达最近5年都保持了35%以上的环比递增，2012年全球经济，包括中国经济比较困难，我们依然保持了34.8%的增长。今年1~6月份，保持了33%的增长，我估计全年大概也会有35%左右，我们到年底能接近4 000亿元的资产，2 000亿元的收入，接近300亿元的纳税。如果包含我们资本投资的这一部分，今年净利润也会往200亿元以上靠，可能我们还不一定排在最前面，但除了收入，其他所有的核心指标应该在民营企业中都是领先的。更重要的是，我们始终保持一种高速增长的态势，按照现在的速度发展，再加上一点保险系数，我们企业自己定的目标，就是到2020年资产要做到1万亿元，销售收入要达到6 000亿元，企业的净利润要达到600亿元左右。如果达到这个目标，我想我们可以在世界企业里面排进前100名了。按照我们现在的数字看，今年已经进入世界500强。万达为什么发展得这么快，原因在哪里？原因是多方面的，今天因为时间的关系我不能面面俱到总结我们怎么成长，我们的经验在哪里，结合今天转型升级的主题，我就讲讲万达自己几次具有标志性的转型事件，或者叫转型之路，希望给大家一点启示。

讲转型，什么时候提出来的呢？从中央、国务院正式提出口号到现在整整15年了。十五届三中全会就提出了要调整产业结构，转型升级，现在变了一些词，提的口号叫调结构，转方式，反正差不多。为什么中国政府和中国经济都这么迫切地提出这么一个口号，理由也是多方面的，我简单地理解，最核心的就是一条，就是现有的这种发展道路走不下去了，必须进行调整。现有的是什么发展道路呢？中国经济这20年保持高速增长，核心的就是靠两条：投资和出口。我们今年可能会有50万亿元的GDP，但是我们的消费率不到40%，那就意味着中国人制造出来的产品有60%要卖给别人。有些卖不出去怎么办呢？就得靠增加投资来消耗掉我们提供的这些多余的产品，这就带来一个问题，投资越多，过剩产能越大，越没有办法消耗。出口越多，带来的贸易摩擦越多，和世界其他国家关系越紧张，所以这绝对不是一个良好的发展模式。而且靠出口也带来问题，我们是低附加值，把污染、高能耗留在国内，产品卖给别的国家，又拿不到很好的附加值，拿不到很好的利润。所以，靠投资增长、靠出口增长的模式绝对走不下去了，只能调整到靠消费为主的增长模式。现在美国的消费率超过了90%，欧洲平均消费率超过了80%，别人制造的东西80%以上，自己的市场消费掉了，本国的发展就良好了，而且自己的市场大了以后还会有主动权，你要卖东西到我的市场来，你要是不好对付，我就给你一个反倾销，让你的产品卖不进来。所以，转型现在是一个没有办法的办法，必须转。

万达怎么理解转型呢？从我们成立到现在整整25年的时间，今年是第26个年头，大概经历了四次比较大的转型：

第一次转型是1992年年底、1993年年初，走出大连。1988年我们成立，到1992年时有十几亿元的年销售额了，最高的一年差不多有20亿元的销售额，这在当时已经是很大了，当时整个大连的房地产市场大概也就80亿元左右，我们一个企业占了整个市场份额的20%。如果没有追求，如果没有更远大的目标，这样也是不错。但如果不走出跨区域这一步，永远就是一个本地企业。当时我们分析，要想企业发展得更大，要想成为更伟大的企业，就必须走出大连。所以，1993年我们就走出大连，去了广州搞开发。这就是我们第一次转型，从一个区域公司成为全国性公司的第一步。那个时候到广州投资还不像现在，不允许民营企业到外地注册企业，我们到广州拿不到注册执照，还是通过向当地一家华侨房地产公司缴管理费的方式拿到一个执照，成为它的一个所谓的第几分公司，也是一样可以搞投资，可以发展，就是说你只要有想发展的心是可以想办法的，这就是我们第一次转型。这一次转型带来什么样的结果呢？为什么要去广州？广州是当时房地产最高的阵地，有一句名言："东西南北中，发财到广东。"在广州如果我们能干下来，也能赚钱，在各地就不在话下。在广州的几年获得的经验让我们觉得跨区域没有问题，紧接着我们就走向大江南北。这次转型带来的结果就是从一个地区小公司变成一个全国大公司。

第二次转型是2000年，从单纯的住宅公司向商业地产公司转型。当时全国房地产事业是很好做的，也没有人提出来要向商业地产进军，也没有"商业房地产"这个词。我们是基于什么概念呢？我们当时分析房地产这个行业：第一，房地产这个行业从世界各国的经验来看，它的成熟期一般是半个世纪，城市化率到80%，人口差不多进入老龄化，这个国家的房地产市场就萎缩。所以，房地产这个行业不会是一个长青行业，它的高速增长期大概就是几十年。我们觉得如果要成为一个长青企业，只做一个行业是有风险的。第二，房地产的现金流不稳定。卖房子哗哗收入上去了，再去买土地，没有销售，又掉下来了，我觉得这不安全。我们开了几天的会研究模式往哪儿转，我们提出一个战略目标，就是追求长期、稳定的现金流。什么是长期、稳定的现金流呢？研究来研究去，还是做不动产。为什么要做不动产呢？现在叫商业房地产，为什么要做这个呢？盖房子这一半我们是明白的，不需要把我们所有的管理人员全部换掉，我只要在现有的管理层基础上，引进一些懂商业的，边摸索边干，如果完全转型做医药，完全转型做制造业，可能我们所有人的知识结构都不行，所有领导全部都得洗牌，所以我们研究做不动产。2000年进入，当中经历过很多磨难，完全摸索着做，因为国内的商业房地产无论是金融的产品，还是国家的政策都不支持。在世界上做商业地产的只有中国是全能型的，就是自己买地，自己建商场，自己招商，招商以后自己做管理，还得自己搞设计。国外的商业地产是属于金融领域，它是由谁先发起一个基金，募资之后这个基金公司可以委托别人建购物中心，可以委托一个专门招商的公司来进行招商，然后去寻找能管理的公司委托它们管理，它只要获得每年高于6%的回报率就OK，每年给基金投资人进行分红就行了。物业是属于你的。若干年以后，分红差不多了以后再把它卖掉。因此，在国外商业不动产属于一个金融产品，在我们这儿实际上是房地产产品，这是没有办法的，中国现在没有信托资金，没有长期现金流的房地产产品。所以我们当时研究来研究去，决定要向商业地产转型，这就是我们第二次转型。

这次转型换来一个什么结果呢？我们从一个需要和别人广泛激烈竞争的公司变成了一个别人主动邀请我们去投资、竞争度比较少的这么一个公司，获得了超常的发展。做购物中心，做酒店，跟我们竞争的就比较少了。特别是前10年，几乎国内市场上没有人做，不敢说独此一家吧，但很少，那么我们的竞争是不是就少多了？利润就增加了？获得地价就便宜一些，售价可能贵一点，而且招商那个时候也比较容易，不像这两年商业企业日子难过，所以现在商业招商困难一些。所以，这次转型的结果就是使得万达快速地发展和避免了过度竞争。

第三次转型是从一个房地产企业向文化企业的转型。2003年我们决定进军文化产业，进军文化产业的第一步从做电影院线开始。2003年全国电影院线的总票房不到8亿元人民币，我们要投资，一个电影院至少3 000万元，要投10家就3亿元。投还是不投？公司争论很大，很多人讲，董事长，怎么去投？全国才8亿元票房，10%的利润才8 000万元利润，你要投几亿元，而且还要不断地去投资，怎么可能获得回报呢？我就跟大家讲：第一，电影院是所有购物中心不可或缺的要件，你去全世界看购物中心都有电影院。第二，购物中心不能完全是卖货的，应该多样化，所以我们应该上。至于全国只有8亿元票房怎么收投资？我跟大家讲不能静止来做投资分析，你说票房只有8亿元，我只能挣8 000万元，8 000万元反过来算，我只能投资几亿元。我跟大家讲要动态去分析，也许我们投资两年后票房从8亿元变成16亿元，再过几年也许变成20多亿元，再过几年也许变成100亿元。现在实践证明我的判断是对的，中国的电影票房今年大概是220亿元以上的票房，而且连续5年保持了35%的增长。按照我现在的判断，2018年中国电影票房会赶上北美地区，成为全球跟美国并列的两大市场。再来一个5年，到2023年，我们也许是北美地区的两倍。按这个动态来分析你就敢投资了。所以，我们下决心进入文化产业。现在我们进入文化产业的多个领域，有电影院线、电影制作，有大型的舞台演艺，我们叫作秀，大家可能看过拉斯维加斯的秀，离得比较近的澳门也有这种秀。还有一种，如果去过美国的迪士尼或者环球影城，大家可能会看到有一种电影娱乐科技，就是用现在的电影3D技术加上4D或者5D的动感平台，加上特殊的特种设备来支持的一种娱乐项目，就像迪士尼里面的变形金刚，环球影城的哈利·波特，这个很好玩，投资也很大，还有这个产业。然后还有主题公园，以及其他的一些文化产业。

截至2012年年底，我们纯粹文化产业的收入已经超过200亿元，我们文化集团是去年中宣部颁布的"中国文化企业30强"的榜首，而且保持高速增长态势，这个公司今年至少会增长30%~40%，在208亿元的基础上还有百分之好几十的增长。这个公司的增长速度是我们现在不动产的倍数，按照这个速度再打一个保险系数，文化收入2020年会超过800亿元人民币。这是什么概念呢？那就是进入世界前十。文化产业中全球进入500强的公司只有3家，它不会像制造业、零售企业那么大，但是影响力大。我们进入文化产业，2006年到现在有七八年了。这次转型带来什么结果呢？就是我们这个企业从单纯的一个房地产公司变成我们在去年年底提出来的一个口号，叫作两条腿走路，两个轮子齐飞的发展模式，就是不动产和文化旅游并行，而且希望到2020年的时候，房地产的比重要到50%以下。现在万达已经是半个文化企业，整个集团算是有文化企业的这个影子了。这次转型为什么要向文化旅游转型？就是我刚才跟大家分析的，房地产这个行业它到了一定的年限就会萎缩，中国房地产真正发展20年，1992年邓小平南巡以后，或者说是1989年朱镕基提出房地产五项改革到现在也就20年多一点。如果再过一个20年，这个行业一定会萎缩。行业还会有，但是不会有那么多公司了，不会每年有20亿平方米的开发量，不会有每年几万亿元的销售额，这个行业不会有几百万的从业人员，它会萎缩。所以，为了支持企业长青，为了支持企业不断地发展做大，一定要转型，这是我们第三次转型。

第四次转型是2012年开始的跨国发展。其实我们在2009年就提出一个设想，希望万达再用10年的时间，那就是2020年的时候，能够成为一个跨国企业。什么叫跨国企业呢？跨国企业是分三种类型的：（1）国际收入企业。就是你的公司可能有一部分收入来自国外，虽然你还是一个中国公司，但是你的产品卖到了国外，比如说做电器的，你卖到35个国家、50个国家，你的海外收入占了你的一部分。这是第一个类型，是最浅的一个类型，叫作有国际收入的企业。（2）国际性企业。就是你有相当一部分投资在国外，在国外有你自己的公司，然后也有一定的收入，但是这个比重不大，公司的结构也没有发生根本性的变化，这叫国际性的企业。（3）跨国公司。什么叫跨国公司？按照国际上通行标准来看，30%的收入来自于非本国，就是至少有30%的收入来自国际，而且你的组织是满足在国际上连锁发展的组织，你的架构、你的人才、你的文化，都能够相适应。所以，我们希望到2020年的时候，万达就不单单是一个中国的超级企业，我们希望能够成为一个世界一流的跨国企业，我们给自己的定位是有两个限制词，叫作"一流"、"跨国"，成为世界一流的跨国企业。那个时候我们希望自己的业务超过10个国家，我们的收入达到1 000亿美元的时候，至少有20%以上的收入来自于中国大陆以外的地区，希望更高一点。怎么做到这一步呢？两条路：并购跟投资。我们的第一步就是选择并购电影院线。为什么选择并购电影院线？我们在大陆地区已经有1 000块银幕，百分之十几的市场份额，在大陆还可以继续往上做。但是你想使这个电影院线规模更大，在世界上有影响力，就必须去海外并购。在海外投资已经来不及了，因为这个行业已经成熟了，你几乎没有投资的地方了，所以只能并购。于是就选择了一个全球第二大，也是美国第二大的院线，26亿美元把它并购了。并购的当初几乎所有人不看好，还有一个著名的经济学家专门写了一篇长文来批评我们，认为我们的并购一定是失败的，因为美国人管不好，中国人凭什么能管得好，而且这个行业已经是成熟行业了。我们也没有做任何的辩解，我曾经说过一句很经典的话：所有人都看明白的生意一定不是好生意，因为没有超前性。我又说了一句话：所有人都去干的事情我一定不干。中国假如说有三个人在做生意，两个人已经在干这件事了，你千万别干，没意思了，你肯定要去选少数人干的生意，或者别人还没有干的生意你来做，你才能获得领先，获得超常发展。我们为什么要并购这家公司是反复分析过的，因为这个公司有五个股东，这五个股东都是世界上赫赫有名的，像摩根士丹利、黑石、凯雷等等，都是世界顶级大公司，但是问题在哪里呢？没有主人。五个公司每人一样的股份，董事长轮流来做，时刻想着把公司卖出去赚钱，这个公司就没有主人。这个CEO跟我交流时说了一句话，说我这几年时间接待了超过100个购买者，每年要见十几个，我一遍一遍去说，我们公司怎么样，发展怎么样，数据如何，把我都说烦了，股东对我们管理层的要求是不得进行任何投资、任何改造、任何改变，也不去并购。买过来后，其实我们就做了一点点改动，很多人对我说我们需要派多少人进去，我说一个都不要派，你派人进去你有当地人那么聪明、了解吗？首先就是跟所有管理层签了一个长期合约，四五年的合约。其次就是提了一点点工资，提3%。最重要的是做了一项改变，把收入和激励挂钩，这个最简单不过了，就是定5年目标责任制。当然，这个要跟管理层讨价还价，进行很长时间的讨价还价定下来一个数，2012年达到多少，2013年达到多少，2015年达到多少，每年完成多少收入、多少净利润等等。只要超额，超额的10%分给管理层，核心管理层11个人。这是多简单的思维，关键是这个企业有主人了，这个主人就是我。我们把这个东西一推出来，这帮家伙就有信心了，铆足劲干，2012年比预期超出一大截，此前连亏3年，最多的一年亏损接近2亿美元。2012年我还容许它再亏2 700万美元，当年这帮兄弟一铆劲，不但不亏，还挣了5 800万美元，我只是付出了几百万美元的奖金。今年比预期更好，所以大家也看到信息了，这个公司已经正式在美国申请上市。

从这次并购我们尝到了甜头，于是又进入其他很多领域，比如说我们在伦敦又并购了一个全球超级品牌，叫圣汐游艇公司，花了几十亿元人民币。很多人又看不懂我，为什么买游艇，它的利润增长点在哪里？我说你就在英国看，它是只有10%的利润，好像投资也没有太有趣。但是我这么想，如果我把这个公司买了以后，我把它的技术和一部分技师搬到中国来再设一个游艇厂，这价值就大了，因为在中国进口游艇需缴纳接近50%的关税，就是你买的时候1亿元，有4 500万元是缴税的。我在中国生产就省掉了，再加上人工，中国的便宜一点，可能我的成本只是英国的四成，这个意义就不一样了。中国有13 000公里的海岸线，游艇进入家庭是迟早的事情，而这个游艇在全世界1 000多个品牌当中，是最牛的两个品牌之一，英国的圣汐跟意大利的阿斯顿，这个品牌的打造要半个世纪到一个世纪。你做一件服装，你的质量跟别人一样，别人的产品一件能卖1万元，你只能卖1 000元，什么原因？就是品牌的含量。你想打造成卖1万元的品牌要花几十年的心血。我们在伦敦最好的位置投资了一家酒店，这个项目可以说出奇的好，10万平方米建了一栋公寓、一栋酒店，我们算完账，把公寓全部卖完，可以白赚一栋酒店。而且是在伦敦核心地段的公寓，泰晤士河边，白金汉宫旁边，这个公寓是供不应求的、短缺的。你看英国市场上分析师的分析，大概供需矛盾是1∶3，需求是供应的3倍，所以造成伦敦这10年房地产价值也是不断地上升，特别是核心区。我们把这个项目拿下来，楼面地价是销售价的多少你们知道吗？

惊人啊，1/15。中国有卖1.5万元一平方米的房子只有1 000元的楼面地价吗？不可能的事情，好事为什么砸到我们头上，天上掉馅饼吗？不是的，机会是给有准备的人，你有了跨国发展的这种决心，你在主要的发达国家设立了你自己的代表人员，每年可能分析几百个信息，你一定会找到有价值的项目，当然还包括我们在美国还有法国，接下来还有其他地区的一些生意，包括澳大利亚等等，都会在明年公布出来。

这次转型带来什么结果呢？首先是我们公司文化的改变，过去我们想问题就想中国的事就行了，现在想问题我就具有了国际视野，什么时候都要多想一想，对美国、欧洲国家的市场有什么反应，思考的角度就不一样了。带来的第二个变化就是人才结构的变化，现在在万达有超过200个外籍人士，相当部分都是金发碧眼的老外。当然，招的老外当中80%会讲中国话，因为我们有一个前提，会讲中国话的优先。我们在纽约的办事处，一个首席代表，一个副代表，原来在中国留学学中文的时候，他们的女朋友还有点瞧不起他们，现在，他们的工资还挺高的，原来女朋友不跟他们结婚，去年结婚了，觉得很有用。而且随着中国经济的发展，可能中文越来越有用，但是中文是不是迟早有一天像英文一样走遍全世界，这个不好说，因为中国话、中国字太难教，太难学了。这次转型给我们企业带来明显的变化，大家看到企业文化有改变，企业人才结构有改变，而且我们招聘人才的视野就不只是在中国，我们跟超过10个国际猎头公司都有合作。如果这种状况持续发展5~10年，这个公司的变化会非常明显。我们公司现在也形成一种热潮，一方面是上百个老外拼命在学中文，一方面是我们公司的中国人拼命地学英文。另外大家也看到，最近我们也派了好多人到国外去工作了，这个挺好的，出去5年就当留学了，起码一个国家的语言练得很溜。这一次转型我想可能对万达的影响是决定性的。

我刚才讲了，万达用了25年的时间发展，真正迈出转型的步伐整整20年，从1993年走出第一步。每一次转型都是一次升级，不是简单地转型，我不是从制造业转到外贸业，从外贸业转到服务业，从服务业转到酒店，从酒店转到餐饮，这样转是不行的。每一次转型都有所升级，企业的目标更远大，企业的人才更优秀，企业的收入、利润更高。所以，万达用自己20年的转型实践证明，如果一个企业想发展得好，想做大，一定要不停地"折腾"，自己给自己找麻烦。当然了，对所有企业来讲并不是每个企业都想做大，我讲这个话可能对那些想做大的企业才有用，有的人说根本不想做那么大，我一年收入5 000万元，我活得潇洒就行了，可能这话就没用了。但是我跟大家讲，所有企业都有做大的可能，所有的大企业都从小企业来的，不能妄自菲薄。说实话，我在1989年跟我的几个朋友在香港旅行的时候，我在君悦酒店的平台上，11层的平台上，很漂亮的一个平台，看到了维多利亚湾，我当时说了一句话，我这一生奋斗一定要干到有这样一栋楼。后来我的几个朋友都哈哈大笑，说哎呀，这一栋楼得多大啊。那时候刚做生意第二年，吃饭还不一定吃得饱，还得找饭吃，他们说你的决心这么大？我说要不然白白混这一生。后来不是有这一栋楼，现在万达有上百栋楼。我觉得企业能不能做大，除了自己把握发展节奏，除了把握机会机遇，最重要的一点就是企业的战略目标。你没有一个远大的目标，企业不可能做大，你没有立雄心树大志，你绝对不可能做大。你的定位就这么一点，怎么可能做得很高呢？因为时间的关系，我就不往下演讲了，总而言之，万达20年时间进行关键的四步转型才有今天的万达，才有我们发展的神话。确实万达发展起来是一个神话，我们做不动产15年不到，现在成为全球第二，2015年我们将超越美国的西蒙公司，成为全球最大的不动产企业。明年我们可以持有物业达到2 000万平方米。2015年万达会成为全球最大的五星级酒店业主。电影院线现在已经全球最大，我们的目标是2020年在电影院线的行业占领全球20%的市场份额，就是一个公司占全世界的这个份额，还有我们其他文化产业的定位也是到2020年要做到全球前十。正因为自己给自己这么大的一个目标，所以现在我的年龄已经不算小了，我还是这么有雄心壮志，还是这样每天早上7点钟上班，然后很晚才下班。很多人觉得我活得没有乐趣，其实看这个乐趣怎么来理解。

　　总而言之，我就跟大家讲这么一句话，企业如果没有雄心壮志，如果你没有在某一个关键时刻跳出原有产业的束缚不断去升级，不可能有发展。欢迎大家提问交流，提什么都可以。谢谢大家！

现场问答

▶ 提问：有两个问题想问您：一个是在企业的转型过程中会遇到很多的挫折、困难，这些类型的纠结和您的雄心壮志之间是怎么做到平衡的？是把这些纠结都解决掉以后才能继续，还是因为某些原因让您义无反顾地走到今天？第二个问题，您已经做到中国第一，以后可能是世界第一。那么如何使万达能够长期可持续地发展下去，您是怎么考虑基业长青，是把它交给自己的后代，还是有一个什么基金会，或者是什么样的机制，让万达长期持续地发展下去？

王健林：发展当中的矛盾是很多的，刚才你问纠结，我没有很好理解你的纠结是什么意思。

▶ 提问：就是各种矛盾阻碍您。

王健林：其实我在发展过程中遇到的最大的纠结就是被别人瞧不起，什么意思呢？做得很小的时候，哪怕做了七八年，已经有了一定收入和地位之后，到有关部门，特别是银行，老觉得你是骗子，贷款的时候它老觉得你这个钱贷出去不还它，骗它钱似的。去很多银行，银行行长都是另外一种眼光瞧你。我曾经为了一笔贷款找某行行长，我就不说这人是谁了，将来我写回忆录的时候我就把他写进去，反正我不干了，七八十岁写回忆录我也不怕得罪人了。那个时候我堵了他接近50次，就是小小的一笔2 000万元的贷款，就是不给我。我站在他办公室的门口一上午，他不见我，明明在，秘书说他不在。这个时候怎么办呢？一般人觉得拉倒吧，反正我也挣了不少钱，一年挣几千万元，我不发展得了，我不遭你白眼。但是我想，我就不能怕屈辱，不能怕挫折。银行实在找不着，那就想办法用别的方式借钱，反正活人总是不能被尿憋死了，总之你想干，办法就会有。至于企业长青，企业长青不是人传承的问题，企业长青最核心的问题是企业文化能不能长青，就是你那个企业里面是不是有一以贯之的理念、制度，你的行为方式，是不是按照百年企业来做，这是最重要的。如果你的文化没解决好，你的制度没有解决好，你的风险机制没有解决好，你就是传给你最信任的儿子也可能把企业给折腾掉。当然，自己的孩子够这个能力，也许能传给他，他如果不够，就传给职业经理人，但是得有一个机制，能保证这个基业长青，这是最重要的。现在中国企业目前还在第一代创业时代，还没有进入大规模交接班的时候，10年之内这个问题就凸显出来了，这也是中国民营企业面临的很重要的问题。我是非常开放的思想，按照万达现在的这个速度发展，10年之内万达员工可能会有20万人，上千亿美元的收入，这么大的一个社会组织是一定要避免风险的，所以究竟选择谁来接班，到时候董事会、公司的股东大家一起再来做分析，我5年前就已经不再担任CEO了，我就只担任董事长，而且我不担任我下属公司的董事长，商业地产集团、文化集团董事长我都不担任，我只担任一个集团董事长，这个集团是一个管理架构，不做具体生意，实际上主要负责战略层面和创意，现在文化产业、创意、设计方面的研讨会我参加得非常多，这还有一个把关定向的问题。

▶　**提问：我们这里有1 200多家会员企业在广西发展，有100万川军在广西发展，他们都是您的粉丝，我先代他们问您一个问题，因为您为我们四川人争光，也请您多多保重，记得家乡人民。前一段时间网上也热炒李嘉诚先生在广州和香港一部分撤资，那么万达转型怎么样适应中国宏观经济的调整？**

王健林：我可以告诉你，我母亲现在还在成都居住，我父亲今年5月份才刚刚过世，是高寿，我每年都会回去多次，我也是一个孝子，而且在四川投资也非常多。我十几岁就离开了四川，四川话听得懂是没问题的。关于你提的问题，李嘉诚撤资也好，包括我也在境外投资，有人也联系起是不是不看好中国经济了，或者是转移资产等等，我觉得这些看法过于偏激。2012年10月份，中国12个部委发了一个联合文件，鼓励支持中国民营企业走出去的实施意见，而且为民营企业走出去列了很多政策，中央领导也大力号召民营企业走出去。走出去当然意味着一部分资产转移到国外。如果中国没有一个全球配置资源的胸怀，中国永远不可能成为世界的超级大国。你要成为像美国一样的超级大国，不论对于企业，还是对于国家，都必须是全球视野，要在全球范围内配置资产。你在印尼的资产，在美国的资产，在中国香港的资产，都是中国的资产，一定要有这种胸怀才行。咱们民营企业一走出去就说是转移资产，都不转移，都在中国，那就没有中国跨国企业了，是吧？这是一个方面的问题。其次，李嘉诚先生还有香港的一些人也在抛售资产，然后到国外去投资，我觉得不是不喜欢香港，并不是不看好中国的经济，其实香港的房地产已经到了一个顶峰了，在高峰时期出售套现，到别的地方投资获得回报，可能他们判断会有一段时间这个地产价格会跌下来，到那个时候杀回来再买，其实就是生意，不能把某一次的决定都一定要跟政治挂钩，那坏了，没法做生意了。我也看了李嘉诚先生发布一个公告，他说他爱港爱国的心是不会变的，我相信这一点，包括我自己在国内投资，只要熟悉我的人都相信我肯定是爱国的，是吧？没有问题。

▶ **提问：我想问一下：第一，您认为中国目前的旅游投资处于哪个阶段，或者是您对未来趋势的判断。第二，为什么文化和商业旅游结合？**

王健林：我可以回答，但我希望以后大家提问就只提一个问题，给更多人机会。关于对旅游区的判断，我也记得去年国家部委发了一个支持旅游发展的文件，好像是叫"旅游发展的实施意见"。这个文件的出台就意味着从国家政治层面看好中国的旅游，我个人也是如此，中国旅游才刚刚开始。中国以前包括这次的黄金周所体现出来的旅游不是真的旅游，是一种观光性的旅游，还在非常低的层面。我们全国人均连一次旅游数都达不到，13亿人次，我们旅游人次去年统计出来是22亿人次，你知道是怎么统计的吗？离家20公里就算旅游。从北五环跑到北京长安街算旅游了，它这个统计就是离家20公里算旅游。这22亿人次的旅游你看旅游总收入就看出来了，全国人均700多元钱，总收入也就一万多亿元，这个数字是有水分的，真正的旅游次数没那么多，我觉得真正的人均连一次都达不到，所以旅游才刚刚开始。第二个问题，我们在长白山做旅游，你问为什么文化和商业旅游结合，我跟你讲，现在做旅游绝对不能就旅游而做旅游，就像现在做文化不能就文化而做文化，现在做商业也不能就零售而做零售，现在是一个大融合时代、大变革时代，或者叫大掺和时代，你做文化一定要想着最好和旅游、和商业结合在一起，你做旅游也要把文化的元素、零售元素、商业元素、餐饮元素等结合在一起，这才能产生综合效应，或者提升比较效益。比如说长白山，里面有900米长的步行街、酒店群，还有电影院、滑雪场、高尔夫、卡拉OK等等，什么东西都有，比较效益可以提升。去年刚开业，到今年一年的时间，人均滞留时间是2.86天，人均消费超过2 000元，这个收入就上来了。在那个大山沟里面房价可以卖到每晚超过1 000元，而且今年夏天已经是一房难求了，到今年滑雪季节我想也是这样。我们现在正在做的几个度假区都是这样，不是一个简单的旅游概念，是一个大筐，什么都装在里面，你说商业也有，文化也有，娱乐也有，什么都有，大概是这样。

▶　**提问：大连万达大多都在一线城市或者二线城市，下一步有没有在三线城市投资的意愿，比如说我们现在有一块很好的地，但是我们在三线城市，在北海有没有合作的可能？谢谢。我们的地在北海银滩一线地。**

王健林：这种实际的问题也是很好的问题，我们目前在广西的投资不算多，这次在桂林有一个两三百亿元的项目，加上南宁今天下午刚签了三个项目，200亿元的投资意向，但总体上不是很多。我们在江苏，在山东，在广东，在湖北这些省，投资额已经超过千亿元了。在江苏、山东、湖北等好几个省，不管国企、民企、外企，我们都是第一投资企业，什么原因呢？不是我实力比国企外企更大，是因为我来得快，给我地马上就弄完了，两年就开业了，他们拖的时间长，可能投资额上不去了。广西我们刚刚进来，目前只是在三个城市：南宁、柳州和桂林，但是我们一定会发展到广西的其他城市。北海有兴趣，可以明确地说对北海有兴趣，如果你有兴趣，可以和我们管发展的聊。

▶　**提问：王董事长，我听说万达集团近期将在广西有更大的投资，我想问一下王董事长，您对广西，对南宁看好哪几个方面？谢谢。**

王健林：你要说看好哪几个方面，最近我们在柳州、桂林、南宁都有新的投资进来，通过这三个城市进而分析整个广西，我认为整个广西到了历史发展最好的时期，什么原因呢？首先，政通人和，市的层面，区的层面，党政都非常团结，一心谋发展。其次，经济有了一定的规模和体量，具备了发展的基础。过去穷，全区就一两千亿元的GDP，想发展也发展不起来，没有梧桐树，怎么能引凤凰飞过来呢？现在是发展基础具备了。第三是交通条件空前改善，方方面面的交通都得到了改善。第四是最重要的一点，以前进入广西的，包括我们来广西十年了，每一笔投资都挣钱，这才是最吸引人来投资的。

▶　**提问：王健林先生您好，上个月您在清华大学的活动当中说万达集团将拿出来500个铺面、5亿元的创业基金来支持年轻人创业。我是在广西土生土长的年轻人，我也想借着这个机会为我们广西的年轻人争取一些优势资源。谢谢！**

王健林：大家知道，今年有700多万的大学生毕业，读完大学还不能就业确实是很痛苦的事情，所以我们一些企业家也组织起来搞了一个支持年轻人创业的活动。万达除了参加了这个活动，还自己搞了一个基金，叫支持青年人创业基金，每年拿5 000万元，每年解决100个大学生创业。就业方面我们每年解决3万名大学生就业，创造10万个以上的城市服务业就业岗位，我们提供的就业岗位数已经连续多年排全国企业第一名了，但是创业不可能那么多，我们每年就支持100个，大概按这个数。我们提供资金，我们提供场所，我们给他们辅导，第一批定了10个大学，好像没有广西的，但是2014年广西会有大学被放进到支持创业计划当中，到时候也希望放进计划的大学学生们踊跃去报名，报名前学校筛选把你推荐上来就行了，我们内部有商业管理公司，会有100多个导师，我们会两人一组给创业的人或者单个个人提供具体辅导，你在哪一个场子里干什么创业比较好，我们要确保创业成功，我们希望我们这个活动的创业成功率超过90%，现在社会上创业成功率是很低的。我顺便也跟大家说一下，中国现在创业确实有了危机了，大学生创业率不到1%，全世界平均大学生创业比例超过10%，美国是超过20%。这种创业激情才推动美国的创新在不断地发展，推动美国始终以科学技术引领世界经济，而不像中国，经济规模虽然大，但是靠制造业，是靠低端的东西，中国大学生创业比例不到1%，很多人都想去考公务员，这是非常可怕的一个现象。不敢创业，或者没有勇气创业，使创业的人越来越少。为什么万达站出来支持创业，我们不让中国创业家或者中国企业家形成断层，如果一旦走到这个胡同，中国所有的努力，将来超越中等收入国家，实现强国梦那都是虚的，因为所有的梦是要靠最核心的细胞组织，就是企业来实施。只有企业做强了，国家才能强大。我们为什么支持创业，这是一个方面。我今天告诉你，明年上半年就会启动在全国每个省选择一到两个大学，明年会有广西的大学，具体是哪一所大学，因为我现在不负责这个具体工作，明年一季度会公布出来，希望我们能支持更多的广西大学生创业。

▶ **提问：请问您如何看待社会荣誉？请谈谈您的财富观。**

王健林：财富观，以下是我个人理解，不一定准确。财富观是分为三个层面的，最低的层面是为自己，创业、发展目标就是为自己，很简单，发展成果自己享受。这个错不错呢？也不是错的，而且这是绝大多数人做生意、创业的基本目标。第二个财富层次稍微好一点，为了名和利，比如说一年有1 000万元的收入，他还在奋斗，他足够花了，他为什么还奋斗呢？希望得到别人的尊重，希望有一定的社会地位，希望做大一点，为名为利去创造财富，这是第二个层面。最

高的一个层面那是少数人达到的高的境界，就是做社会企业。现代慈善观念的首
创者是美国的钢铁大王，1953年创办第一个慈善基金的卡内基先生，他说过一句
话："人在巨富中死去是一种耻辱。"从他以后在美国的引领下，全球形成了很多
现代的慈善观念，像比尔·盖茨先生，早早地就把自己的股份每年卖掉多少，每
年套现50亿美元拿来做慈善，这些人就已经真正成为了社会企业家，就是他做生
意的目标就是为了这个社会能够进步，而且盖茨和巴菲特他们两人都希望用他们
的实际行动能为企业家，特别是为美国的企业家和世界的企业家树立一个榜样，
应该怎样去对待财富，这就是最高层面的财富观。我们不号召大家都成为社会企
业家，这是很难的，也不反对大家发展最低层面的，就为自己，这个也不错，但
是企业做大之后，还是号召大家尽可能发财的目的可以超越为自己这个层面，这
就是我理解的财富观，不一定正确，也要看经济学家和各种各样的社会学家的解
释。我已经很早就宣布了，要把我个人资产的90%捐出来做善事，我们中国有很
多这样优秀的企业家，我希望我和他们一起用自己的行动来倡导中国企业界的财
富观。其实这个并不是我们现在的发明创造，老祖宗早就做得比我们更好了，像
遇到天荒就放粮，还有修桥修路，很多就是为留一个名，说这个人不错，就行
了。咱们老祖宗很多人做得很好，我无非是向传统的、优秀的中国文化学习，争
取把它实现得更快一点。

▶ **提问：王总您好，很荣幸能有这个机会向您面对面地提问。我是南宁贵港商会
的，我想现在在座的会对这个问题很感兴趣，像南宁环境又好，各方面都不错，空
气都很好，我们的房价均价是7 000元一平方米，跟很多城市来比还是偏低很多，
中国房价是否还有上升的空间？**

　　王健林：你们是希望我说实话，还是说套话呢？说实话可能很多人在网上都
骂我，吓得我就不敢说实话。说媒体上愿意听的话它又不现实、不真实，我在回
答这个问题之前我先讲一个故事。13年前，我在英国伦敦买了一套公寓，位置也
比较好，在伦敦的核心区。13年下来，这套公寓现在的价格是当初的300%。就

是说即使在所谓最老的资本主义帝国英国，这个房价还是在上升的。我为什么讲这个故事呢？就是说中国现在城市化还没有完成，我们去年才达到52%，真实的城市化率40%不到，这52%是指常住人口，常住人口当中有2.3亿~2.5亿的农民工，这些人是市民吗？不是市民，所以我觉得这个统计有点误导。在城市化率还这么低，人口还在继续向大中型城市聚集的情况下，中国工业化也在快速发展中，在这种情况下，说房价不涨，停下来，我觉得就是一个美丽的愿望。像南宁这个城市，我觉得南宁还是二线城市，算不上一线城市，现在房价是7 000元钱一平方米，即使在二线城市当中也不算高。我今天听市委市政府的主要领导讲，他们有一个目标，10年之内将南宁城市做大到500万人，占自治区的经济比重提高到1/4以上。你想，它的GDP的比重还要进一步提高，人口还要翻一番，在这种情况下，南宁的房价要讲真话，一定还是缓慢上涨的。当然，房价上涨过快，其实对所有的从业者，对社会都是一种非常大的危害，就看南宁政府有没有智慧，既保持经济快速发展，使房价又不能过快上涨，我相信南宁市委市政府有这个智慧。

▶ **提问：我来自北海的一个企业，刚才听到您讲万达的四次转型，在后面第三次、第四次的转型当中讲到文化产业和跨国的雄心壮志，给我的印象是什么呢，王董事长对于万达将来文化的传承是不是想给我们中国老百姓带来一种贵族化的转型，您注资游艇的企业，还有酒店、影线，是不是您在潜意识当中给我们中国老百姓展示的是我们要往贵族方向去走。我想今天您能不能就这个问题说一说您的意见。也许我的贵族化的理解是偏的，您对这个问题怎么看？**

王健林：我投资的生意当中，既有游艇、五星级酒店这种奢侈品，什么叫奢侈品？真正的奢侈品就是飞机、游艇、五星级酒店，一个包包、一双皮鞋叫奢侈品吗？既有这方面的，也有满足多数人的、年轻人的东西。电影院线，小孩都去看，还有一个唱歌的KTV，叫大歌星，那更是年轻人喜欢去的，一个小时20元、30元，也不限人数。还有长白山创立的滑雪场，那是贵族滑的吗？贵族岁数大了，年轻人才玩。我不是倡导贵族化，只是根据中国的发展需要，我既提供中档、低端的这些服务，也提供高端的服务，我是从纯粹商业的眼光来分析，哪方面赚钱，哪方面就适当投资一些，文化旅游是绝对不可能走小众消费路线的，你也明白，一定要走大众消费路线。你看万达广场现在的定位，在全国只有三个广场定位是奢侈品，是高端，剩下100多个广场全部是定位在时尚流行，就是以年轻人为主的平民路线，我不倡导贵族化，贵族化也不可能有很大的收入，一定是大众消费才是真正的主流和趋势。所以，你的理解可能有所出入，我不是主张这个的。

▶ **提问：您平时是怎样分配时间的？比如说您有多长时间用在日常工作，多长时间用在应酬，多少用在看人或者用在学习，在发展过程中，您在时间分配上有什么回顾总结或者是反省？**

王健林：首先，我没有精确地计算或者分配过我的时间，那不成机器了吗？现在我的工作时间可能比休闲的时间更多一点，我可能是当兵的原因，特别的准时，生活也非常规律，也很少有夜生活，按点起床，按点工作。当然，我周六、周日除了跟少数几个人讨论创意方案，原则上我是不加班的，我不鼓励加班，而且我即使加班都是一二十个人，大家在一起讨论的都是创意方案，周六、周日选这么一个时间讨论一下。实际上我也有很丰富的业余生活，我也玩收藏，也耗费了不少精力，而且毫不夸张地说，在中国字画收藏这方面也是一个大家。也喜欢唱歌，也喜欢散步，如果讲打猎的话，是中国一等一的高手，钓鱼绝对也是高手。如果有时间的话，这些兴趣都会去玩的。读书，最近比以前读得少一点，但是也读，我是努力坚持读书的，因为现在随着信息化发展，很多人就看手机快报，或者在网上就看新闻标题，甚至不往下仔细看，这是非常要命的。我现在坚持每年读几本书，而且我一直保持着良好的习惯，万达集团每年一定要推荐全集团学一本书，要求每人写不低于100字的读书笔记。为什么就是100字呢？就是你只要翻了，哪怕简单翻了也行。然后组织读这本书的读书竞赛、演讲竞赛，竞赛选出一二三等奖，然后进行表彰，之后会把他们的演讲稿做成一本书，每个演讲者会有一个照片贴在上面。你说这个小孩演讲，演讲完了还出一本书，有自己的文章，还贴了照片，拿回去他觉得挺骄傲的，所以刺激很多人来读书学习。我觉得深度阅读是不能少的，而且不是死读哪一个门类，门类很广泛，具体来说没有精确地计算怎么分配，反正就是随心所欲，喜欢读哪本就读哪本，但是可能工作还是多一点。

▶ **提问：您好，今天想就变革的问题向您请教一下。中小企业的变革需要成本，也是冒很大风险的，有一句话是这么说的，"变革可能伴随着死，也可能复活；不变革就是等死"。您企业有四次变革，对于中小企业变革您有什么建议？**

王健林：我觉得这个理论上是有错误的，你先设立了这么一个定论，然后你再来求证，那怎么做都是错误的。小企业、中企业、大企业、特大企业，在这一类企业当中，不同的行业它所需要采取的策略和经营方法是不一样的，没有放诸四海而皆准的策略。我经常在演讲中说一句话，千万别相信智慧攻略，什么经营100招，别相信，那都是瞎忽悠，如果那100招都好用，那还要经营干什么呢？所以不同类型的企业，不同行业的企业，选择的方法完全是不一样的，你只能根据自己的需要来决定。对于小企业或者对于更小一点的企业来讲，我觉得不是去研究企业文化，研究企业制度，没用，没到这个时候。企业发展到那个阶段才会需要相应的那种东西出来，到一定规模了就需要制度了，存活超过10年的就需要文化，它是不一样的。到了更大的规模可能就需要跨国了，所以每个企业不一样。作为小一点的企业，我觉得最重要的问题是研究一个在某方面领先的东西，就是做得最好跟别人不一样，或者比别人做得更好一点点，就是研究技术层面可能更切实一些，去研究制度、研究文化，那些太大了。所以说要提出经验，可能需要一个企业一个企业地来单个讨论分析，提不出普遍规律性的东西。所以我说，每一个企业都要研究与众不同的，研究针对自己企业特点的打法和经营方针，我觉得读那些策略经营的书籍，听一些老师的讲课，包括听我的演讲，有一定受益，但是千万不能当成圣旨，一定要结合自己的东西来研究，才能走出更好的路子。

▶ 提问：尊敬的王董事长，您与阿里巴巴马云先生的赌约大家都非常清楚，大家也知道赌约是1亿元人民币，你们的10年之约是10年以后传统商业的份额与电商的份额，看谁超过50%谁就赢。老实说，我是坚决站在您这一边的，所以说我想知道您必胜的信心，与大家分享一下，谢谢。

王健林：赌1亿元是不是觉得这个赌资下大了一点？其实不是真正的赌博，我们就是带有一定玩笑的东西。真实的情况是我和马云先生在上场之前，导演跟我们俩讲前面的几段太闷了，你们两个上去逗一逗，提高一点收视率。好了，为了央视的收视率，我们俩想那就弄点笑话，没想到这个笑话成真，大家还真是觉得我们是不是在真的赌博。但是这个玩笑当中也带有我们俩思想认识的不同，我是觉得电商肯定是新鲜事物，一定会快速发展，但是任何新鲜事物发展到一定阶段之后肯定会出现瓶颈，不可能永远保持百分之几百的发展速度，发展到几年之后它肯定会慢下来。第二，传统产业绝不会因为出现一个新鲜的东西就消亡了，它肯定还会存活，它也会调整。传统产业也可以再做电商，传统产业也可以进行调整。这是我的一个认识。至于你说到时候一定是多少比例，那是神仙也说不准的，我敢说电商一定不会成为消费的绝大多数，这是我坚持的一个观点，它会是一种新鲜事物，发展很快，盈利空间很大，但是它不可能消灭线下。

▶ 提问：尊敬的王健林董事长，您好，我来自工商银行，所以我也想借这个机会为我们大型的国有商业银行问一下，对于大型的国有银行今后如何去支持大、中、小企业的发展，您有什么好的建议？第二个不是问题，而是需求，在这里我想为我们工商银行争取一个福利，我想在南宁青秀万达这个项目争取到我们一个网点，您同意吗？

王健林：我现在很少去管具体的，这个项目从选这个项目、签字、摘牌，我是第一次来，我现在也不太过问他们具体怎么操作。如果没有别的银行签约，那个肯定是可以的，这个我可以答应。我们南宁公司的一把手在这里，你可以跟他具体联络，他是我们项目的总经理，这个是可以的。你这个问题问的是非我专业的问题，我不是金融专家。是这样的，世界经济的发展，我自己判断有三个方面可能是潮流：第一，服务行业，相当部分特别是金融类的会走向移动互联。第二，支持数据市场的一定是云计算，从这个角度讲，不光是银行，所有的企业都必须要关注将来你服务的终端可能就转移到了移动互联，现在智能手机的出现改变了很多，平板电脑逐渐消灭，不能说消亡，会很快就少很多。将来一定能获得提升的或者支持的可能就是大数据系统，云计算解决所有的分析判断。

▶ 提问：我们企业目前的情况类似于当初大连万达转型的时期，就想问一下在转型的关键时期如何找准转型的方向？第二个问题，我发现中国一些民营企业做到一定的规模以后都有一个瓶颈，就是不能顺利引进职业经理人的制度，只相信自己家族里的人，不相信外人。在这种情况下，您能给中国的中小企业、民营企业说点什么吗？谢谢。

王健林：因为时间的关系我就回答第二个问题就行了。企业的持续经营是引入职业经理人制度更好，还是家族管理更好，这个问题在全世界争论已经超过300年了。最老的家族企业传承的历史到现在有超过600年的，就是目前世界上还存活的家族企业。特别是在欧洲，传承200年以上的家族企业比比皆是。所以不能简单地说家族传承这个方式就一定是不好，引入职业经理人制度就一定好，引入职业经理人失败的有一个很简单的例子，美国有一个世界500强第7名的公司，当时销售收入超过2 000亿美元，企业的职业经理人为了自己拿红利，做假账，最后被发现，两个月这个公司就破产了。支付不了，因为它是一个大资金流的企业，一中断这个融资马上就只有宣布破产。但是总体来判断，经理人制度在企业基业长青和保持文化先进、竞争方面是比较好的，是要优于家族传承的。很简单，假如说你的企业有100个经理人，你在100个人当中选一个。你要家族传承，你最多有3个儿子，你只能在3个人当中选，这个比例就不一样了。一般来说，可能还是鼓励更多地选择职业经理人制度，建立专业的人才团队和建立制度文化，可能使企业更能基业长久，成为百年企业。

因为时间的关系，今天我就跟大家互动到这里。希望我今天下午的交流能给大家一点有益的帮助。希望有机会多来南宁，多跟南宁的企业家交流。谢谢大家！

万达的文化产业

今天我给大家全面介绍一下万达的文化产业。

万达从 2006 年开始涉足文化产业，到现在已经涉及文化旅游城、电影产业、舞台演艺、电影娱乐科技、主题公园、连锁儿童娱乐、连锁量贩式 KTV、报刊、艺术收藏等领域。2012 年在北京注册成立文化产业集团，成立当年文化产业收入超百亿元，2013 年收入 255 亿元，是中宣部公布的全国文化产业 30 强第一名。今年万达文化集团收入目标是 320 亿元，但估计会更高。万达文化产业收入每年以百亿元数量级增长，我们的目标是到 2020 年文化集团收入超 800 亿元，进入世界文化企业前十名。万达是如何发展文化产业的？我分四个方面给大家做一个介绍：

一、为什么做文化产业

1. 转型升级需要

万达在大连成立时主业是做房地产，成立 26 年来，经历了 4 次大的变化，每次都是主动转型。1993 年，万达第一次转型，从大连跨区域到广州开发，后来又走向全国，是全国最早跨区域发展的民营企业之一。2000 年，万达从住宅向不动产转型，2006 年进军文化产业，2012 年实行跨国发展。万达做文化产业是企业自身转型升级的需要。万达文化产业最早是做电影院，因为影院是万达广场非常重要的体验消费内容，是万达广场必须配置的一个业态。当时曾和上海广电集团签订了战略合作协议，他们愿意跟随万达发展，影院建到哪里他们就管到哪里，后来上海广电集团领导更换，新上来的领导不看好这个合作，终止了合同，这时万达已有十来个影院开业或即将开业，逼着我们只好自己接过来做。可以说万达进入文化产业是被逼上梁山，也没想到一不小心做成世界第一的电影院线。但现在完全是文化自觉，是主动全面向文化产业转型，已经扩展到文化产业的很多领域，做出了心得。

2. 确立新的竞争优势

企业不管做什么产业、有什么战略、如何经营，最终目的都是确立核心竞争优势，获得更大利润。1993年的时候，万达在大连的收入就已超过20亿元，占当时大连房地产销售额的四分之一左右，在大连继续往上做的空间有限。为了做大规模，万达决定跨区域发展，实践证明这一步走得非常对。如果当时没有勇敢跨出去，就没有今天的万达。2000年前后，中国住宅房地产市场如火如荼，供不应求，但我认为住宅房地产的产业模式有问题。首先，住宅房地产是一个周期性行业，全球看，当一个国家的城市化率达到70%~80%，住宅房地产市场就会萎缩，虽然交易量还有，但绝大多数是二手房。其次，住宅房地产现金流不稳定，有项目卖就有现金流，没有项目现金流就断了。为了企业能持久发展，追求长期、稳定的现金流，万达决定转型做商业地产，到现在已经做了14年，目前还没有遇到真正的全国性对手。万达商业地产每年开工量都超过1 000万平方米，竣工开业几百万平方米，而且开业面积以每年百万平方米的数量级增长，去年开业410万平方米，今年开业超过500万平方米，明年将开业600万平方米以上。但商业地产依然有周期性，中国城市化完成后，就不会再有大的增长，而且现在商业地产模仿者众多，局部已出现过热。有媒体写文章说万达做文化旅游、跨国发展，是给企业挖一条"护城河"，说白了就是要建立新的竞争优势。万达做文化旅游，特别是规模巨大的文旅项目，比商业地产更难有模仿者和竞争者，因为做文旅产业，资金和土地已不是关键因素，最核心的是创意、科技和人才。

3. 品牌影响巨大

对于文化产业，我曾说过一句话，绝大多数行业都有天花板，唯独文化产业是没有天花板的行业。没有天花板有两层含义：首先，品牌影响没有天花板。一部作品可能影响非常深远，甚至带来某些方面的革命。比如电影《阿凡达》，不仅品牌影响大，还带动一场IMAX电影技术推广。IMAX技术1963年就出现了，但因为成本、片源等多种原因，一直推广不开，电影《阿凡达》上映后，大家体验到IMAX 3D观影效果特别好，推动IMAX急速成长，改变了这项电影技术的命运。其次，利润没有天花板。以万达电影院线为例，税后利润率超过百分之十几，大大超出很多人的想象。万达在武汉建设的电影娱乐科技项目，投资35亿元，非常巨大，但项目开业后预计年收入将达到10亿元级别，利润也极其可观，而且持续时间长。

二、万达文化产业的内容

万达文化产业不是只在内容产业上着手，况且内容还有不少限制，而是要从科技和形式方面创新，这也是为了能做大规模，规避风险。比如拍电影，由于内容审查等方面的限制，想做到快速增长非常困难。舞台戏剧也一样，一部戏演得再好，2 000万元收入就很了不起，做一百部戏才能顶一个武汉电影乐园。万达文化产业突出游乐、娱乐性行业，并做成连锁，形成规模效应。万达文化产业涉及以下几个领域：

1. 文化旅游城

文化旅游城是万达文化产业集大成者，是万达集团凭借多年在商业、文化、旅游产业积累的丰富经验，创新的世界首个特大型文化旅游商业综合项目，具有项目创意世界唯一、设计团队大师组合、万达拥有知识产权三大特点。每个万达城文化旅游总投资均超过200亿元，包括超大型万达Mall、大型室外主题公园、酒店群、大型舞台秀、酒吧街等内容。现在万达长白山国际度假区已开业，武汉中央文化区两个重大文化项目今年四季度开业后，项目会全面完成。明年西双版纳国际度假区将开业，接下来每年都有两个以上文旅项目开业。万达已有武汉、长白山、西双版纳、哈尔滨、青岛、南昌、合肥、无锡、桂林9个文化旅游城项目，计划在全国做到12~15个。

2. 电影产业

万达拥有电影产业的完整产业链，包括从影视基地、制片、发行、放映到电影节的全部内容，在全球独一无二。万达电影制作公司虽然起步晚，但成绩不错。去年成立，今年推出的两部电影，《警察故事3》票房6亿元左右，《北京爱情故事》票房4亿元左右；这两部片子投入都很小，《警察故事3》投入不到1亿元，《北京爱情故事》投入3 000万元，利润可观。今年下半年，万达还将推出三到四部电影。万达电影采用好莱坞产业模式，拍什么由专门决策班子定，不像很多中国公司就是靠一两个导演、一两个演员，万达不签导演，也不签演员，就是走电影产业的现代企业制度。电影发行方面，万达在美国有发行公司，在中国也注册成立了发行公司，这个发行公司将占中国电影市场的一半份额，意味着万达今后在发行领域的话语权也非常大。万达在国内有万达院线，在美国收购了AMC院线，而且还在欧美寻找新的并购机会。现在万达约占全球电影票房市场份额的10%，目标是到2020年达到20%。2020年全球电影票房预计约350亿~400亿美元，如果万达实现目标，意味仅院线收入就达到70亿~80亿美元。万达总投资近500亿元，正在青岛做一个全球最大的影视产业园区，正在申办青岛国际电影节，将其打造成具有世界影响力的中国文化品牌。

3. 舞台演艺

万达的舞台演艺集舞台节目、水中节目、舞台变化、高科技于一体，不是传统的舞台戏剧。目前有武汉、西双版纳、青岛、无锡4个项目在建，今年四季度武汉汉秀开业，将把世界舞台节目推向新高度。

4.电影娱乐科技

万达电影娱乐科技集合全球最顶尖的电影科技娱乐项目。目前有武汉、哈尔滨、南昌、合肥、无锡、桂林6个项目在建。武汉电影科技乐园今年开业，这是全球唯一的综合性电影娱乐科技项目，运用3D电影技术加动感平台，人可以融入电影情景，进行互动游戏。

5.主题公园

万达建造的都是世界级的主题公园，目前有西双版纳、哈尔滨、青岛、南昌、合肥、桂林6个项目在建，2015年将有西双版纳、南昌两个主题公园开业。上海正在建迪士尼主题公园，单个万达主题公园不一定做得过迪士尼，但"好虎架不住群狼"，万达在中国建十几个主题公园，迪士尼在中国的市场份额就会大大缩减。

6.连锁儿童娱乐

连锁儿童娱乐是万达花三四年时间研发出来的全新业态，内容以儿童体验式互动游乐为主，结合儿童教育、零售、美食等。万达连锁儿童娱乐分两个级别，小的面积5 000平方米左右，叫"宝贝王"，今年将有11个项目开业；大的面积2万平方米左右，叫"儿童乐园"，是万达在全球首创，相信面市后一定会引起很大震动。万达委托全球五家知名公司，研发了86种儿童体验游乐产品，万达全部买断知识产权。比如儿童体验做消防员，接到失火报告，小孩可以模拟消防员开车去救火。到了地方，会有3D模拟失火效果。喷水枪固定方向，防止喷到人，水只要喷到模拟着火点，火就灭了。儿童教育也不搞学校教育那一套，主要是体验式活动，教跳舞、打鼓、滑冰、唱歌等等。

7.连锁量贩式KTV

现在已开业81家，今年还要开24家，规模全球最大。

8. 其他

万达投资经营了财经类周刊《华夏时报》和《大众电影》杂志。万达专注收藏中国近现代一流名家字画，已收藏百位大师千幅馆藏级作品。

三、万达文化产业特点

1. 多种要素组合

万达做文化产业，绝不简单就文化研究文化，就旅游研究旅游，万达打的是组合拳，要素组合越多，规模越大，威力越强。万达文旅项目把科技、文化、旅游、商业要素集成，做文旅商综合体。如武汉中央文化区，这是中国城市中第一个叫中央文化区的项目，里面搞了10个文化项目，包括全球首个电影科技乐园和汉秀两个重大文化项目。武汉中央文化区中央有一条连通沙湖和东湖的楚河，沿河是汉街商业步行街，汉街中央有汉街万达广场；另外还有一家五星、一家顶级酒店，100多万平方米的写字楼和百万平方米的住宅。长白山国际度假区是万达第一个开业的文旅项目，有亚洲最大的滑雪场，43条雪道总长达几十公里，有3个世界顶级的高尔夫，酒店区有9家酒店、5 000多个床位，还有900米长的一条商业步行街，里面有一百多个商家，餐饮、酒吧、电影院、卡拉OK、舞台演艺、温泉等应有尽有。

2. 科技含量极高

万达文化产业最突出的特征是科技含量高。比如万达在青岛做的"汽车极限秀"，就是一个完全创新的高科技含量项目。这个项目经过多年研发，现已开工，2017年上半年全球公演。汽车极限秀和汉秀不同，汉秀注重文化味，汽车极限秀体现惊险刺激，秀场里有一条环形轨道，各种电动汽车以120公里的时速在上面玩各种动作，而且和舞台节目结合在一起，让人惊心动魄。万达的"秀"不追求挑战人体极限，因为演员难以培养，而且生命周期短，岁数一大就不能演。万达主要在科技设备上动脑筋，汉秀有几十台设备，仅水下设备就有14台，科技含量高，效果更炫。

3. 整合全球资源

文化产业是创意产业，最重要的是创意和人才。只有全球整合资源，才能有世界级创新。比如汉秀，建筑和舞台设备创意来自马克·菲舍尔先生，他是世界顶尖的建筑和艺术双栖大师，北京奥运会、广州亚运会、伦敦奥运会开闭幕式艺术导演；节目则由弗兰克·德贡先生创意导演，他是世界数一数二的舞台艺术大师，拉斯维加斯"O秀"、"梦秀"，中国澳门"水舞间"都是他导演的。万达文化旅游规划院有300多人，一半是外籍，其中不乏全球行业顶尖高手，特别是首席主题公园包装师、首席剧场设计师、首席电影特效师等六位首席都是世界行业大腕。这些顶尖人才，很难自己培养，万达就用高薪把他们挖过来。如果实在不愿意进入公司，万达就与他们公司签订排他合作协议或者买断他们的知识产权。

4. 突出中国元素

万达把文化旅游作为今后主要发展方向，既然作为主业发展，就必须体现中国文化，绝不能照搬照套外国的东西。比如汉秀，建筑是中国传统的红灯笼造型；里面的节目叫汉秀，"汉"往大说是汉族，往远说是楚汉，往近说是武汉；故事也是中国故事。万达要在全国建很多主题公园，各地主题公园的设计都结合当地特色文化，如果千篇一律，人们就不愿再到万达其他地方玩。比如西双版纳主题公园设计了热带雨林、茶马古道、蝴蝶王国、水上乐园等几个园区，都具有浓郁的地方特色。万达还要求所有主题公园都要有几个全球独一无二的大件游乐设备。为此，万达与全世界主题公园设备做得最好的两家公司都达成协议，对重要设备进行定制，自己拥有知识产权，保证别人不能模仿。

万达文化项目突出中国元素、体现地方特色、设备独家定制的优势在今后的运营中会逐渐体现出来。无锡万达城项目开工时，万达宣布要跟上海迪士尼PK，我们有把握在入园人次、经营收入两项核心指标上超过上海迪士尼。因为迪士尼只是一个主题公园，模式几十年没变过。而无锡万达城不仅有室外主题公园，还有巨大的室内万达Mall，里面有众多游乐项目，以及大型舞台秀、酒店群、酒吧街等，这些内容综合在一起，更有吸引力，游客人次、收入自然会上来。无锡万达城位于长三角中心，地理位置十分优越，而且万达具有全国营销能力，正在全国收购旅行社，建立完善的旅游产业链，将来可为万达文旅项目输送大量游客。

5. 自主知识产权

万达文化产业项目强调自己创作、自己制造。如果自己做不了，就要求委托设计并买断知识产权。我曾在美国迪士尼看过一个真人表演和3D结合的节目，软件公司和迪士尼的合作采用分成模式。但这种方式万达不能接受，万达做文化产业是连锁发展，一个一个谈合作分成不仅麻烦，而且受制于人。为了规模发展，万达宁愿多花钱，也要获得自主知识产权。为购买青岛汽车极限秀知识产权，万达花了1 000万美元。汉秀的移动LED，菲舍尔先生刚开始提出创意时，很多人都说做不到，但我们没放弃，在解放军总装备部机械院的支持下，经过无数次修改、试验，终于获得成功。现在设备已安装，每一个有两百吨重，可以多角度、多方向自由移动组合，使舞台背景无穷变化，给节目导演提供更大的创作空间。

四、万达文化产业的前景

1. 已开业的全部盈利

什么叫产业？产业就是按市场机制运作，自己能形成周期生产能力，靠政府补贴维持的一定不是产业。万达做文化产业最基本的要求是盈利，绝不会光要面子，不要银子。万达已开业的文化产业项目全部盈利，而且盈利水平很理想。2012年万达并购了全球第二大院线——美国AMC影院公司，并购前AMC连续数年亏损，万达入主后，当年就实现盈利，去年12月在纽交所成功上市。万达并购AMC实际投入约7亿美元，另加承担AMC 19亿美元的债务。去年上市，不仅募集4亿美元现金，而且万达持有的AMC股票市值是当初实际投入的两倍，最近股价上涨，接近3倍。为什么美国人经营AMC多年不盈利，万达一进入就盈利？关键因素是万达进入前，AMC缺真正的主人，五个股东都是基金，只想着把公司卖个好价钱。AMC的CEO告诉我，他一年之内接待了100多个买主，这种情况下，管理团队怎么会用心经营？万达收购AMC是反其道而行之，先跟核心管理层谈，万达购买后和他们签五年期工作合同，同时建立激励机制，拿出部分盈利奖励管理层。这些都谈妥后万达才跟股东谈购买公司。这一招把管理层的积极性调动起来，AMC迅速实现扭亏为盈。同时万达采取信息化管控措施，实时监控AMC每个影城每天的收入、成本，绝不会出现到最后才发现目标无法实现的情况。

2. 没有开业的项目预期良好

今年6月20日，武汉汉秀、电影科技乐园两个代表万达文化产业未来发展方向的项目将移交运营，开始向全世界售票，12月正式公演。我们预计半年内的票将会一扫而光，也就是说顾客听说汉秀故事好，想去看演出，要买只能买半年以后的票。无锡万达城预计开业后年人流量在2 000万左右，年收入30亿~50亿元，肯定超过上海迪士尼。万达就是要用实践告诉国人，不是美国公司就一定比中国公司强。

3. 成为世界一流的文化企业

世界知名咨询机构罗兰·贝格每年发布世界文化产业50强，2012年万达排名38名，2013年排名会更靠前。万达的目标是2016年文化产业收入达到400亿元，进入世界前20强；2020年收入达到800亿元，进入世界前10强。从目前执行情况看，万达一定会提前实现这个目标，成为世界一流的文化企业。

谢谢大家！

▎▎▎
现场问答

▶ **提问：** 我有两个问题，刚才您介绍了很多万达文化旅游地产项目，一是每年有这么多项目开工建设，在后续运营管理上有哪些做法？二是万达在发展文化产业时，在移动互联网方面是如何思考的？有没有具体的战略？

　　王健林： 其实不管设计得如何好，建得再怎么好，最后关键看运营，这才是能不能挣钱的关键。我经常讲一句话，术的层面固然重要，但最核心的层面是道，道是什么呢？不要以为是什么战略、什么创新，错，就是人。从我自身的经验，从万达的发展我深深体会到，人就是钱，人就是事业，所以人才是决定性的。我们刚才讲了文化旅游有几百个创新人员，还有若干老外，不是万达的员工，就是万达的合作伙伴，不能成为固定合作伙伴，那我就买断知识产权、委托开发。一般项目开工时，我们就会建立运营团队，完全是国际化的，中国此类项目的人才还很匮乏，比如武汉要开业的汉秀、电影科技乐园，CEO都是境外聘请的，比如主题公园，我们的主题公园管理团队，请的就是迪士尼国际副总裁，主题公园部请的就是香港迪士尼的总裁。我们也在做人才培养，我们万达学院在中国企业学院当中绝对是第一名，我们也请这些老师上课。但是这个人才培养是很慢的，有时候来不及怎么办呢？挖，猎头挖，我现在合作的猎头公司有五十多个，国际猎头就接近二十家。比如说青岛东方影都，现在项目刚开工，青岛产业园的CEO人选很快就会到位，2017年才开业，为什么这么早到位？CEO和首席运营官、首席技术官全部先到位，我不怕花这点管理成本，他现在跟设计团队、建设团队一块进去，将来可以掌握很多东西。我电影节的CEO也是挖了一位有全球知名度的人，这个人大概5月份也会到位，2016年或者2017年才办电影节，也这么早就到位。每一个位置我们都要求中外搭配，有一个老外做CEO，一定会有一个常务副总是中国人，或者至少是华人。目前我们创新很多事业，靠自己培养确实比较慢，所以你到万达公司去看，是很国际化的，电梯里经常是老外，但我们有一个条件，原则上会讲中国话的优先招聘，你跟我出去开会，老大不会英语怎么办？所以我就逼着你会中国话。如果世界上有一万家万达这样的中国公司，中文推广就容易多了。

第二，关于互联网，现在是互联网时代，尽管我和马云有一赌，那是开玩笑，虽然是开玩笑，但是实际上代表了两种思潮、两种思维，就是怎么看待互联网。我在公司里早讲过，打赌那是导演安排，我必须代表传统产业，其实我不是搞零售的，那让我跟他都说互联网好，那谁说实业呢？在公司里，我已经要求所有公司必须互联网化，必须有互联网的思维，万达自己的O2O电商公司已经在六个广场上线实验了，今年年底会推广到110个万达广场和全部酒店，我们的电商是最有自己特点的。如果互联网不跟线下结合，是完不成这个"O"的，互联网只是上面的一个半圈，我的观点就是十年后没有单纯的实业企业，也没有单纯的互联网公司，一定是线上线下结合。至于互联网自己最终走向如何？肯定是融合，不要以为电商只搞电商，可能他也会搞文化，也会搞视频，为什么呢？发展的需要。他不搞可能就……互联网更可怕，跟我们不一样，一个颠覆性的技术出现，这个公司可能瞬间就从1 000亿元变成100亿元了，互联网行业也不像实体，实业如果现金流好，模式先进，有长期、稳定的现金流，可能估值不太高，发展速度不快，但思维也没那么快。我相信最终的发展趋势是融合，没有完全特色鲜明的单一的互联网企业，这是我的看法。

▶ **提问：我想针对汉秀提三个问题，一是红灯笼大概有多少观众席？二是未来票价多少钱？三是汉秀这个表演，水是很重要的内容，我知道拉斯维加斯的水秀，那儿气温比较高，包括澳门的水舞间，属于亚热带地区，温度热的周期比较长，而武汉有一个漫长的冬季，这就带来了水温问题，水的温度我相信能解决，但这就要增加成本。还有水在冬天演出还会带来水雾，这些问题我不知道您考虑了没有？**

王健林：汉秀我是参与研发的，光参与节目会议可能超过50次，我现在在万达集团主要工作就是参加创意。第一，座位是2 000多一点，VIP还有140个座位，一年大概演出400~450场，周一休息，周六周日加演一场。票价是这样，初期半年，就是现在已经基本卖光的这个，均价500元，按现在的投入，票价千元左右可以支持，我们半年以后可能会涨价，但也会考虑中国的实际情况，可以计算，如果一年400多场，大概就是100多万人，票价1 000元，就是十多亿元收入。

第三个问题，关于水温、雾怎么处理？这个团队的建筑和机械设备创意马克·菲舍尔先生也是O秀，美国梦秀和中国澳门水舞间的设计者，艺术导演德贡先生也是全世界水秀的创始人，全世界就三台水秀，美国拉斯维加斯两台，加上中国澳门一台，这个问题我相信他们一定有所考虑。

▶ 提问：您非常强调科技，不太想做内容。但是现在其实是一个内容为王的时代，您听说过《来自星星的你》吗？

王健林：我知道，但是我没看。

▶ 提问：但是《来自星星的你》已经深深影响着我们的青年，特别是女青年，您是怎么看待这个问题的？还有您的核心理念讲的是国际万达，百年企业，除了对自己负责，为股东负责，您希望给我们的企业带来更多的是什么？会不会想往内容方面发展，会不会做更好的内容，影响欧美，把中国文化传递出去？

王健林：不可能不重视内容，我是说：我们不把内容和创新相比，不把内容放在第一位。汉秀是什么？光是形式？它也是内容。主题公园难道仅仅是过山车？它肯定有内容，比方说我们西双版纳的几个题目，茶马古道、蝴蝶王国、原始雨林，这本身就是内容，是有定位的，每个地方不同，黑龙江就是雪乡。你说的那个内容，我觉得不是整个文化产业内容，仅仅是电影电视剧内容。内容为王这个话不全对，还有一句话你不要忘了，叫渠道为王，甚至还有人说是营销为王。好莱坞大的电视公司、电影公司，我是经常访问的，他们基本上投入是"442"，40%是制作费，20%是演员成本，这一点我很奇怪，为什么你们统统是20%的演员成本？他说这是一个刚性，演员要的钱如果超出了20%的成本，就换另一个演员，这就是好莱坞的产业模式，就是固定成本，多了我就不给你，换另一个人。中国现在这个模式是有问题的，70%~80%的成本被演员拿走了，这肯定出不了好制作，中国现在还没有好莱坞的产业模式，没到真正的电影产业时代，还是小作坊、个体户时代，一个公司靠雇一两个导演、签一两个知名演员，等我们电影产业发展到100亿美元、200亿美元的时候，肯定会发生变化。还有40%是营销，我举一个例子，《北京爱情故事》3 000万元成本，拿了4亿元票房，很大程度上是营销起了作用，当然比较起来肯定是内容排第一位，但是不能简单就这么说，我们之所以不说突出内容，是我们想收入更多东西、做得更大。

再一个是我们的企业理念，国际万达，百年企业，企业的口号不能太长，如果再把社会责任、爱员工什么的全说进去，谁都记不住。万达企业文化的核心理念26年来就八个字，是三次提升的。我1988年刚做生意时，那时候做生意的，你蒙我，我蒙你，不知道怎么弄，也没有什么合同，卖房地产也没有产权证，也没有许可证，你爱写多少面积写多少面积，唉，那个年代我觉得很奇怪！所以我那个时候给企业文化就提出八个字，"老实做人，精明做事"，首先咱们不骗人，第二咱们不要被别人骗了。欧洲有句知名谚语：骗我一次是你的错，骗我两次是我的错。对不对？精明做事。过了几年，1998年，企业赚了一些钱，又跨区域了，觉得有点钱了，我觉得应该有社会责任感，所以我们那个时候企业文化提升叫作"共创财富，公益社会"。2002年时，我们企业进行第三次文化提升，我觉得我们的视野应该国际化，最终目标就是国际企业，国际万达，所以我们给自己定位的目标是，2020年一定要在世界100强之内，干到1 000亿美元的收入，成为一个跨国企业，为民族，也为我们自己争光。再就是百年企业，希望长寿一点。所以你说没包含社会责任，那是仅从字面上理解，你还讲到影响欧美，文化影响欧美需不需要呢？需要，但我觉得目前阶段先拿先进文化影响中国，等我把中国人都弄得差不多了，咱再弄外国人。

▶ **提问：一是AMC的院线是不是会承载一些我们预期的东西进去？二是国内商业影院同质化还是比较严重的，万达院线也尝试过很多创新，包括跟《我是歌手》、《中国好声音》之类的节目做一些线下活动，是不是在今后运营中还有一些什么规划？**

王健林：第一个问题关于AMC，既然中国人买了，肯定就要产生一些作用。运作还是原有团队、原有模式，不过多干涉，特别是去年12月份已经上市了，必须按市场规则走，但作为大股东，还是可以提要求的，比方我要求他们每年最少放映5部中国电影。我跟你说一个数据，2012年并购AMC当年我们就放了8部中国电影，2013年播放了13部中国电影，都创造了中国在美国的历史，在这之前一年有一部中国电影上映就不错了，而且那都基本不是市场化的，比方说国家投钱，包了几个影院放了两场就回来了。过去我们文化事业的发展，李长春同志给我们做报告的时候讲了四句非常形象的话，叫作"财政是投资主体，领导是基本观众，获奖是主要目的，仓库是最后去向"，他说了文化要发展主要靠产业，中央领导这个认识是我们今后发展的一个依据。我们这是完全市场化，这么多影片出去，好的也可以拿到1 000多万美元票房，像《一代宗师》，差的可能不到10万美元票房，为什么中国电影成绩不好呢？一，它不是英语片，中国人看外国电影下面有字幕就行了，咱们去了也弄英文字幕，但老美反应没那么快，他们说不行，又不愿意花制作成本，你说怎么会有好的收益呢？将来中国电影要真正走向全球必须有英语思维，拍英语片；再一个就是必须做营销，我们说你的片子不错，我们到美国给你放，但他就压根没想在美国挣钱，也不去做任何营销，也不派任何演员过去，你能卖多少卖多少，我们可能也是这个态度，所以很多成绩不太好，但我相信这是会改变的，是时间的问题。

第二个是你说到中国电影市场创新。中国电影产业去年票房才200多亿元，全世界欧美两大市场，票房都过了百亿美元，全世界总票房也就300亿美元多一点。在这些发达市场上，不可能全部影院放一部电影，只有中国是这种特殊现象，全国影院都在放这部片子，排片率极高，这是市场不发达的表现，发达市场里，很多院线是买断播映权的，或者说是几家一起，特许或者分成等，所以除了极个别大片，两三亿美元制作外，几乎没有说是统一放一部影片的。万达也在做一些创新，按我的判断，2018年我们电影市场份额可能就会超过美国，超过100亿美元，只要市场规模到了那个程度后，龙头院线，比如我们这几家占了很大份额的，可能那个时候从支持某些内容、支持优秀导演的角度出发，不排除我们会定制或者说是支持某一些内容的放映。

CHAPTER 6

O2O：虚拟和现实
高度融合的桃花源

———————— 第六章 ————————

2014 年 8 月 25 日

万达电商内部研讨会上的讲话

O2O 的关键是互动

什么是O2O？我个人理解，O2O就是在移动互联网时代，线上线下相互融合，提升消费的新商业模式。有四个关键词：移动互联网、线上线下融合、提升消费、新商业模式，核心是要促进消费。关于下一步万达电商如何发展，我有五点建议，但要说明一点，由于我不懂电商，所以今天我发言只是建议，不是指示。

一、肯定半年工作

万达电商筹备半年来做了大量工作，和上一次汇报相比，物理形象进一步显现，尤其是你们汇报的那两张示意图，基本体现了万达电商的物理形象，值得肯定，我很期待你们2015年年底正式上线运行后，有更明确的物理形象和特点。

但也有一点走偏的地方，可能是你们考虑盈利和商业模式多了，考虑线上线下融合少了，其实我特别想听你们具体线上线下融合的产品开发案例，比如百货、文化、餐饮等如何进行线上线下融合互动。

二、两点建议

O2O究竟该如何把握？我认为，应该注意两点：

1. 关键是互动

消费者要享受到线上线下互动服务，比如看电影，没有O2O，也能看电影，到现场排队买票，看电影的本质没变，但是如果能通过手机提前订票，选场次和座位，到了现场手机验票进场，这就多了互动服务，线上线下就相互融合了。

2. 重点是体验

在消费者原有消费体验的基础上如何增加新的体验，让消费者享受更多服务，让消费者参与进来，这个很重要。比如到万达广场消费，旺一点的广场停车排队几十分钟是常事，即使进了停车场，找车位也很麻烦，搞一个软件，出发前可知有无停车位，甚至可下单预订车位，一进停车场，手机导航可快速找到位置；要到某个餐厅吃饭，可以预先线上点菜，还可线上排号，排号后如果时间尚早，可以去逛逛商店，等排号快到的时候手机就发出提醒，什么都不耽误；百货零售的O2O也是如此，买衣服也要增加用户的体验，可否开发一套软件，人往那里一站就知道你的三围和各种尺寸，自动为你选择款式和大小，甚至可以量身定制，试衣的工作，手机上就能完成，如果满意，直接手机付款，拎包走人。我认为，O2O并非像许多人理解的那样，重头在线上，而真正的核心是消费的互动体验。

三、做好计划

万达电商下一步工作要做好相应的计划，关于人才、预算、办公地点、资金投放计划。

这次开会我悟出一个道理，"不要急于花钱买会员"，过分追求会员数，会使我们误入歧途。增加会员数很好办，加大抽奖力度就行了，拿出10套房子、100辆汽车抽奖吸引消费者，可能一个月会员就能增加1亿。可是抽奖活动一结束，这些会员就成了僵尸粉，这样的会员有什么用呢？我们要增加的是有质量的会员，是活跃的会员，这样产生的大数据才有价值。

我建议万达电商不要把钱重点投在增加会员上，而是放在产品研发和基础设施建设上。一个是要做好技术平台，充分发挥云计算和大数据作用；另一个就是加大产品研发，研发几十个、几百个具有自主知识产权的创新应用软件，让每个商家都觉得好使、自愿用，消费者也可以深度体验、愿意使用，这样O2O就成功了。要尽快研发这样的软件，力争2015年上半年，最晚2015年年底在所有万达广场、酒店投入使用。我相信给你们资金、人员和时间，你们肯定能够做好。

四、都有机会

目前，纵观互联网所有模式，基本都有大平台。社交有腾讯、搜索有百度、电商有淘宝和京东，唯独O2O还没有大平台。阿里巴巴、腾讯也在往O2O方向发展，而且现在很多互联网企业都在探索往线下发展。可以说互联网还有一个领域有大的机会，那就是线上线下融合的O2O。中国的消费市场是巨大的，现在已经达到30万亿元的消费额，但只有一半是提袋式消费，提袋消费品也只有不到一半在网上售卖，也就是说大部分消费产品还没有互联网化，但所有消费行业却都可以O2O化，在消费领域，新的大的商业机会就是O2O。

O2O这个O分为上下两半，上半部分是线上，下半部分是线下，相比较而言，O2O的线下更难做。你再有钱有人，把线下做大也要花十几二十年时间，这是个力气活，没办法用巧劲。万达用了20年时间做成了线下，已经把最难的都做了，应该说对于线下线上融合需求的理解，万达最有发言权，因此，万达做O2O应该大有机会。

这段时间，内部总有人问我，万达O2O是从线下到线上呢，还是从线上到线下？我认为，从上到下或从下到上这两种认识都不对，线上思维和线下思维都做不了O2O，要把线上线下打通，融合思维才能做O2O。

万达电商运作模式还要进一步研究，既然是线下和线上融合，怎么融合更有利于发展，这是新课题，我觉得很可能要充分发挥各自的优势，电商注重技术和产品开发，以各系统为主做好O2O运营，产权归属可以给电商。年底之前电商公司要和各个系统签协议，但是协议怎么签，还要认真研究。

万达电商究竟是做成一个系统还是一个板块？要看你们自己，所谓做成系统，就是像百货、院线、商管一样；如果有本事做得好，那可能就是和商业地产、文化旅游，以及综合金融一样成为独立的板块。我对你们是有信心的。我想，只要给你们时间，给你们资金，给你们试错的机会，一定做得出来。

五、互联网思维

今天会上郑重地强调，所有系统必须要检讨，是否真正具备互联网思维。在这个时代，如果你们不用互联网思维、新的方式去做，可能就要落伍，就要被淘汰，即使房地产也要有互联网思维。打个小的比方，商业地产一年营销费用是几十亿元，大多投到报纸、电视、现场活动等传统营销方式上了，到达率不够，效果也不好。现在农民工都有手机了，新媒体营销应该成为我们的方法。明年开始，我们可否试试，把传统媒体的推广费用砍掉一半用于互联网营销，没准效果会更好。武汉汉秀和电影乐园票务销售，用互联网线上营销，不到一个月就将开演半年内的票基本卖掉了。

我希望集团所有副总裁以上的领导，都必须要有互联网营销思维，都要思考自己的业务如何利用互联网发展、如何实现O2O。

打造有智慧的广场

尊敬的彦宏董事长、化腾董事长，尊敬的百度、腾讯的各位领导，尊敬的各位媒体朋友，大家上午好！

首先我要代表万达集团十万同仁对李彦宏董事长、马化腾董事长，以及百度、腾讯的各位领导，各位媒体朋友们光临今天的签约仪式表示热烈的欢迎和感谢，对万达电子商务公司的成立表示热烈的祝贺。

刚才我们在休息室聊天的时候，马化腾董事长已经提出来，说你这个电商的"商"和要成立的公司不太贴切，我们自己内部原来想叫电子信息科技公司，也觉得没想好，暂时叫电子商务公司，可能这个名字会让大家误以为以后电商是卖商品，名字我们还要再琢磨。

今天我讲四点：

第一，O2O是电子商务最大的蛋糕。电子商务发展这么多年，不管是在世界还是在中国，各种电子大型的商务平台都已经搭建起来，但是线上线下融合的O2O平台目前还没有。预计中国今年大概会有接近30万亿元的消费市场总额，消费市场中大概有三分之一多一点是属于提袋类消费的，提袋类消费中有一部分被拿到线上售卖，基本是图书、化妆品、服饰等，其中服饰是很大的一块。而有更大一块是体验式消费，如电影、餐饮娱乐类等，这些是无法提袋，也无法放在线上售卖的，是更大的市场。这类消费市场如何能智慧化，实现线上线下融合，目前还没有看到这样的平台出现。基于这一点，我们三家商量要做这样一个电子商务平台，这将是电子商务最大的蛋糕。未来随着人们消费能力的提高，体验类的消费会越来越多，而不是简单的买卖消费，全世界都呈现出这样的特点。将来O2O可能是电子商务市场最大的一块蛋糕，而且这个蛋糕目前还没有切分，目前还没有这个平台出来。

第二，机会是均等的。现在O2O都是刚刚才起步，线上的众多平台都在想怎么样往线下渗透，线下一些公司，比如万达，也在想能不能往线上走一走，想办法融合。目前都是刚刚起步，看不到真正的O2O平台和平台技术。在这样的情况下，我觉得机会对大家都是均等的。既然还没有一个大平台，我们愿意在这方面进行努力。

第三，要有真正的互联网思维。什么是真正的互联网思维？目前宣称做O2O的几乎都是线上公司，所以现在似乎形成一种舆论，好像只有线上公司才能做O2O。其实，我觉得这就不是互联网思维，互联网思维就是创新，就是没有定式。有一部分人质疑万达是做不动产的，怎么做电商？我们公司今天算正式签约成立，实际上搭建团队超过半年了，很多同事问我，究竟我们是从线上往线下走，还是从线下往线上走？我说这两个想法都是错的，我们不应该有线上、线下这种固定思维，我们要融合线上线下，形成互动融合的消费模式。万达电商一定不是卖商品的，而是卖服务的，会利用好我们线下的终端。中国现在的购物中心发展了几十年，商场发展了上百年，停车场多得是，现在连停车场的智能停车技术都没有，顾客来了不知道有没有停车位，有人抱怨说到门口两小时才能下去，下去了也不知道车位在哪儿，一层有1 000多个停车位，绕来绕去找车位要花很多时间。等从广场下到停车场又忘了车停在哪儿，有时候找一两层都找不到。现在做O2O，开发一套智能定位应用，就很容易寻找。

我和化腾、彦宏的思想是非常一致的，我们成立这个公司就是要研究如何把线下的广场等变成智慧的，这个才是O2O，而不是卖东西。至于电商的物理形象什么时候能展现，我想可能到明年。有人说万达电商成立已经两年，其实错了。我们自己的数据中心、自己的智慧系统、我们的软件都还没有完全研发出来，今年年底是试行，明年年底正式上线。从今年年底算起来，大约两三年时间，也许更快一点，一两年时间，万达电子商务公司是什么样的公司，会产生什么样的价值会逐渐清晰。

第四，我们做电商，既是需要也是责任。这不是讲大话，全世界消费市场几十万亿美元，中国的消费市场2020年肯定会超过10万亿美元，今年已经超过30万亿元，这么大的消费市场里至今没有O2O的平台出来。我们的O2O公司宣布投资50亿元，是我们三方出钱的第一笔投资，实际上五年之间我们总投资要将近200亿元，我们还会引进新的战略投资者。要做O2O的实验，金钱数量肯定很大。所以很多业界的同仁跟我们讲，说我们做电商就等着你们了，自己搞不起，也费劲，就看你们能不能做出来。我们一旦实验成功，除了万达自己2020年会有50亿人次使用，还有可能成为一个开放平台，中国所有搞度假中心、电影、文化、餐饮的都可以用，这个价值很大，我们是在为整个线下企业进行探索。

再次对李彦宏、马化腾两位董事长光临签约仪式，百度、腾讯能和万达达成合作表示感谢，谢谢大家。

附 录

▶ **百度公司董事长兼首席执行官李彦宏: 引领线上线下融合趋势**

尊敬的王健林董事长、马化腾董事长, 非常高兴能够来参加万达电商的合作签约仪式, 我觉得这个合作是代表一个趋势, 这个趋势刚才健林董事长已经讲过, 是一种融合的趋势, 是线上和线下的融合, 不是从一个方向走向另外一个方向, 既不是从线上走到线下, 也不是从线下走到线上。其实我在内部经常讲这样的话, 我说两边要往中间靠, 建桥都是从两岸到中间对起来, 这是最佳的方式。线上和线下的融合也是这样的方式, 而且我坚信这个方式是代表了趋势, 代表了未来发展的趋势, 代表了移动互联网的发展趋势。

百度在中国十几年的运行历史, 我们一直在试图说服实体经济的企业往线上走, 到现在可能有几十万家的企业通过百度的平台获取新客户、生意。现在整个IT产业变化非常快, 技术进步非常快, 我们的实体经济在拥抱新技术、新变化, 但步子走得并不是很快。去年开始我很着急, 我在联盟峰会上讲互联网在加速淘汰传统产业, 如果不拥抱互联网、不拥抱新技术、不拥抱移动互联网可能会被淘汰掉。

我们这么多年做下来有一些感受, 首先接受新技术的不是大型的企业, 不是成熟的企业, 而是小企业。百度最早的客户是网上的鲜花店, 它们最早接受新的技术, 对于大型企业什么时候能够完全地拥抱互联网技术、新变革带来的机会, 我认为是标志性的东西。大约半年前, 我和健林董事长都意识到现在这样的机会对我们来说都是非常不错的, 一方面中国的互联网经过这么多年的发展, 六七亿的网民, 移动互联网的成长更快, 我们过去觉得互联网的技术、创新主要产生在美国，现在很多新的技术、新的商业模式都是从中国开始的，很多创新都是从中国开始的。

　　几年前我去美国和业界的著名企业创始人、CEO聊天，他们总是觉得你们中国有什么？你们中国不就是在抄我们美国的东西吗？现在我再去和他们聊天，他们会说中国现在有很多创新，我们要关注中国。我跟美国的朋友说我在美国有一个房子，他说我在中国也要买个房子，要经常到中国看一看。最近有一批美国的企业家、创业者，他们经常来中国，来中国不是说我的产品怎么能进入中国，而是天天看中国产生了哪些创新，这是非常令人鼓舞的现象，也是非常令人鼓舞的时代。我有的时候讲，我们生活在一个魔幻般的时代，中国的市场是非常有吸引力的市场、高速成长的市场，技术的革新和进步都比以往更加快速，一年产生的创新相当于过去十年甚至更多的创新，特别是人工智能深入发展给我们带来无数新的机遇，包括O2O的机遇。如果一个人在万达广场逛街，发现一个女孩子的裙子很漂亮，拍个照片就知道是万达哪家店卖的。看到一个海报，就知道万达院线几点放映这场电影，可以完成选座和支付。线上和线下的结合已经走出了当年PC的时代。PC时代以百度为代表的搜索引擎做的是连接人和信息，人通过键盘输入关键字，我们帮他找到他想要的信息。移动互联网时代我们更多做的是连接人和服务，当你有需求，我们不仅可以告诉你在哪里能满足你的需求，而且我们能立刻满足你的需求。比如说电影票，我想要看电影，我在网上可以一直选到哪个座位，人走进去看就行了，这个趋势我觉得才刚刚开始。

　　这样的趋势要求我们线上互联网公司和实体经济有更紧密的结合，像万达、腾讯和百度能非常有效地推动人们与服务进行连接，更好地推动整个经济高速、健康地成长。很多时候我们看到线下有很多不够有效的运营方式，比如说机票，飞机总有坐不满的时候，怎样让每一架飞机都满，让它的运营成本可以下来，不光是机票，电影院、餐馆、卡拉OK都是同样的道理。怎样用技术、用运营的手段、用线上和线下结合的方式，提升我们所有的经济层面的运营效果，我觉得对我们来说是一个挑战，更是一个机会。我也希望借着这次万达电商的发布，借助三家公司的合作，能够看到为未来很多很多年、很多很多企业创造新的标准，把线上和线下结合做得非常完美，希望万达电商日新月异，不断创造新的辉煌。谢谢！

▶ 腾讯公司董事会主席兼首席执行官马化腾：连接合作伙伴转化开放平台

尊敬的健林董事长，尊敬的彦宏董事长，各位万达和百度的同仁，大家上午好！

我非常荣幸能参加今天万达电商的启动仪式。现在这个名字好像不是太完美，我觉得这个词确实会让很多业界的朋友产生误会，说我们是不是三个"土豪"又聚在一起，重新对已经发展了十几年的电商领域又发起一次攻击呢？这是错了，他没有看清趋势的本质。刚才两位董事长也提了很多，刚才在会前聊天我们也提到，电商这个词不完全准确，我也想了一下，它更多的是利用互联网、移动互联网如何把庞大未经开发的线下的经济实体，利用移动互联网的技术变成智能化，变成智慧、智能的商业可能更加准确一点。

这里是很庞大的市场，而且很复杂，完全不能用一个线上纯互联网公司的思维和能力做得了。过去移动互联网和互联网看到互联网对很多传统行业的颠覆、替代、更新，我感觉这只是一个初级阶段，未来很多行业都会利用互联网完成升华，如果他不用互联网技术他会在自己的同行中落后淘汰。互联网没有什么神秘，可以理解为过去的电力。没有电力，银行、股票经纪都在发展，保险很多行业都能做，有了电，电力公司会打掉所有的行业吗？不可能，能源公司能全部垄断吗？也不可能。是各行各业利用新的技术、新的能力完善产业的提升。这里面有众多的机会，谁能在这波浪潮里抓住机会，在未来你的垂直领域中竞争力会远远超过其他没有反应、动作慢的公司。

基于这样的前提，我们非常尊重和敬畏传统行业的每个大玩家，很深的行业支持，不是纯粹的互联网公司能自己做的。腾讯最近半年、一年，我们的很多发展思路有了很大的转变，我们把过去做的很多没有办法利用自身技术、自身能力和需要和其他垂直领域合作伙伴一起合作才能做好的领域，我们释放出去。我们集中精力做我们自己最擅长的，通信、社交、娱乐内容产业。也利用我们最核心的平台技术，希望能够成为一个不仅连接人和人之间的腾讯，还连接人和服务、人和商业的连接器，我们并不要求我们主导一切，我们只需要我们贡献作为连接器这一层的价值。要和连接器其他的端连接合作伙伴和商业机构，所以才会有今天的合作。

过去一两年和王健林董事长有过几次接触，我和Robin去拜访过万达，健林董事长介绍了很多情况，确实让我们大开眼界，过去大家以为万达只是房地产，但其实在房地产之后，万达发展了很多线下的文化产业、拓展了很多领域，都让我们觉得大开眼界。我和健林董事长说，这里有很多机会。在娱乐领域，线上和线下我们刚好都是做得最大的，都有数百亿元的销售额。现在线上娱乐和线下娱乐是截然分离的，我们感觉未来有很大的商机。这些不是通过电脑、手机就可以完成的，一定要线下体验。举这个例子可以看出有很多合作的机会。

微信提出连接一切的口号时，我也在积极地推进，利用移动互联网让很多的服务更加智能化，包括我们看到各行各业，不仅是零售，也不仅是文化，还包括很多金融、通信等行业，都有大量的O2O机会。今天我们迈出第一步，如何能够和百度一起参与到万达庞大的线下往O2O融合，利用互联网的技术，能让人们的生活更加便捷、更加智能、更加有效率、更加有创意、更加酷，我觉得这是非常有利的尝试。

国外也没有很清楚的案例可供参考，中国互联网发展到今天，过去很多人问，国外没有你怎么能做出来？现在可以看到中国的商业模式和很多方面甚至可以在全球领先。包括我们自身最核心的通信，我们看到微信和QQ都能利用移动互联网的方式走私密社交的方式，闯出全新的路。很多创新都是在国外没有的情况下，中国一样有能力可以结合自己的特色，只要你能抓住用户的需求、用户的重点，商业机会就会存在。以此平台，我也很支持健林董事长谈到的，不仅为了万达自身，它也是释放的平台，可以转化为开放平台，每个垂直领域，包括刚才提到的智能停车场、智能的参观和文化产业的项目，它都可以以此为基础发展出这一套全新的智能化的系统，完全可以开放给竞争对手和合作伙伴，这一块都在进行融合。

今天的合作大家看到，大家说BAT（百度、阿里巴巴、腾讯），我们和百度很少有大的合作，这次我们第一次携手，互联网的很多企业已经更加清楚地了解到融合竞合是未来的趋势，我借这个机会给业界发布一个消息，大家不用把互联网企业的竞争看成是硝烟弥漫、你死我活，其实大家都有自身的优势、有自身的劣势，更多应该携手团结起来做更多的事情，只要满足用户的需求，任何的合作都是应该多尝试的。

我借最后的机会，感谢今天参加本次大会的媒体朋友，我们之前的新闻稿写了，外界有一些误读，我们没有安排专门的问答环节，我们今天也没有念稿子，我们把大家的疑问希望能一一解答，谢谢大家。

CHAPTER 7

企业要追求品牌，
更要有社会担当

第七章

诚信使万达赢得市场

　　"中国信誉论坛"是由"中国质量万里行"和"中国质量报社"举办的论坛，吸引我国的许多经济学家、信用信誉领域的专家学者、政府官员和著名企业家利用论坛这个载体交流，对质量监督和打假工作进行深层次的探索。在第四届论坛上，王健林受邀成为主讲嘉宾。

　　在演讲中，王健林谈到诚信要反映在企业核心理念中、体现在企业的规章制度中、落实在企业的经营活动中、表现在企业的商品价值中，也正是因为万达坚持诚信，诚信也使万达赢得市场。

　　诚信是一个古老的话题，《论语》里，大弟子子贡问孔子治国之道，孔子讲："治国要义有三，足食、足兵、民信。""不得已而去之，何者为先？"孔子回答："去兵。""再不得已而去之，何者为先？"回答说"去食"，最后留下民信。孔子接着说了句名言："民无信不立。"可见中国是有诚信传统的国家，早在 2 500 多年前，先人就非常注重诚信。可最近几十年尤其最近二十年中国经济转型时期，出现了比较严重的失信问题，很多政府、企业、个人不讲诚信，假冒伪劣盛行。这些失信行为严重影响了国家的经济活动，也影响到中华民族的伟大复兴。

中国二百年前一直是世界经济强国，清初乾隆年间以前，中国的GDP总量还占到全世界的三分之一，后来才逐渐没落。现在中国要实现民族伟大复兴，如果诚信方面做不好，复兴的步伐会减缓，甚至有丧失复兴机会的危险。

下面我从五个方面介绍一下万达集团抓诚信建设的几点体会。

一、诚信要反映在企业核心理念中

现代市场竞争从产品、价格、品牌进入文化竞争。我在企业里经常讲一句话："人生追求的最高境界是精神追求，企业经营的最高层次是经营文化。"文化竞争主要反映企业核心理念的差距，反映企业核心价值观的区别。万达经营16年来，一直把诚信当作核心价值观来抓。16年前，我们就提出要"老实做人，精明做事"，后来我们根据实践不断提升这个理念。

1989年万达开发北京街小区，当时房地产市场完全是卖方市场，对于房屋的销售面积没有严格要求，一套58平方米的房子被开发商当作60平方米来卖是很寻常的，公司有的同志建议每套房子加3平方米，1 000套房可以多卖3 000平方米。但我们没有那样做，严格按照图纸面积来卖。

另一方面，万达十分注重按期交房，讲究守信。16年来，万达集团已经开发了上百个楼盘，开发总量近1 000万平方米，没有一个小区或一个工程误期交房。

房地产行业整体信誉度偏低，房地产最让人痛恨的是虚假广告，经常被评为虚假广告排行之首。万达非常注意抓广告诚信，特别规定，住宅房地产广告必须在总经理签字后才能登报，商业购物中心的广告要拿到总公司营销中心审批。在最高法院司法解释出台之前，我们就进行了严格的自我约束。

2003年，我们聘请了新加坡的战略研究公司，对万达集团的企业文化进行提升，出了五本书。在这个过程中，对集团部门经理以上的人都进行了访谈，近百名总助级以上骨干集中到大连，以无记名投票方式，选择大家最认可的企业价值观。投票结果显示，诚信排在了第一位。说明我们16年坚持把诚信当作企业核心价值观来抓已见到成效，诚信已经在万达员工心中扎下根。

二、诚信要体现在企业的规章制度中

诚信不仅是企业文化意识，也是道德规范，我们认为，诚信必须要体现在企业的管理制度中。商品房是目前老百姓生活当中购买的最大宗商品，是使用价值最高、时间最长的商品。万达讲诚信，就把商品房工程质量作为抓诚信的重点，强调工程质量。而且是在20世纪80年代末期，卖方市场的时候就注重工程质量。1990年开发大连民政街小区，5万平方米，8幢楼，我们主动要求四家施工单位工程质量全部创市优以上。施工单位却不情愿，因为当时"优质不优价"。按当时政府有关规定，市优产品，每平方米的预算只增加2元，省优每平方米只增加4元。而实际上，创市优每平方米要多投入10元，创省优每平方米要多投入20元。万达就下发文件，突破政府规定的框框，只要工程达到市优，决算时每平方米我们增付10元，达到省优，决算时每平方米多付20元。实行"优质优价"，从制度上落实了讲质量讲诚信。结果调动了施工单位的积极性，民政街小区有4栋达到市优，4栋达到省优，并有2栋被评为省样板工程。万达创造了全东北第一个住宅工程质量全优小区。

1992年，中国首次"质量万里行"到各地巡检，本来当时"质量万里行"到各地是以曝光为主，当看到民政街小区工程质量全优，破例决定奖给万达当年全国唯一一块"优质住宅工程"的奖牌。这个奖牌我们一直保留了下来。

1995年，万达集团又提出"消灭合格工程，争创全优工程"的制度。工程分为五个等级：合格、优良、市优、省优、鲁班奖。我们要求去除合格等级，最低要优良以上工程，自己给自己加压。

2000年，在内部充分讨论的基础上，万达集团重新修订下发了《关于加强工程质量管理的若干规定》，首次把工程质量和各公司的收入、奖励、晋升挂钩。

2003年，开发大连万达华府一期时，我们发现大连阿尔滨公司的工程质量特别好，就召集了全集团范围内的"工程质量现场会"，推行阿尔滨建筑公司的管理经验。各公司一把手、主管设计、工程的人员都到大连，开了一天现场会，上午参观，下午请阿尔滨公司总经理介绍经验，《万达》月刊专门报道此次会议。一个房地产公司主动为一个工程队召开工程质量经验会，全国罕见。

由于万达集团注重抓工程质量，所以从1995年以后开发的项目，基本上都是优良以上工程质量。大连海关大楼、大连大学、雍景台等工程，连获四项鲁班奖，在全国房企中是罕见的。

三、诚信要落实在企业的经营活动中

《礼记·大学》讲"诚于中，形于外"，诚信只有坚持落实到企业的一切经营活动中，诚信的理念才能扎实，才能形成真正的自觉行为。

1996年年初，万达集团针对房地产行业质量低劣、面积短缺、欺骗销售的普遍现象，在全国房企中率先提出"三项承诺"，从而闻名全国。第一，保证工程质量优良以上，保证不渗不漏，发现渗漏，赔款3万元；第二，保证销售面积与产权面积相符合，如果面积不符，缺一赔三；第三，为了保护消费者利益，从买房到竣工入伙60天的时间内可以自由退换房。

"三项承诺"在全国房地产市场影响非常大，甚至引起一些同行的不满，但我们坚持做下去，赢得了社会的肯定。2000年3月份，大连市政府专门下发文件，号召大连市建设系统向万达集团学习，据了解，市级以上的政府发一份文件号召向一家房地产企业学习，到现在为止，仅此一例。2000年6月，建设部、中消协、《经济日报》等六家单位在人民大会堂召开千人大会，专门推介万达的"三项承诺"经验，并且由万达集团倡议在全国开展销售放心房活动。时任建设部部长的俞正声同志也在会上发言，大力表扬万达集团。这也是建设部自新中国成立以来首次推介一个房地产企业的典型，到现在也无二家。

今年还发生了一件事情。我们原与某市政府签订了买地合同，总共买100万平方米的地，付了款，办了土地证，也按100万平方米批了规划，但其中部分地块涉及军队单位，政府未能实现动迁，就单方面修改规划，缩减了30万平方米的用地供给。我们原先按照100万平方米的面积做的规划，如今因不可抗力因素，只能调减。但少数前期买房入住的业主不接受，要求按照100万平方米规划的所有配套公建完全兑现。总裁会经过几次讨论，为了消费者的利益，更主要是为了万达的品牌，决定按照原先100万平方米的配套公建面积建设，并且多建一

个学校。

商业地产开发中，部分老百姓购买了商铺，不懂怎么经营，经营不好就投诉或闹事。尽管买卖合同中双方权利义务规定得非常清楚，但为了诚信，为了万达的品牌，对于这种情况，我们采取了扶持的政策，譬如引进大的品牌店，回租小业主的商铺，并保证小业主的适当回报。

四、诚信要表现在企业的商品价值中

企业经营当中，仅仅诚实守信是不够的，还要有更高层次的追求，就是为客户创造价值。

怎样创造价值？就是创新产品，物超所值，让忠诚万达的消费者有利可图。

万达开发商品房一是非常注意创新：包括户型、材料、环境都创新。二是注意适当留利：为老百姓保值。譬如香海花园，旁边的房子卖3 000元一平方米，我们卖2 800元；又如星海人家，配套全，教育设施好，环境也优，我们只卖4 800元一平方米；给老百姓留有价值空间。三是注重配套服务，特别是物业管理。由于以上三点，万达房子升值很快。香海花园售价2 800元一平方米，现在涨到4 500元；星海人家均价4 800元一平方米，涨到6 500~7 000元。我们开发的大连最好的两个小区，明泽苑和雍景台，到入伙的时候，每套房在一年之内都增值20万元以上。外地的项目，成都河滨印象，入住半年多，升值30%；南京江南明珠一年内升值40%。由于我们注重为客户创造价值，出现了全国罕见的"万达二手房现象"，万达的二手房房价都超过一手房房价。万达的业主，住几年卖掉房子，还可以保值增值。万达在为客户创造价值的过程中，使诚信有了更高的境界。

五、诚信使万达赢得市场

天津某小学搞了一次调查，内容是诚信有好处吗？要不要坚持诚信？调查结果显示超过一半的小学生都认为没有必要讲诚信，讲诚信会吃亏。这提出一个问题，在现在市场经济条件下，诚信是可有可无的吗？讲诚信有没有好处呢？

我想从理论和实践两方面来回答。

第一，诚信是市场经济的必要条件。

经济发展的历史其实就是信用发展的历史。最早的实物交换阶段，以物换物，对信用要求不高。经济发展到一定阶段，出现了货币交换，这时候产生了信用，一张纸或一把币，就代表了商品的价值。随着经济进一步发展，货币交换适应不了要求，出现了电子汇兑、支票、信用卡等交换方式，产生了信用经济。这时候，一切经济活动都要靠信用来联系，生产、分配、交换、消费四大环节都要靠信用来支撑。所以现代市场经济不是要不要讲信用的问题，而是必须讲信用的问题。

第二，万达的实践证明，讲诚信是大有好处的。

不可否认，讲诚信所付出的价值成本和时间成本都要大一些，做优质工程，材料、人工就要付出多一点。诚信的成本高，这是事实。从这一点看，讲诚信吃了点亏，但是实际上，讲诚信是吃小亏占大便宜。从长远上看，讲诚信获益多多。

首先，万达16年来注重坚持诚信，获得了政府和有关方面的信任。万达集团被国家工商总局评为全国首批"重合同守信用"单位，在大连排第一名。辽宁省工商局评选万达为省知名企业，商标价值是辽宁省第一。省、市税务部门都评万达为"诚信纳税A级企业"，辽宁省银行同业协会评定万达为"守信金融客户"。中国工商银行、中国银行等一些大银行都给予万达巨额的授信额度，尤其在今年宏观调控背景下，中国银行总行授信万达25亿元。

其次，诚信使万达成为品牌。什么叫品牌？品牌有两大核心要素，消费忠诚度和差异性。第一是要有消费忠诚度，国外有很多宝马家庭、奔驰家庭，几代人都买这个品牌，许多人的西装、化妆品，一生只用一两个品牌。第二是品牌要有差异性。奔驰、宝马都是德国造的高档汽车，丰田和本田都是日本造的中档汽车，但产品感觉不一样。同样是可乐，可口可乐和百事可乐给人的感受不一样。由于万达坚持诚信，获得了广大消费者的认可，形成了一定的品牌形象。万达16年来，开发了近千万平方米的住宅和商业用房，一直保持了一个骄傲的纪录——零空置。什么原因？除了性价比、质量好以外，还包括了一定的品牌消费忠诚度的因素。不久前，房管公司做了一次客户调研，结果发现，三分之一的购房者是老客户多次购房或推荐购房。大连有一位客户，曾八次购买万达的房子。这说明，尽管在消费忠诚度最差的房地产业，我们也可塑造品牌。

第三，诚信使万达获得新的商机。万达集团2000年开辟了新的产业，从事商业地产开发，至今已开发近20个购物中心，其中有12个购物中心开业。我们与很多租户结成了战略合作伙伴，其中15家是跨国连锁企业，有8家是世界500强企业，包括世界最大的沃尔玛公司，世界第一文化传媒品牌美国时代华纳公司，双方签订了战略合作协议，愿意一起合作在国内发展。预计到2006年，万达的购物中心的租金收入将超过13亿元，有可能达到15亿元，形成万达集团新的利润支柱。到2010年，力争做到50个购物中心，租金收入达到50亿元。

为什么这些著名的外资企业愿意与万达合作？除了万达有16年之久的历史和跨区域开发经验，最重要的一点是，他们看中万达的诚信度。我们也始终努力维持诚信企业这一形象。

所以，只要长期坚持诚信，不仅能做好原有的生意，还能有新的商机，有新的生意。万达的实践证明诚信是有价值的，有好处的。

新阶层人士要带头承担社会责任

2008 年 5 月 28 日至 29 日，大连市委统战部在大连市委党校举办了"2008 年大连市新的社会阶层代表人士培训班"。王健林受邀做了《民营经济发展的历史机遇与社会责任》的演讲，共有 180 余位新阶层代表人士参加了培训。

在演讲中，王健林提出"民营企业家赚大钱真正的秘诀，就是带头承担社会责任，带头做好人，带头做好的企业家"，深入剖析了企业家的社会责任问题。

新阶层人士为什么要带头承担社会责任？我认为有四个方面的原因：应该富而思源、做到义在利先、追求财富品质、更好才能更快。

一、应该富而思源

先富起来的一部分人，我们就要思索，我们的财富是怎么来的，是不是单纯凭个人本事挣来的？这是一个命题。

我经常在公司里讲这一句话：我们中国聪明人口的比例不会是现在 10%，30

年前就是1%，应该说聪明人口的比例差不多；而为什么改革开放前，就没有人富裕，现在却有这么多的富人？大家应该想到，我们获得财富最根本的原因是源于改革开放和富民政策，没有小平同志推动改革开放，没有"让一部分人先富起来"的政策，你就没有本事去发挥。这如同演员没有舞台，你怎么去表演呢？所以没有改革开放这个大舞台、大环境，我们不可能有这么多人先富起来，这是最根本的原因。

当然，也要承认个人的作用。同样是一个大舞台，同样是小平同志推动改革开放，为什么只有一部分人先富起来呢？在同样的环境中，个人有本事，有聪明才智，就获得了财富。但最根本的还是党的富民政策和改革开放，所以我们不能有"觉得成功完全是依靠我自己的本事"这样的精英意识，瞧不起普通群众。正因为知道我们的财富是来自国家的改革开放政策，所以作为先富起来的人，理所当然要富而思源，感恩国家，理所当然应把财产当中的一部分拿出来回馈社会。

今年是改革开放30周年，改革开放给我们国家带来了什么？我认为，改革开放最重要的成果之一就是产生了民营企业，没有改革开放就没有民营企业，就不会有新阶层人士。因此，民营企业人士就成了改革开放30年来最大的受益者，当然要带头承担社会责任。

二、做到义在利先

不管做什么企业，都是在做生意，做生意就有做生意的规矩，那就是赚钱。不赚钱的企业是不道德的，违背了生产经营的基本准则。但是，是不是我们在赚钱当中就要利益高于一切，或者说股东利益最大化？这值得思考。西方在30年以前最流行的一个词，就是"股东利益最大化"，现在我们有些上市公司的老板和董事也这么讲，这是错的！比如一家制药厂不加任何措施，将污水直接排放到河里，这样做是赚钱了、股东利益最大化了，但社会利益最小化了、人民利益最小化了，怎么办？

因此我认为，在做生意的时候，赚钱是基本准则，但是应该义利兼顾、义在利先。古人说"义利兼顾，义在利先"，就是要我们一定搞清楚，"利"和"义"

哪个在前面，不能赚黑心钱。义利兼顾是我们中国商人传统的美德，作为现代生意人，我们确实应该好好思考，明白二者的辩证关系，做到"君子爱财，取之有道"。其中的"道"就是"义"，就是道德，在有道的前提下，赚更多的钱，多多益善。所以我们做生意，要学会选择，社会责任在前，赚取利润在后。

三、追求财富品质

我认为，赚钱有三个目的，或者说财富有三个层次。做生意为了什么？为什么要赚钱？其实是有高下之分的。最基本的层次，赚钱为自己。这个"自己"当然也包括家人，让全家活得更好、舒坦点。这没有错，但这不是高层次。我前两天去武汉参加中部博览会，我在武汉市最繁华的主干道上看到一个大幅广告，是楼盘广告，广告词是："赚钱不享受，为什么？"内容是说，我这个楼盘很好，你赚了钱就应该享受、买楼。其实这话不错，这是所有做生意人当中，最基本、最简单的想法，也是可以理解的。我一开始做生意的时候，也没有多么大的志向，只想要我的家人和我的员工活得更好一点就行了。

第二个层次，就是赚钱为名利。赚了1 000万元就可以使自己过得更好，但赚了一亿元、两三亿元的时候，赚得更多的时候，就不是为了自己潇洒，而是为名利。有些人为什么赚到10亿元、20亿元还在奋斗？对他来讲，赚钱不是为了享受，不是为了自己，他有更高一层的追求，是为了扬名立万，为了证明我行、这个行业里我是精英。

最高的层次，就是赚钱为社会。最近30年以来，欧美尤其是美国比较流行的一个词是"社会企业家"，这指出了企业家赚钱的最高层次，赚钱就是为了社会，为了成为社会企业，为了成为社会企业家。

美国在20世纪50年代初期开始了一场关于财富观的大争论，也是一场思想运动，发起者就是美国著名的企业家、当时的首富"钢铁大王"卡内基，他当时宣布把自己的所有财产捐给慈善机构。他说过一句话："人在巨富中死去是一种耻辱。"他这种做法在当时还不被很多人理解，有很多人批判他。但是在逐渐的争论当中，人们认识到卡内基是在弘扬慈善文化，这是一种新的财富观，就是一生追求财富就是为了贡献给社会，这个思想现在成了美国财界的主流。

我举三个例子：一位是比尔·盖茨，500多亿美元的资产，是世界首富。他宣布，他的财富只留一点给他两个孩子，剩下全部捐出来成立"比尔与梅琳达·盖茨基金会"。还有一位是"股神"巴菲特，在世界财富榜上排第二，据说2007年他已经跃居第一了。他不但把自己的四五百亿美元捐出来，而且把自己的钱捐给了"盖茨基金会"。因为他通过十几年的观察，发现"盖茨基金会"非常专业，他觉得自己做基金做不过比尔·盖茨，就把钱全部捐给该基金，连名字都不留。还有就是美国现在的财政部长保尔森，曾是美国高盛的首席执行官，按照约定他拥有该公司20亿美元的期权，但当他就任财政部长的时候，他做出了决定，把20亿美元全部捐给了慈善机构。他捐的时候说了这样一句话，令全世界都想不到："我有两个女儿，你们知道我是多么爱她们，所以我把钱捐给了慈善基金。"大家也许很不理解，这话怎么说反了？他的意思是：正因为我爱她们，所以我希望她们能独立。这就是财富的品质。美国已经形成了这样一种文化，就是富人如果不做善事，不把钱捐出来，会受到舆论谴责，压力很大。

现在中国正处在财富快速增值阶段，我曾经有一个预言，十年之内，中国大陆企业家一定会有一个或几个人，进入世界首富前十名的榜单中，华人富豪的前十名可能有八个是咱们大陆的企业家。我想中国再经过20年左右的发展，中国的财富观一定会发生变化，一定会像现在的美国一样，谁的财富品质更高，谁在社会上就更有地位，更受人们肯定。作为新阶层人士、民营企业家，谁能更早认识这一点，谁就肯定会在社会中做得更大，成为一个伟大的企业家。

四、更好才能更快

怎么做生意才能赚到钱，赚大钱，或者说企业怎么做能发展更快？这个问题很多人都在思考，现在社会上出了很多书，什么《赚钱的秘诀》、《经营的100个诀窍》……这种书很多。我要提醒在座各位，如果谁迷信这种书籍，就要倒霉，照这个书籍上的诀窍你去试，保证不行。怎么发展更快，我有一句话，就是8个字：小胜靠智，大胜靠德。这是我自己总结的，但这8个字是古人说的。可能大家也知道，20年前我下海的时候是区办公室主任，当时万达的前身公司负债390万元，整个西岗区财政一年才600万元。于是就招贤，说谁要是能把这个贷款还上，就把这个公司给谁。我想这是一次挑战，决定去试一试。如今经过20年的发展，万达已经成为中国民营企业中的佼佼者。

我们有一个计划是准备上市，如果上市，万达将会成为资本市场非常巨大的企业。我们还创造了独特的城市综合体财富模式，在做五星级酒店、文化产业，赚钱非常多。怎么做到的呢？很多人问我，为什么赚了这么多钱？我也在思考，是智谋、能力，还是我的团队？好像都有点关系，不过如果要一句话说破，就是：你只有做好人，做好的企业，才能发展更快。

我举两个例子。第一个例子，万达1990年拿到沙河口区民政街的开发项目，那时我刚做房地产生意两年，我就决定，国家的工程标准都是从合格、优良到市优、省优、国优，万达要做到市优以上。施工单位说不干，如果慢工出细活，赔钱！他们说，老总，你做个合格就行了。我说不行。施工单位商量了半天给我一个报告，做市优每平方米比合格多10元钱，做省优每平方米比合格多20元钱，算一算5万平方米大概要多花100万元。我就决定要做，宁可多花几十万元。结果我们的8栋楼，4栋楼获市优、4栋楼获省优，2栋楼被评为1991年辽宁省的样板工程，观者如云，房子也很快就卖出去了。1992年中国举行"质量万里行"活动，主要任务是曝光伪劣产品，一个星期后要我们去组委会，发给万达一个奖牌，叫"优质住宅工程"奖，这是当年全国发出的唯一一块优质奖牌。本来他们没有颁奖的任务，看到我们有这样的质量意识，就破例颁发了一个优质奖牌。这块奖牌至今还保留在公司的荣誉室里。

第二个例子是1995年，万达集团做了一个决定，取消合格等级，万达集团所有开发的项目，不管是住宅还是公建，都取消合格等级，必须全部优良以上。这意味着我们一年要多付几百万元，我们自己给自己加压。表面上看，我们很傻，我们的员工也有压力。但是我们的这个举动赢得了好的口碑，当时在大连市以及其他城市，赢得了一个"住好房，找万达"的口碑。因为质量好，口碑好，在1993年到1998年房地产非常难做、房子非常难卖的时候，万达每年开发这么多面积，始终保持一个很骄傲的纪录，我们的房子都是零空置，没有一套房是在竣工拿到钥匙以后还没卖出去的。而且还有一个现象，同样的房子同样的地方，别人单价5 000元一平方米，我们一定是6 000元，别人4 000元一平方米，我们一定是5 000元，高出别人一些。

事实证明，做生意，如果追求品质、追求品牌，市场都会给你好的回报。你不去宰人，往往赚更大的钱；你去宰人，耍小聪明赚小钱、赚快钱，但是赚不了大钱、长钱。只有靠德行、老百姓口口相传的口碑，才能帮你赚更大的钱。我自己的体会，万达这些年发展比较快，正因为我们有这方面的追求。万达广场有一个很令人骄傲的纪录，万达的项目竣工就开业，开业就是满铺开业。也正因为口碑好，我们获得了银行的大力支持和信任。现在，万达成为中国银行、中国农业银行、中国工商银行三个总行的"总对总"服务客户，全国房地产企业仅此一家；万达也是中国第一批被央行批准的"房地产企业金融改革试点"。

因此，小聪明是小胜，大道德才能大胜，做生意的人一定要明白这个道理。不要以为我成功了，台上怎么说都行。我在一开始，这个想法也是朦朦胧胧的，就是想对得起老百姓，有良心。从小读孔孟之书，受儒家思想影响，只想为善。后来慢慢成熟，眼前的世界更开阔，就认识到这些年是品牌的积累，各方面都信任我们，才造成了所有的东西都追逐你，发展才更快。总结起来，民营企业家赚大钱真正的秘诀，就是带头承担社会责任，带头做好人，带头做好的企业家。所以古人说两个字，"舍得"，能舍能得，不舍不得，我们要深入地思考一下。

慈善不要作秀

　　我想讲不要作慈善秀，慈善是全人类共同的美好精神家园，也是中华民族几千年的传统，慈善事业应该是一种真诚的帮助，帮助别人的同时自己也能获得满足感。

　　中国的企业家群体，绝大多数这些年慈善意识提高，都是真诚地从事慈善这项工作，改变了社会对中国企业家，特别是中国民营企业家的一些认识，大多数群众认识都是正面的。

　　但是在企业家当中有极少的一部分人，不是把慈善当成是真心的事业去推动，而是当成作秀。

　　大概有这么几个方面：一是数字秀。做善事帮助别人应该是实实在在的，甚至是默默无闻的，可是有一些人做慈善不是这样的，他在数字上作秀。明明捐了一元钱，他说捐了十元钱，明明只捐一万元钱的物品，他报捐了几万元钱。各种各样的慈善榜单经常"打架"。一些企业发布的数字都令人吃惊。有的说一年捐赠十几亿元甚至几十亿元，这个超出了慈善正常的常识。靠拼命扩大数字来吸引眼球，获得社会的一种承认。有一批这样的人特别热衷于在数字上做游戏。

第二是媒体秀。其实真正从善，应该是默默无闻的，是一种实实在在的行动，可是有一些人做慈善叫得震天响，做任何一件事都恨不得有媒体、电视台跟着，甚至完全从宣传角度、扩大影响角度，设计自己从事慈善的行为，哪种行为吸引眼球、注意力高、传播力广就做什么。

比如捐钱或者捐现金，老老实实捐现金就行了，现在电子商务这么发达，汇款也是很好的途径，有的人非得把现金摆那么高，好像他捐钱多，其实不多。有的人说行善为了宣传做了一个开头，获得宣传的作用之后，根本没有把这个事情往下推动。这样的事情不在少数，而且媒体多多少少起到了推波助澜的作用。慈善的事不是震天响、不是吸引人，需要的是实实在在地做。我觉得这个问题是特别突出的一个问题。

还有一种是面子秀。什么叫善？怎么行善？我觉得实实在在的善，除了自己的家人，作为一个企业家首先应该善待自己的员工，企业发展成果首先惠及员工，然后才能说惠及社会帮助别人。如果企业家连自己的员工都不善待，员工收入很低，流动性很高，他还到外面作秀，甚至贷款去捐款挣面子，我觉得这就不是好的慈善。

我觉得行善应该首先惠及自己的员工。企业发展首先目的不是为了行善，企业发展最核心的目的，是为了把企业做好，企业的员工能够享受企业发展成果，这是作为发展企业最根本的目的。不要搞颠倒。

还有一些企业几乎看不到纳税记录，但是还说每年捐了多少款。当然了，捐款可能是比较好的事，所以税务局也没有追究它是不是纳了税。

我觉得要使中国慈善真正扎扎实实地做大、做好，真正地深入人心，成为我们企业家真诚的行动，是需要把刚才我讲的这些方面，还有其他方面的问题，坚决丢掉。

也希望媒体、社会舆论，更多弘扬宣传那些默默无闻做了很多事情的人。我看一些报道，在山区里，老人坚守几十年为了大家修一条路，他有什么关注度？还有捡破烂的一个人，坚持捐助十几位学生上学，谁又去注意捡破烂的人？反过来，越是作秀，关注度越大。我认为慈善应该把这方面的问题解决。

我作为中国企业家，努力把我的公司做好，发展成一流跨国企业的同时，实实在在地行善，不为了吸引别人的眼球，不为争面子，实实在在做好慈善。

让慈善成为企业文化

各位嘉宾，大家上午好！

万达集团是 1988 年成立的，到现在已经超过 26 年了，截至今年 6 月 30 日，我们现金捐赠超过 37 亿元人民币，这个捐赠数额在全国企业中应该是最多的。中华慈善奖一共颁发了八届，我们曾经七届获奖，这在中国企业中也是唯一的。这些虽然是值得我们自豪的，但我觉得万达还有更骄傲的事情，那就是万达义工组织。

第一，万达义工是全国最早成立的企业义工组织

早在 1994 年，万达当时颇费周折成立了第一个企业义工组织，因为当时慈善总会在中国很多地方还没有建立起来，企业义工组织更少见，全国性的企业义工组织当时算挑战了政府审批难度，随着万达 20 世纪 90 年代开始在全国跨区域的发展，我们慈善义工组织随之在全国成立。截至现在，我们在全国有 917 个义工分站，义工人数超过 10 万人，这恐怕也是中国最大的企业义工组织。当然也有企业的员工人数比我们多，但义工不一定比万达多。2014 年上半年，企业各个义工站组织的义工活动一共进行了 697 次，员工有 52 715 人次参加。

第二，万达员工人人都是义工

万达员工入职聘用时有一条规定，只要你愿意加入万达，必须自动承诺参加义工，如果不接受这条，我们也就不录用你了，在续签合同时也是一样，而且要求成为义工后每年至少做一次义工。这样的话，我们所有的员工都成为了企业的义工，我相信随着万达这个企业组织的发展，我们的义工人数也会越来越多。

这个活动基本上得到了绝大多数人的认同，但也有极个别一些年轻同志不认同我们这种理念，觉得我到企业来就是来工作，干吗要成为义工？我们南方某个项目公司的员工为此还去投诉，后来我们把这个员工劝退了。

虽然我们要求大家做义工，但我们不主张员工捐更多钱，捐钱主要是企业出面来捐。我们企业有个基金，每年会做出安排，我们已经连续三年每年安排4亿元公益捐赠额。因此我们对于员工的要求，就是多一些行动，每年至少做一次义工，常年坚持下来能够有一颗善心和公益情怀。

第三，创新义工活动的内容

义工组织怎么搞很重要。义工组织有多种做法，可能最早的时候我们义工组织会做一些比如捡垃圾之类的服务，后来发现这种活动随意性比较大，对员工教育意义也不大，后来我们就明确一条，就是做大"定点帮扶"。每个所在地区、每个类型公司，不管是房地产、零售，或者文化企业，都要有一个定点的帮扶机构，这样长年累月地坚持下来，就会对帮扶对象有一定帮助。当时我们帮扶了大连普兰店市的一个乡，经过我们多年的帮助，这个乡的人均收入已经在当地脱贫。

还有比如我们万达南宁项目公司的义工站，因为这个义工站常年帮扶一个希望小学，活动做得有声有色，这个义工站被评为广西示范义工组织，活动做得非常好。还有我们的创新公益活动"心灵之旅"，这个活动坚持了差不多十年时间，就是每年每个地方公司到贫困地区访问一次，为什么这么做呢？现在总体来看，我们企业毕竟都在中等以上城市，而且员工收入相对比较高，时间一长他的人生坐标、比较对象、参照系数，都发生变化了，可能就是追求房子、票子、职务晋升等等，那么我们要求大家每年访问一次贫困村，体会一次地区差距、城乡差距有多大。我们曾经看过我们员工写过一篇文章，就是北京房山区某个村，离我们CBD 100多公里的地方，就能看到相当贫困的农村，所以很多在北京、上海或者成都、武汉这些城市生活发展的人，可能还体会不到中国现在的区域差距有多大，很多地方确确实实需要帮助，需要我们每年做这样的公益活动。

另外，我们每年要组织全国性的义工联动活动，100多个城市，每年都统一组织统一行动，比如我们连续三年组织关爱打工子弟学校活动。为什么要组织这个联动活动？这跟我们企业组织性质有关系，我们做不动产，施工人员95%都是来自农村，打工子弟的境况可以说是相当困难，上学的地方经常是一两年一换，没有人、资金支持这些学校，他们也不能参加当地的考试，师资也很差。基于这种情况，我们要求尽可能当地定点帮扶一个打工子弟学校，现在已经连续三年做了关爱打工子弟学校这么一个全国性联动活动，效果还是不错的。

第四，让慈善成为企业文化

为什么我们这么看重义工组织？就是我们意识到，在企业有钱之后，企业拿钱做慈善的时候，如果不在企业当中普及一种慈善文化，这个事情仅仅变成老板个人的活动，员工不理解、不支持，那么这个活动也不能持久。所以我觉得让慈善的理念成为绝大多数员工共同的认识，成为一种文化，这是我们所追求的。所以我们自己企业的网站、月刊、手机报，经常报道慈善义工的特色活动。

同时，每一年在全集团评选100名优秀义工进行褒奖，甚至予以职务晋升。我们大连有个女员工，搬了三次家，目的就是追随一个孤儿学校做业余老师，那个学校因为租房总变就频繁搬来搬去，她为了当这个学校的老师也跟着搬了好几次家。这个事情我们开始并不知道，后来被她的同事一次演讲时提到，我们觉得是很好的典型，予以通报表扬，给她直接晋升两级工资。

万达每年出一本《万达故事》，会包括义工故事，而且每个故事都有主角、有照片，现在已经出了十几本《万达故事》，每年发给每一位员工。而且每年集团年终总结都要总结慈善义工的工作情况，希望通过所有的手段，在万达形成慈善是我们企业文化重要内容的共同认识。

　　我希望我们企业将来能够发展得更好，有能力捐助更多的人，同时我们员工也都在我们这个企业组织当中学习进步，形成一种慈善文化，每个人能够尽可能地保持一颗善心，无愧于社会。

CHAPTER 8

企业经营的
最高层次是经营文化

第八章

万达的企业文化

企业文化是个非常大的题目，我把自己的看法提出来，供大家研究和探讨。

一、什么是企业文化

第一，什么是企业？

企业大家都知道，是从事科研、生产、经营管理的组织，这很简单。

第二，什么是文化？

为了讲这一课，我专门查了几部大词典，《现代汉语大词典》中对文化的解释是：文化是人类社会精神文明财富的总称。还有的解释更简单，说文化就是人类文明的进步演化。无论从哪本书来看，对文化的解释都是历史的概念。我个人理解，既然文化是一个历史的概念，它就不像文凭，不像学历，不像职称，它既包涵这些内容，又不全部是这些。很简单嘛，有文凭并不等于有文化，研究生、博士生在大街上随地吐痰，喝醉了酒随地大小便，这叫有文化吗？肯定是没文化。平时交往当中张口就是粗话，也肯定属于没文化，所以说，我认为文化是包涵很广泛的一个历史概念。

第三，什么是企业文化？

既然知道了企业和文化的概念，那么大家一定知道企业文化绝对不是企业加文化，什么是企业文化呢？我发现对企业文化的解释也是各种各样的，根据我个人的体会，企业文化是企业在长期生产、经营、管理实践中，逐步形成、不断发展的具有企业特色的理念、价值观、制度、行为方式等等的总称。企业文化重点把握五点概念：

1. 长期

企业文化一定是长期形成的，短命的企业不可能有企业文化。用国际的概念来讲，10年以下的企业称为短寿企业，10年到30年的企业称为中寿企业，30年以上的企业称为长寿企业。但最长的企业两三百年就到头了，没有千年企业，我看企业和人一样，也会有生生死死，也会有发展、兴旺、衰落的过程，因此才会造就有创新的生产经营活动，创造有特色的企业文化。根据我刚才讲的国际上通行的概念，我们可以判断，一定是中寿以上的企业，至少超过10年的企业才会形成具有本企业特色的企业文化，企业文化一定要通过长期积累才能形成。

2. 实践

企业文化是企业在长期生产、经营、管理的实践中形成的，企业文化虽然属于精神的范畴、文化的范畴，是历史的概念、精神的概念，但一定是在实际工作中形成的。一般来说，企业家是企业文化的创造者、发现者，企业文化是由企业家或企业家群体发现、提炼，逐步在实践过程中形成的。比方说"海尔真诚到永远"，"顾客是上帝"等等提法，就是国内著名企业海尔的创立者张瑞敏先生在长期生产管理实践中不断提炼出来的内容，这样逐渐形成了独具特色的海尔文化。美国通用（GE），有一个著名的首席执行官韦尔奇先生，在他之前也有通用文化，但他把通用文化提升到了全球崇拜的程度，所以他也被称为"全球第一CEO"。

3. 逐步

企业文化的形成一定是一个逐步发现、完善，逐渐为员工认同的过程。它绝对不是一两个月，一年两年形成的。在发现企业文化之后，不断灌输，从而被员工认同。只有被员工认同的东西才能称为企业文化。

4. 发展

我的理解是企业文化一定是与时俱进的，一定是发展变化的。通用集团最早生产电灯泡，生产一些电器开关，这时候的企业文化是电子类的。后来随着企业的发展，造汽车、造飞机等等，形成了非常多元的文化，具有自己的特点。万达也一样，万达最早提倡老实做人，然后觉得老实做人还低了一点，改为诚信经营，一再强调我们企业文化的核心就是诚信，现在我们把企业文化的核心又发展到百年企业。万达已经有15年了，已经是个中寿企业，有了15年的历史我们才可以提出做百年企业。如果只成立3年，我们就提出做百年企业，那显然是不现实的，所以企业文化是有发展变化过程的。

5. 特色

企业文化有两大特征。第一就是差异性，企业文化一定有自己的特色，同样是造汽车，丰田和奔驰的文化一定不同；同样是造电器，TCL和海尔的文化有明显的区别；同样是房地产企业，万达与万科的文化差异很大，我想大家也都能感受出来，万科的文化可能文化气息更浓一些，从它的周刊就可以看出来。我们万达自己的企业文化更多地讲究低调、讲求实际，两者不尽相同。所以，凡是称之为企业文化的，一定是有差异性的，具有自己的特色。

第二个特征是不能复制、不能模仿，如果说一个企业的文化可以是万达的，也可以是万科的，也可以是中海地产的，这肯定就不是企业文化，企业文化一定具有差异性，不能复制、不能模仿。所以才说企业文化具备核心竞争力，企业文化才是企业最核心、最有效的竞争力。我在四五年前讲过，"人生追求的最高境界是精神追求，企业经营的最高层次是经营文化"，就是指这个概念。

二、企业文化的分类

主要分三类：精神文化、制度文化和行为文化。

精神文化就是企业的理念、宗旨、价值观。就像我们万达提出来的"老实做人"，"诚信经营"，"保持低调"，"做百年企业"等等口号，这就属于精神文化的范畴。

制度文化就是企业的管理制度，譬如我们自己的财务委派制度、人力资源制度、招投标管理制度。就像我们提出来的"靠制度管人，不靠人管人"，这就是我们的制度文化。今年万达集团要出三本关于制度的书，房地产管理公司、商业开发管理公司，包括销售部门都已形成了自己的制度，哪一步该怎么做，哪一步该请示谁，这是形成了自己的制度文化。

行为文化就是企业的标识、形象、作风，平时的外在形象。我们万达规定，员工上班夏天穿衬衣戴领带，冬天穿西装戴领带。我们的爱心捐助，捐体育馆、捐学校，这些都是企业的行为文化，企业行为文化是受精神文化指引的。

三、企业文化的作用

企业文化绝对不是可有可无的，现代企业已经从卖产品、卖质量、卖品牌，进一步发展到卖文化，已经从经验管理、制度管理发展到最高层次的文化管理。

美国企业家发现一个很怪的现象，企业的员工，一开始靠严厉的制度管理，很快生效，但时间一长就不好管了。后来又靠发奖金，一开始挺有效的，过了一年两年后，这也失效了。后来他们提出来把企业股票以期权的形式发给员工，跟员工讲企业怎么发展，将来企业发展做大，每个员工可以从中获得什么样的好处，员工干劲就来了，而且持续好多年。这就说明，用文化的概念，用认同的目标来激励大家，比任何东西都更有用。当然我认为万达现在还没有到文化管理这个层面，现在还是靠制度管理，我们还在向前发展，争取有一天，大家聚集在一个共同的理念下，都能认同万达的发展目标，认同我们的企业文化，使企业目标和个人目标完全一致，自觉自愿地投入到企业的生产经营管理当中去，自觉自愿地为企业的发展付出努力，这个就是最高层面的东西了。

说来说去，我认为企业文化有四点作用：

第一，培养人，塑造人。

企业文化说白了就是用共同的理念、价值观来引导约束员工的发展，达到企业发展目标和个人发展目标的统一，所以说企业文化的作用之一就是培养人、塑造人。我们提倡企业文化，就是想把企业的目标变成员工自己的目标，企业目标和个人目标统一。美国沃尔玛公司企业文化最核心的部分就是"节约"和"平价",他们在每家店的外面都写着"天天平价",表明每天都打折,不是某一天才打折,他们用这种文化不断灌输、培养、塑造他们的员工,只要你到沃尔玛,愿意在沃尔玛干下去,你就要认同这种文化,从而为实现这个观点做出自己的努力。沃尔玛的员工的的确确把这两点贯彻得非常好,尤其是他们节约的概念。据我了解,沃尔玛的全球总部至今还在最初的小镇上,一层平房。他们不是没有钱,他们的全球计算机系统投资200多亿美元,全球第二,仅次于美国五角大楼,他们有的是钱。他们的全球总裁李斯阁先生的办公室只有12平方米,几个全球副总裁共用一间办公室。他们为什么要这样做?就是要用这套行为方式,用他们的企业文化,告诉每一个股东,告诉每一个顾客,沃尔玛在节省每一分钱,因此他们的东西最便宜。

沃尔玛亚太区总裁率领全体高层八个人,上周一到我们公司来访问,我特地问他们住在什么地方,他们说住在香洲饭店,因为香洲饭店便宜,100多元一间,而且出门也是集体坐依维柯。沃尔玛的人跟我们一起出去,亚太区总裁也好,发展总监也好,不论职位多高,都是住最便宜的饭店。但沃尔玛公司给他们员工的工资又很高,一点也不抠门。大连店店长的月薪就是好几万元。所以说,企业文化最重要的作用就是培养人、塑造人。

第二,增强凝聚力。

用共同的价值观、理念来同化员工,来增加企业的凝聚力,这个比制度约束、物质吸引更管用。我们万达集团成立15年以来,骨干员工流失得非常少,是什么原因?不在于一流的薪资水平,现在北京、上海、广州、深圳待遇好的公司有的是,更重要的是企业的发展前景,发展预期好(这是股票市场最重要的概念,就是预期好)。尤其近几年的发展速度,在这种健康高速的发展当中,个人事业就能有更大的平台,随着企业的发展,个人的物质待遇会更好,我想就是我们企业的发展前景,和我们的"感情留人"、"事业留人",再加上我们企业文化当中一些朴素、真诚的价值理念吸引人。所以这15年来,我们的员工流失是很少的,尤其是骨干员工。房地产企业的员工流失是非常严重的,很多企业,骨干员工平均每年流失25%，还有些企业三年员工全换新人。这样高速流动，很难相信他们的企业文化还能贯彻下去。企业文化是靠人来贯彻，靠人来执行的，一年两年是不可能融入企业文化的。

第三，加强企业管理。

古人讲，"没有规矩不成方圆"，企业文化很重要的组成部分就是规范的管理制度。这种规范的管理制度能保证企业按照自己的预期目标，健康正确地发展，所以企业文化的重要作用就是强化企业管理。

为什么房地产企业很难跨区域发展，就是它很难管理，很难把握。我们万达已经发展到22个城市，我们的商业开发一年发展七八个项目，如果没有一个有效的、针对性强而管用的管理制度，这是不可能的。所以万达集团提出了加强集权管理，财务实行轮换制度，都是起到强化企业管理的作用。我可以这么说，如果我们万达集团的管理制度持之以恒地坚持下去，再不断总结提高的话，我们的制度一定会成为全国的典范，我们这些创新一定会成为全国乃至世界大学殿堂里的经典案例。把我们商业开发的创新经验编辑整理一下，拿到哈佛大学都可以讲。

第四，提升企业竞争力。

什么是企业竞争力？最核心的竞争力是什么？

核心竞争力现在有很多说法，有的说是创新，有的说是低价，有的说是资金，有的说是设计水平等等，关于核心竞争力，莫衷一是，全国讨论了很多。我自己认为最核心的竞争力是企业文化，因为企业文化是不能克隆的，是最独特的东西。

同样卖炸鸡，中国的炸鸡怎么就卖不过肯德基呢？上海有"三黄鸡"，它曾经宣称过，凡是有肯德基的地方就有三黄鸡，可是只存在了三五年。什么原因？就是企业文化的差别。肯德基、麦当劳所营造的是吃炸鸡的氛围、店面标识、员工的穿着打扮、两个小时卖不动就扔掉以保证最新鲜等宣传，还有小孩子的玩具，小孩子为什么就爱去肯德基、麦当劳？就是这些吸引他们。所以说是它们的企业文化吸引人，所以中国的炸鸡卖不过它们，当然我希望，中国将来出个好的企业能跟它们抗争抗争。

同样是卖饮料，那个可口可乐，我看报纸上介绍它为了保持神秘感，把可口可乐的配方保存在一个大银行的地下金库的核心部分，每次进出，需要首席执行官带三个人，同时四把钥匙去打开。其实是故弄玄虚，它有什么优势啊？中国的几种可乐，与可口可乐的味道一样，都是碳酸饮料，但是可口可乐的企业文化、它的营销吸引人。所以大家就爱喝，它一年在全球要卖300多亿美元。同样的产品，有文化的、有历史的企业会获胜，其他的企业竞争不过。

我们万达集团的文化理念中非常推崇创新，经过几年摸索出了今天的商业地产，在全国独一无二。一次投入终身受益，这种看得见的持续稳定的现金流多好呀。我们的商业地产不就是创新吗？所以我说，企业文化最具有企业核心竞争力。

再举两个例子，比如说我们今年推出的大连华府，推出来四天卖掉3亿元，南宁商业广场开盘不到一周，卖了近2亿元。什么原因？主要是对我们万达品牌的认同，对万达的企业文化的认同，他觉得万达这个企业不会骗他，信得过。信得过是什么？信得过就是诚信经营嘛，企业文化的一个表现。被员工认同之后，被社会所认同。

四、万达企业文化的主要内容

万达企业文化的主要内容过去见于各种小册子，有的前后还有不一致的地方，今天我提出来，大家探讨研究，最后定稿，今后作为万达集团统一的东西向内外推广，不能再不一致。

主要内容有哪几个方面呢？我讲企业的目标、企业的宗旨、企业的价值观、企业的精神、企业的制度和企业的形象这么六个方面。

（一）企业的目标：打造百年企业，创建世界级企业

第二句我想了半天，觉得还不到讲的时候，不过既然今天是宣传企业文化，我就先提出来，供大家讨论也无妨。

我们的目标就是打造百年企业和创建世界级企业，因为我们现在已经具备一定基础。我们一年可以建设8个Shopping Mall（购物中心），8个意味着什么？意味着120万~130万平方米的收租物业，按每平方米1万元计算的话，总资产也是成百亿元地增加，很振奋啊。两三年后如果我们上市，加上资本的放

大作用，完全有可能在十年八年之内，万达集团做到 1 000 亿元的规模。所以现在我们可以提出打造百年企业，创建世界级企业。为什么要提这样的目标呢？一是发展的需要，我们企业的发展需要一个宏伟远大的目标来激励大家，如果我们提出来到 200 亿元就停止，那这个目标太小了。二是时机成熟，我们在五年前提出这样的目标，那是瞎说，是看不见的，经过我们两年的实践，去年干了 8 个商业广场项目，今年已经干了 6 个（年会上提出"保五争八"），厦门的已经挂牌了，西安即将签约，今年至少也会做到 8 个项目，这样年开工量达到 150 万平方米，规模非常大。当然我们也要考虑资金，求稳。总之，现在提出打造百年企业，创建世界级企业，时机已经成熟。目标提出来了，我希望每个员工都做到奋发努力，在实现企业目标的过程当中实现个人目标。我在几个月前跟大家讲过一句话，我们的员工在实现企业目标的过程当中，就像《汉书》上讲的一句话，"各安其居而乐其业，甘其食而美其服"，就是成语所说的"安居乐业"、"甘食美服"，甘食就是吃好吃的东西，美服就是穿华丽的衣服，古人他只能提这个目标，他不可能说坐汽车、用电脑。我希望在我们企业目标的实现过程中，我们的员工实现自己的事业目标，同时得到好的物质待遇，这就是人生价值的体现。我们计划用 3~5 年的时间在境外市场上市，在上市之前可能对我们的员工有一个安排，我们要根据你的职务、公司年龄，给你一些股票期权等等。进了万达以后，我们的员工在国内有一种荣誉感、成就感。将来如果能做到世界级的企业，就像现在沃尔玛、微软，他们的员工有多骄傲！将来十年八年，在一定的国际范围里面都能认可我们万达集团，完全是可能的。我前两天在哈尔滨，开工前和几个跨国集团的老总，我们合作的伙伴聊了一聊，沃尔玛的发展总监说了一句话，叫我吃惊，他说："按照你们这个速度发展下去，将来世界是万达的。"这可能是翻译表达不准确，可能是这个意思，将来万达是世界的，他想表述的意思应该是万达是世界级的企业。我问，那你们沃尔玛的目标呢？你们准备跟我们干多少个啊？20 年，准备干多少个？他说了一句话把我吓一跳，他说沃尔玛准备干 1 000 个。沃尔玛公司的人讲话是非常检点的，绝对不敢随便乱说话，他说干 1 000 个一定是他们自己的目标。当然 1 000 个是不是一定跟我们干那就不一定了，可能跟我们干 500 个就了不起了。

（二）企业的宗旨：发展企业，公益社会

1. 发展企业

强调发展，不发展不行，不进则退。但是现在慢发展也不行，慢进也是退。为什么这么说呢？现在这个发展时机下，中国是个很高速发展的平台。如果我们能够把握这个机会，十年之内一定会成为一个世界级的企业。你不这么做，一定会有别人这样做。中国十几亿人，人才有的是。全球现在资金都过剩，资金也有的是。你不发展别人就发展了。所以要维持我们在中国行业的龙头地位，维持现在这种自豪感，就要加快发展。

我举个很简单的例子，大连以前有一个词叫"三大家"，城建开发，房屋开发，住宅开发，称为"三大家"。十年前都是在讲这个词，但十年下来还找得到他们吗？早就无声无息了。万达现在越发展越大，成为全国知名企业，那三家呢？除了一家现在还偶尔能听到它的名字外，另外两家连企业都不存在了。

所以我们的企业宗旨首先强调的就是自己的发展，这个自己包括两个方面：一个是企业的自己，一个是员工的自己。

企业我们强调要高速发展，员工自己也要强调发展，不要满足自己现在的位置，要不断往上走，我们企业设计了这么多台阶，那就是让大家往上走的。

2. 公益社会

公益社会就涉及我们企业发展的目的。我们企业发展做大究竟是为了什么？这是需要大家认真思考的问题。我们企业做大肯定不是为自己，我在想，应该是为民族、为社会。现在已经到了实现中华民族伟大复兴的阶段，我在 2000 年的年会上讲了一句话："上一个千年，是中华民族非常光辉、非常厉害的一个千年。这个千年的后 200 年我们落后了，现在风水轮流转，又到了中国起来的时候了，中国一站起来，起码会再兴旺 500 年。"

在这个发展当中，不但实现民族的复兴，也实现企业的复兴。十年以前世界 500 强中找不到中国企业，今年评的世界 500 强企业中中国有了 17 家。我相信再过 18 年，到 2020 年，世界 500 强企业中至少有 150 家应该是中国企业，甚至 200

家是中国企业，因为市场大，人口多。所以我们希望万达十年以后成为其中的一分子，为做大民族企业、实现民族振兴多做贡献。

要没有这个目标，我们去搞大连大学干什么？我们建一个大连大学，投了5亿多元，最后市里给了我们几块地，这几块地开发完后我们一算账亏了9 000万元，但是我们觉得很好。我们起码是国内企业当中唯一一个建大学的企业，今年又给他们捐建了一个游泳馆，900多万元建了一个游泳馆。我们计划今后两年还要再给他们捐建两个东西。我们对这个学校有感情，而且这个学校也比较争气。原来这个学校被黄牌警告，要被取消招生资格，现在综合排名在辽宁前五，在校学生是1.2万多人，他们计划在五年以内发展到在校学生1.5万人。

我们去捐建那个西岗区体育馆，也是1 000多万元，我们去捐建那么多希望小学，去搞扶贫，我觉得这是我们企业社会责任感的体现。我们赚钱为了什么？我的理解就是为民族，为社会多做一点事情。当然也包括为自己，我们企业发展大了，我们出去很骄傲，我们员工收入也很高，每个人都有房子，每个人都有汽车，我们将来还有股票，大家都增值，发展好一点，几十倍都完全有可能。澳大利亚有个专门搞Shopping Mall的西部集团，它现在股票值多少？它上市的时候股票一股几元，20多年下来现在一股400多澳币，一澳币大概是四元多人民币吧，一股就是1 000多元。

（三）企业的价值观：诚信、廉洁、节约、舒心

1. 诚信

诚信是我们企业的核心价值观。企业的价值观我尽管提了四句话，八个字，但我认为诚信是我们最核心的价值观，诚信经营。孔夫子讲"民无信不立"，没有信你不要活了，就是这个意思。我多次讲过一段话，这是《论语》当中非常有名的一段话，叫"子贡问政"，子贡问孔子治国的要义是什么，孔子讲："治国要义有三，足食、足兵、民信。"我的理解，这个信有两重意思，一个是诚信，一个是自信。子贡又问他："不得已而去之，何者为先？"孔子回答"去兵"。"再不得已而去之，何者为先？""去食。"最后留民信。孔子认为有诚信有自信最重要。2 500年前的人就已有这种意识，现代企业竞争这么激烈，要想真正站住脚，就得靠诚信。

市场经济就是信用经济，没有信用就没有市场经济。股票就是一张票，信用卡就是一张卡，支票也是一张纸，但是背后有很多实际价值，一切都是以信用为基础，没有信用一切都不用搞了。

诚信就意味着付出，诚信要准备比别人承担更多的责任。讲诚信不是意味着收获，不是多索取。但这种付出我认为是先付出，后收获；先辛苦，后幸福。再进一步说其实就是吃小亏占大便宜。你讲诚信，多付出，辛苦一段时间，一旦品牌建立，做什么都可以，有无穷无尽的收获。诚信需要时间，需要持之以恒，两三年内树立诚信是不可能的，一定要十年八年以上，或者十几年甚至几十年。

2. 廉洁

我们所在的房地产行业就是腐败问题多发行业，万达从事的行业就是权力比较集中、钱财比较集中，问题也比较集中的高风险行业，悲剧也比较多。实际上以辩证观点看，钱财越大，权力越大，意味着风险越大，意味着越容易出事。"祸兮福所倚，福兮祸所伏"，祸福相倚，祸就是福，福就是祸，两者相生相连。为什么我要强调招投标？为什么强调工程管理？在这个行业内，不抓廉洁就要出事。我强调"君子慎独"，君子在独处的时候也能严格要求自己。有人建议像微软、沃尔玛成立"防损部"，就是监察部门，防止企业的损失。我想，如果制度、文化搞得好，不需要这样做。我们尽管不断强调廉洁，但据我了解，在我们当中也有个别现象，尤其还有少数的老总，不检点，要小聪明，弄点小广告，弄点小回扣，就有员工反映上来。汉代有句话："欲人勿知，莫若勿为。"要想别人不知道，自己不要做。真的是这样，不要觉得自己聪明。

在廉洁方面一定要有"君子慎独"的心态，一定勿以恶小而为之。其实把个人目标与集体目标融在一起，员工向上奋斗，老总进一步向上走，这种价值观好多了。

3. 节约

万达集团是一个资金密集型企业，每个公司每年进出资金都好几亿元，北京、上海、大连的公司每年可能有十几亿元资金的进出。越是资金密集型企业，越要讲节约。我还是举沃尔玛的例子，沃尔玛规定所有稿纸用两面，简单吃一顿饭需几个人审批，非常节约。亚洲区总裁跟我们一起出差，特别节省，他一个人住条件差的酒店。去年销售额2 500亿美元，2007年计划销售6 000亿美元的沃尔玛就是如此节约。

我们的商业公司非常强调节约，举一个简单例子，给政府交费，在长沙，人防费要求1 000多万元，长沙公司经过协调，商量为300万元，到丁总这里不批，要求再协调，最后只花了几十万元。所以要强调节约，节俭办事情，是我们企业价值观非常重要的方面。

我们一定要把节约放在重要地位来看待，我们的成本就是靠一点一滴节约省出来的。去年六个Shopping Mall，平均每平方米不到2 400元，今年商业公司要求做到2 200元，外墙石材、地面花岗岩、空调、消防、电扶梯等等，每平方米才2 000元多一点，怎么做？就是千方百计厉行节约。

4. 舒心

这是我的观念："又开心又赚钱。"以前成都花园项目，1 500亩地的项目由我们控股操作，批地价格才48万元一亩。后来政府方换人，双方合作不愉快，我们决定退股。很多人认为我们吃亏，当时的地转手卖出去也是每亩100万元以上，我当时讲一个观点："我们追求又开心又赚钱，但开心比赚钱重要，如果赚钱不开心，我宁可不赚钱。"所以我们企业提倡一个口号：人际关系简单化。不能有帮派，也不能巴结领导，提拔奖励只看业绩、看操行。我们追求的就是一种简单的关系，讲求一种舒心的环境，让员工"工作着并快乐着"。

（四）企业的精神：创新、超越、敬业、勤学

1. 创新

创新是企业精神的核心要素，万达集团最重要的精神就是创新，而且是永远创新，创新的停止意味危机的到来。美国的王安电脑，在20世纪70年代做到50亿美元，居于世界500强之列，全球电脑业的老大，全球华人的骄傲，后来王安先生随着年龄增加，不思进取，又坚持要把首席执行官的位置传给他儿子，结果短短五年时间，公司就不行了。当然电脑行业淘汰率更高，需要不停创新，如果他做房地产，不会倒这么快。香港著名的"四大家族"，15年后的今天，也早已从一流企业中淘汰出去。

大连地产雍景台能卖到每平方米均价9 300多元，相当于北京、上海每平方米2万元的房价，盖到四五层就已售完，就是首创酒店式公寓的概念。"自由港"首创全小户型社区，都在70平方米以下，虽然在很差的位置，但也基本卖完。去年年会重要的一个总结就是创新赢得市场。我们的商铺卖得非常好。现在商业公司又创新成立了招商部，不仅把铺卖给别人，如果是投资客户，我们还负责帮忙租出去。这就是总结经验不断创新。长沙就是满铺开业，不但沃尔玛生意好，一楼和楼上家居的生意也好了。

2. 超越

企业发展到一定程度，对自己的超越就是企业发展的动力。一旦满足，就停止不前了。所以，我们要永不满足，永远创新。我相信5年后，万达集团能做到资产500亿元的规模，但不能满足，还要发展。世界级龙头企业能做到几千亿美元，当然他们是做零售的。如果大洋百货能够坚持走自己的路，20年下来，也能做到上千亿元。平均每个店5亿元，100个店有500亿元，200个店就有1 000亿元。

3. 敬业

大约二十年前，我参加过一次考试，题目是"成功的原因"，我回答三条：勤奋、智慧、机遇。最主要的是勤奋，正所谓天道酬勤，如果勤奋，一定会有报酬。敬业是万达精神的主流，我们的团队就是勤奋敬业的团队，任何员工进来，一定要勤奋敬业，懒人在万达是没有市场的。因为我们企业的目标非常远大，所以一定要强调敬业，只有勤奋才能发展，才能实现目标。我从来没有时间去打高尔夫，去滑翔，去爬山，我经营企业就是八个字——"战战兢兢，如履薄冰"，我付出全部精力还觉得不够，恨不得把自己分成几瓣。现在有很多潇洒的企业家，我认为他们或者是目光短浅，或者是体制所限。

4. 勤学

现代竞争，知识更新速度非常快，研究生、博士生的文凭只是你接受过什么教育的证明，不意味能力的等同，也不意味着发展水平的等同。知识几年一更新，所以要不断地学习。住宅房地产行业，全国千军万马在一条战线上，要想房子卖得好，就要不断学习、创新。我们的商铺只有总结创新，才能继续走下去。

员工要在万达集团实现快速发展，最主要的要看学习的速度，你勤奋学习，知识更新越快，能够跟上集团发展的步伐，一定能发展起来。我有一点空闲时间就阅读，不断学习，作为集团最高决策层，我都感到知识不够用。我希望大家也认真学习，千万不要觉得自己知识够用。

（五）企业的制度：激励、集权、严格、实效

1. 激励

激励是企业制度的目的，不是约束你，而是激励你，不是处罚你，而是引导你好好去干。

2. 集权

集权管理是万达集团的特点，是跨区域发展的需要，现在回头看，当初商业开发定下集权管理非常正确，这是基于实践的灵感爆发。如果各地自己搞，哪能走到今天，哪能一年开八个项目？房地产公司的规划都要拿集团来审批，老总们不要觉得自己权力小，如果不是规划集权，如果不是集中招投标，不可能有今天这样好的效果。集权是在更高层面上集中了房地产知识，站得高才能看得远。强调招投标，100万元以上都要拿到集团来招投标，就是要发挥全国连锁的优势。几百部电扶梯，几万平方米的石材一起招标，价格能省下来多少？一部层高5.8米的电扶梯就要20万元，上海三菱、广州日立这种品牌的电扶梯，如果不是靠三百部、四百部集中招标，不会有这样的效果。所以我们的员工，尤其是老总，一定要认识这一点，要认同我们制度文化的核心就是集权管理、连锁经营，要适应这一点。以后人力资源招聘，任命新老总时，就要宣讲这一点，如果你觉得权力小，如果想自治，那不要来万达。沃尔玛也一样，中国总公司副总裁没有权力擅自使用公费吃一顿饭，请人吃饭要报上去，由总裁一个人批，权力非常小，可是这影响沃尔玛发展了吗？我们要跨区域发展，就要严格集权管理。

3. 严格

严格就是古人讲的"令行禁止"。规矩一旦定下，关键是执行。通用的首席执行官韦尔奇先生有句名言："最伟大的是执行。"创新、理念、设计都比不上执行的伟大。只有执行才能把理想化为实践、化为效果，所以我们的财务委派制

度、招投标制度一定要严格执行，尤其是招投标制度。5万元以上的采购，一定要招投标。严格才能杜绝腐败、黑幕。

4. 实效

一是定立制度要针对性强，要有效果。不用写在纸上，钉在墙上。二要检查落实，定下的制度，总公司要经常去检查评比，执行好的要奖励，差的要处罚。

(六)企业的形象：一流、统一、低调、责任

1. 一流

我们企业要追求一流的人才、一流的业绩、一流的产品、一流的待遇，我们方方面面追求一流，追求领先，我们的发展也是一流的。万达集团要做就做到最好，让一切工作成为精品。

2. 统一

主要是团队精神，给人统一的形象，不是各行其是。

一要讲整体，少突出个人。在这里给年轻的老总提个醒，要讲整体讲团队，人力资源部反映，去年提拔的三十几岁的老总，领导的班子不团结。我们用位置锻炼人，希望他一两年后能改掉毛病。做领导首先要团结班子，否则何来团结全体员工呀？要让大家心服口服，如果口都不服，怎么领导？二是协作，我们的规划、设计、施工、销售，最终目的只有一个，就是把房子卖出去，把钱收回来，实现现金流动。同一链条，要讲协作，不能自以为是。不能只管自己不管别人，在环节中有矛盾，要主动礼让，宽容一点。

3. 低调

为什么讲低调，有两个原因：

一是中国文化的传统。不能脱离民族传统，我们的文化传统就是低调，社会现实就是这样，"木秀于林，风必摧之；行高于人，众必毁之"。

二是现实需要。万达不是不需要宣传，我觉得还没到宣传的时候，等我们实力积聚起来，等到全国开出30家店再宣传，到时别人想追我们也追不上。从自己的利益考虑，也需要保持低调，高调的没几个有好结果。

中国的商业地产行业，我们的业绩绝对是第一名，但我们很少宣传自己，不

像某些房地产企业那样出名，我们讲实在，多赚利润，多积攒自己的收租物业。

但是低调不是低速，并不意味着不要形象。我们的低调是暂时的策略，而不是永久的策略，按照现在的速度，五年后，别人自然知道我们厉害。"东海有大鹏，三年不飞，一飞冲天；三年不鸣，一鸣惊人。"我们要的是这种效果。讲得太滥太多，没有好处。

4. 责任

万达要树立起负责任的企业形象。

一是对顾客负责任。我们提供的产品一定要毛病少，或者没毛病，提供好的工程质量。我曾经讲，别的问题可以原谅，但质量出问题不能原谅。

二是对员工负责任。只要员工认真工作，在万达奋斗十几年，我们就管你几十年，为员工负责任。万达提供好的事业发展平台，提供好的物质待遇和好的发展预期，有好的精神文化生活，让员工开心地工作。

三是对社会负责任。讲道德、讲公益。万达商业就是三大工程：

形象工程：在各城市进行大规模旧街区改造，建设地标性建筑，有助于提升商业平台，为城市树立好的形象。

就业工程：给数万人提供稳定的就业机会。建一个Mall，可以给上万人提供稳定的就业岗位。

税收工程：一个Mall能给政府增加1亿元的税收，多创税收，是万达集团的社会责任。

用杜甫的一句话，"古人日已远，青史字不泯"来结束，希望万达企业的发展名垂青史，为中华民族伟大复兴做出自己应有的贡献。

祝全集团员工身体健康，工作愉快！

2006 年 7 月 30 日

《北大商业评论》主办的大连巡回演讲

企业管理的几点体会

2006 年，《北大商业评论》和北京大学光华管理学院组织全国百场巡回演讲，根据不同城市的特点，邀请全国几十位有思想水准的专家、学者、企业家有针对性地演讲，王健林受邀在大连发表演讲。

王健林通过商德、创新、盈利能力、企业文化建设四方面，剖析了企业管理的要诀。

今天是《北大商业评论》的巡回论坛，我本人又是从事二十年管理的企业家，因为自身努力的原因，再加上各种机遇，企业发展也小有成就。既然让我做主题致辞，我就不能光讲一堆过年话，忽悠大家几句就走了。所以结合自己的实践，针对大连企业的一些共性问题，就学习企业管理讲四点看法。

第一，学企业管理最重要的就是学"商德"。企业管理，不管是讲提高效率、提高管理水平，或者提高管理技巧等等，我认为和商德比较起来，都是次要的。现在的中国，由于"文化大革命"的摧残，其对思想文化的影响，中国的企业和老百姓都陷入一种信仰空缺。现在很多人对问题的认识，都发生了变异。过去大家认为不对的，现在认为没什么。甚至有人说，只要能达到目的可以不择手段，而且这种论调在网上发表出来，居然附和者多过批评者。所以以我个人的理解，学管理，做企业，最重要的是先学做人。也就是说，学企业管理，最重要就是怎么样把"商德"这两个字学好。所谓"君子爱财，取之有道"，讲了2 000多年，也就是这个道理。

在商德当中，什么是最核心的呢？我认为最核心的就是诚信经营，老老实实做人，老老实实做事。诚信是商德的核心内容，要靠诚信立身。孔夫子有72个弟子，其中最富有的三大弟子之一，也就是最有钱的"大款"——子贡，曾经向孔夫子请教过治国的要义，孔子讲："治国要义有三，足食、足兵、民信。"就是有足够的粮食，有足够的兵，人民有信心有诚信。子贡就问他："不得已而去之，何者为先？"孔子说，先去兵。再去之呢？去食，最后孔子留的是诚信。紧接着孔子讲了一句千古名言："民无信不立。"2 500多年前的春秋时期，我们的思想先驱，都能认识到不管你是做人还是做事，还是治理一个国家，最重要的首先要立诚信。所以我认为，学习企业管理，大家不能只注意钻研那些管理技能或者方法，首先就应当是世界观的学习，是对商业道德伦理的探讨。我不知道这一次北大百场巡回论坛有没有安排这方面的内容，如果没有的话，我倒是建议何主编请一两个在"商德"方面颇有建树的人，在全国的每一场演讲中都首先演讲这些内容，中国的企业界太需要灌输这些东西了。而且学习商德我觉得也比较跟形势，现在不都讲八荣八耻吗？

第二，学习商业管理或企业管理，创新商业模式最重要。相对于提高管理水平、提高管理效率而言，创新商业模式，或者说创新盈利模式更为重要。什么意思呢？就是通过创新找到盈利增长点，做到人无我有。在现代市场竞争中，随着科技的发展，随着全球一体化，随着人们生活水平的提高，派生出了很多新的经济领域和新的经济增长点，也产生了很多新的行业。在这个经济大潮中，谁能够更早地发现别人没有发现的盈利点，谁就能发展更大、发展更快。当然我并不是说，提高管理水平、提高效率不重要，我的理解是创造或者说发现新的盈利模式比研究管理水平更重要一些。我举个例子，前几天，分众传媒的老板江南春来访问我，我们就聊到了在大商场里面怎样安装电视广告的问题，现在他从办公楼的楼宇电视广告发展到了住宅区、商场的电视广告，逐渐地衍生。他和我谈战略合作问题，一方面我们两家各有需求，可以说是一拍即合，同时我也很欣赏他这种创新思想，进入楼宇电视广告创新的这种商业模式，这个事情其实很多人都可以办得到，但绝大多数人都熟视无睹，可是他就能发现：在写字楼大家等电梯的那段时间，拍个电视广告，可能产生作用，由此产生了他的创业想法和激情，短短几年时间就发展起来了。分众传媒在兼并了聚众传媒以后，现在成了中国在纳斯达克市值最大的企业，市值达到34亿美元，股价从上市之初的每股16美元涨到每股60多美元，而且营业额连续两年都是翻番，去年10亿元，今年可能到20亿元。当然他还年轻，我相信在企业管理上，他还有值得研究之处，他的管理水平、管理制度，可能都还有需要学习的地方。但是起码他找到了一个大家都没有发现的金矿，可以发展得非常快，因此分众传媒的市值比中国在纳斯达克上市的6家企业的市值总和还要多。

万达本身也是这样，五年前，我们开始了商业地产的创新，在发展当中发现，建了商场再去招商很困难，我们自己就颠倒过来，先去找了一批跨国企业以及国内顶尖企业，有二十多家，大家签战略合作协议，然后一起去选地，一起做规划设计，做完规划设计以后，交一笔定金，或者签一个契约，然后我就按它们的需要，多少面积，多高楼层，多少荷载，什么样的交通路径，给它们量身定做。我建好购物中心，从拿到验收备案证的90天起开始计租，不管它开业没开业，促使这些企业拼命地装修，在我收租之前基本上都能开业，极个别不能开业也按时给我缴租。这样做第一是回避了投资风险，第二是及时产生效益，第三是没有无效面积。这个模式我们给它起了个名字，叫作"订单商业地产"。

随着这三四年万达在全国的推广，我反复对那些做商业地产的同行讲一句话：一定要招商在前，把程序做颠倒，或者说把程序做对。一定要招商在前，建设在后。这使我们找到新的营运模式，创新了订单商业地产模式。这也成为万达这几年来快速发展的一个支柱产业，我们在全国已经有了25个购物中心，开业和在建的差不多有400万平方米。按照我们目前这个速度发展，到2010年我们会做到50个购物中心，700万~800万平方米的收租物业面积，四五十亿元的租金收入，这就为万达打造百年企业奠定了强大的物质基础。

上面两个例子说明了什么道理呢？就是发现新的盈利模式给企业创造了一个新的、更大的盈利空间，可以使企业获得更高的利润。

第三，要提高靠组织系统赚钱的能力。就是说要靠市场赚钱，不是靠市长赚钱。为什么说要提高靠组织系统赚钱的能力？这主要是结合大连的企业状况有感而发的，东北经济由于原来国有的基础，再加上文化方面的差异，现在很多企业尤其是大连的企业，不注重企业管理、制度建设，不是靠企业组织系统的能力从市场上找钱。有什么问题习惯于两条：一是靠个人能力运作，老板有能力的时候企业就赚钱，老板不行了，或者是不想玩了，这个企业立刻下去了，企业短寿；二是靠政府资源吃饭。很多企业家老是聚在市长、书记身边，靠关系，有项目我就做一做，拿不到项目就歇一歇，企业的发展本身就不稳定。

什么样的企业最好？就是有长期、稳定现金流的企业，这是企业经营追求的最根本的方向。做企业，归根到底一句话，就是追求长期、稳定的现金流。大连的企业应该提高靠组织系统能力赚钱的本事，不然的话，在本地很好，出去发展好的不多。在市场激烈竞争或者过度竞争的行业里，在全国范围内很少发现有优秀的大连企业。今天既然是在大连举行百场论坛，也给大家提个建议，企业家，或者是有志成为企业家的朋友们，搞企业首先要提高从市场上找钱的能力。

第四，注重企业文化建设。企业管理不只是讲业务、讲管理，研究企业文化、加强企业文化建设也是企业管理十分重要的方面。现在的企业竞争，已经从最初的产品竞争、价格竞争、质量竞争，发展到品牌竞争阶段和最高级的文化竞争阶段。企业管理也是一样，最初期是经验管理，师傅教徒弟，或者说是一招鲜吃遍天。然后发展到了制度管理，包括我们研究的企业管理这些东西，靠现代企业制度来管理企业。最终企业管理要上升到文化管理，靠文化来凝聚人，靠企业愿景、企业共同价值观把员工凝聚在一起，共同为之奋斗。我前天给中国轻工业职工思想政治工作研究会讲企业文化，它的会长张部长，是轻工业部的一个老部长，他说企业文化就是让大家觉得这个企业有奔头。共产党建党初期、抗日战争时期、解放战争时期，很多先烈抛头颅洒热血，什么好处都没有，牺牲连眼都不眨一下，什么原因？就是觉得跟着共产党干，跟着当时的领导人干有奔头。大家觉得有奔头的时候，物质的需求或者其他的追求会低一些。关于企业文化我讲过一句话，也是我自认为比较经典的一句话："人生追求的最高境界是精神追求，企业经营的最高层次是经营文化。"人的追求有这么几个层面，从温饱到小康、到富裕、到成就，最后到精神追求。所以很多大政治家、大企业家、大科学家到最后就是大智若愚，是精神追求。企业经营也一样，最高层面的东西是经营文化。

谢谢大家。

万达的企业文化

2012 年 2 月 6 日，万达学院举行开学典礼，王健林讲授"开学第一课"。

万达学院供万达集团高中层管理人员系统培训所用，总建筑面积 12.8 万平方米，全部建成后可同时容纳 3 000 名学员，是中国最好的企业学院之一。

在开学第一课上，王健林对于学院办学提出了殷切期望，并围绕万达企业文化做了全面总结。440 余名万达各级员工现场聆听王健林的授课。

万达学院让我讲开学第一课，本来想讲商业地产，考虑到很多高管新加入万达，决定第一课讲企业文化。这是我第二次给内部员工培训万达文化，第一次是八年前，万达对企业文化进行提升，我做了系统讲解。经过八年发展，万达企业规模变得更大，业务模式有很多创新，企业文化也有新发展，借此机会，也算对万达文化进行新的全面总结。

一、万达文化的核心理念

现在万达企业文化的核心理念是"国际万达，百年企业"。

1. 如何理解核心理念

"国际万达"主要可以理解为三点：企业规模、企业管理、企业文化都要达到国际标准。第一，企业经营规模要达到国际级，不能企业收入只有几十亿元，离中国500强都差很远，就号称国际级。第二，企业管理要达到国际级。企业发展好不好，管理水平是非常重要的因素。第三，企业文化也要达到国际级。

"百年企业"主要可以理解为两点：一是追求基业长青。国际上将存在10年以下的企业称为短寿企业，10年到30年的企业称为中寿企业，30年以上的企业称为长寿企业。万达追求的是长寿企业的最高层次——百年企业，希望基业长青，辉煌百年。人类社会从有商品交换开始到现在有几千年历史，没有一家企业兴旺超过200年，所以没人提千年企业。企业有生有死，符合事物发展规律，一家企业最多红火一二百年，才不断有新的企业成长起来。这种此起彼伏的发展状态，激励后人不断奋斗，做大企业。现在万达拥有大量物业和长期收益。钢筋混凝土建筑存在100年，质量不会有问题，即使一个世纪后，建筑需要重置，费用也很低，比获取土地付出的代价要小得多。万达只要做好自身约束，不搞高风险投资，不犯大错误，存在百年没有问题。从资产和商业模式上看，万达完全具备基业长青的基础。二是追求长远利益。万达的理想是做百年企业，所以做事目光长远，追求长期利益。万达现在从事的产业，无论商业地产、文化产业还是旅游投资都是追求长期、稳定的现金流。万达的做事风格和方法，就是树立长远目标、追求长期利益。十多年前就有人介绍我去内蒙古买煤矿，搞投资，现在更多人给我介绍各种项目，但我扛得住诱惑，坚持发展实业。万达绝不会把投资放在第一位，更不会做金融衍生品，就是扎扎实实做实业。从现代企业历史看，很少有企业靠做投资成为世界500强，虽然有像巴菲特这样成功的投资家，但他的公司不是世界500强。做短线、挣快钱，企业很难成为世界级企业，企业家也很难成为世界级富翁。

2. 核心理念的阶段提升

万达企业文化达到现在的高度，不是一蹴而就。万达文化随企业的发展、眼界的提高不断提升。主要分三个阶段，每个阶段有不同的重点。

第一阶段是从1988年创立到1997年，这一时期万达的核心理念是"老实做人，精明做事"，文化的重点是诚信经营。现在看这个口号很简单，但在当时非常了不起。那个年代房地产市场极度混乱，没有土地出让制度，销售不需要许可证，只要有本事搞到地，就可以玩"空手道"，先卖期房，拿到钱后再建房子。当时万达集团前身——西岗住宅开发公司成立时间不久，总经理出了经济问题，公司负债好几百万元，活不下去，区政府提出，谁有本事把公司救活，把欠款还上，这个公司就给谁。我当时在西岗区政府当办公室主任，主动请缨，下海接管了这家公司。1989年年初，公司第一次开发项目，开盘前我去销售部检查，销售经理向我汇报，主管副总经理交代，卖房时每套房子多算点面积。我问为什么，她说现在市场就这样，我们算加得少的，反正也没人管。我一听，觉得这种做法相当于欺骗，赶紧制止，要求按实际面积老老实实卖房子。过后我思考，这种市场环境中，企业更要坚持诚信经营。当时骗子多，被人骗的也多。欧洲有一句谚语说："骗我一次是你的错，骗我两次是我的错。"做生意不能骗人，也不能被人骗。于是提出一个口号："老实做人，精明做事"。"老实做人"指自身诚实，靠真功夫发展；"精明做事"就是小心谨慎，不被别人骗。

第二阶段是从1998年到2001年，万达的核心理念是"共创财富，公益社会"，文化的重点是承担社会责任。1997年年底，万达开始大规模跨区域发展，跨区域是万达发展史的标志性事件，从此万达走向全国，成为少数全国性房企之一，企业实力成倍增长。这时我提出，万达除了自己发展好，还要回报社会，主动承担社会责任。首先做好慈善捐助，捐助额要与企业发展规模相适应，企业规模越大，捐助额越多。从那时起，万达每年的慈善捐助额都在增加。此后，万达的社会责任中逐渐增加关爱员工、保护环境等内容，形成完整社会责任体系。社会责任中万达特别重视诚实纳税，把它作为承担社会责任的主要内容，把纳税多当作企业骄傲。

第三阶段是从2002年到现在，万达的核心理念是"国际万达，百年企业"，文化的重点是追求卓越。2006年，万达对企业文化进行提升，当时万达资产超过

100亿元，年收入接近100亿元，已成为中国房地产业知名企业。这时我的一些朋友，包括其他公司的一些老板对我说，别那么奋斗了，歇一歇吧，反正钱也够花，该潇洒了。把发展企业仅仅理解为赚钱、潇洒，这是中国民营企业家普遍存在的"天花板现象"。我和温州市委书记交流，他说江浙一带有几千万元资产的人很多，几亿元、几十亿元资产的人也不少，但超百亿元资产的企业家很罕见。为什么有这种现象？就是很多民营企业家认为企业发展、财富积累的终极目的是个人所有、个人消费，积累到几十亿元，就失去奋斗动力。当然，把追求个人享受作为企业发展的目的不能说是错的，但至少不高尚。万达要不要继续发展，向哪个方向发展，成为这一时期的重点课题。我们经过多次讨论，统一思想，提出"国际万达，百年企业"的口号，万达要向世界级企业奋斗，要成为长寿企业。"国际万达，百年企业"这一核心理念，还会持续使用相当长时间，直到万达成为世界一流企业。国际上对世界一流企业没有统一标准，但我认为企业核心指标至少要排在世界前100名。正因为万达成立之初就有远大理想，不断追求卓越，才成就今天的事业，所以优秀企业是有DNA的，优秀始于成立之初。

二、万达文化的健全体系

万达之所以优秀，最重要的是企业文化优秀。万达文化不是只有核心理念，也不仅仅是员工手册上的基本理念。万达文化经过多年的发展丰富和总结提升，形成了健全体系。

1. 思想体系

万达企业文化的思想体系包括核心理念、基本理念、核心价值观、企业愿景等。其中愿景又分为近期、中期、远期。远期是成为世界一流企业，中期是五年规划，近期是年度计划。发展目标清晰是万达企业文化优秀的重要表现之一，而且万达愿景根据企业发展情况，每隔三至五年会进行调整，不断提高。万达有成套的管理制度，制度文化十分先进，有月刊、网站、员工手册等，这些共同组成万达文化的思想体系。比如万达的制度文化。二十几年前，我就有意识地建立企业制度。我刚到公司时，公司内部管理非常混乱，有的员工不上班拿工资，有的员工不加班拿加班工资。公司有两台车，两个司机把车开去干私活，总经理要用车根本找不到人。各种稀奇古怪的事都有，公司一盘散沙。所以我到公司第一周，就推出《关于加强劳动纪律的若干规定》，加强劳动纪律管理。最近十年，万达每两年修订一次制度，不断增加新模式、新方法，剔除过时的内容。特别是去年下半年完成的万达2012版制度，字数比上一版减少三分之一，但更具操作性，更有用。外界非常关注万达的每一次制度修订，想方设法通过各种渠道搞到万达制度，有些企业甚至直接拿去就用。

2. 制度体系

万达企业文化的制度体系总结出来是四句话：年初有计划，年底有总结，经费有预算，培训有考核。"年初有计划，年底有总结"是指，万达企业文化工作，年初有计划安排，年终要总结表彰。万达年会开了二十多年，单项表彰因为业务增加，时间紧张，基本都砍掉了，甚至优秀代表发言都压缩到只有五分钟，唯一保持不变的是对集团优秀通讯员的单项表彰，可见万达对企业文化的重视。"经费有预算"是指，万达不仅在文化活动和培训上每年安排预算，慈善捐助也每年安排预算。我个人的慈善基金成立后，还要成立专业机构做慈善活动。"培训有考核"是指，万达非常重视培训，每年年会都要总结培训成绩。总而言之，万达文化不是随心所欲的，也不是时有时无的，有一整套清晰的制度安排。

3. 组织体系

万达十多年前就成立企业文化部，办月刊、网站，编《万达故事》；除集团外，项目、商管、百货、院线等系统也有自己的刊物和网站；万达要求每个基层公司安排一名员工担任万达文化通讯员，所有这些共同形成万达企业文化的组织体系。当然，企业文化的根本是老板文化，老板重视是万达企业文化发展的最重要的因素。

三、万达文化的主要特点

企业文化虽然是思想体系，但它必然通过物质形式表现出来，而且优秀企业一定会形成自身的文化特点。万达企业文化在长期实践中形成八个主要特点。

1. 敢于创新

敢于创新是万达文化的首要特点，万达的发展史就是创新史，就是敢闯敢试、敢想敢干。

全国首家做旧城改造。1988年万达刚创立时，开发房地产首先要有计划指标，拿到指标后才能申请用地。计划指标由国家计划委员会统一分配，大连能拿到计划指标的只有三家国有房地产公司，万达没有计划指标，只能花钱向它们买指标，企业在夹缝中求生存。我找到市政府，表态说不管项目在什么地方，只要能有活干、有口饭吃就行。当时市政府北侧有一个棚户区，一个大院几十户用一个水龙头，公共厕所掏一次大粪，一条街要臭好几天。因为就在市政府北侧，形象难看，政府多次找到三家国有房地产公司，让它们改造，它们都不干。见我主动找上门，市政府就提出，要是你干这个棚户区就给你指标，批规划。当时测算北京街棚户区的开发成本是1 200元一平方米，而当时大连最贵的房子只卖1 100元一平方米，我们就去想卖1 500元一平方米的办法，开动脑筋，在项目中做了几点创新：第一，当时铝合金窗在东北很少见，北京街小区全部采用铝合金窗。第二，当时刚刚兴起防盗门，北京街小区每户都安上防盗门。第三，当时住宅房型没有明厅，就每户设计一个明厅。第四，当时大连市县处级以上干部住房才配洗手间，我们每户都设计一个洗手间。第五，当时大连市处级干部住房面积标准为70平方米、局级干部住房面积标准为90平方米，北京街小区最大的三室两厅面积做到130~140平方米。这五点创新现在看是小儿科，但在那个年代就是"核武器"。北京街小区推出一个月，项目拆迁还没结束，1 000多套房子就全部卖完，而且每平方米均价卖到1 600元，创造了大连的房价纪录。万达因此成为全国首家做旧城改造的企业，从此蹚出一条发展道路。

全国首家进行工程质量奖励制度改革。1990年，万达开发大连民政街小区。

当时国家规定，做到市优工程每平方米奖励2元，做到省优工程每平方米奖励4元。为鼓励施工单位创造优质工程，万达改革奖励制度，将优质工程奖金提高三至五倍，大大激发施工队热情，使民政街小区成为中国第一个工程质量全优小区。

全国首家跨区域发展。1993年，万达就走出大连，到广州开发。当时全国流行一句话，"东西南北中，发财到广东"，广东人看北方人都是乡巴佬，北方企业能去广州做项目就已经非常了不起了，万达不仅去了，而且把一个几千套房子的小区全部做完、销售一空，甚至还挣了点钱，获得跨区域发展的宝贵经验。

全国首家开发商业地产。2000年，万达进军商业地产，经过十几年发展，目前已成为世界级不动产大佬，自持物业面积达到903万平方米，今年将达到1 300万平方米，位列世界第四；到2015年，万达将成为排名世界第一的不动产企业。

全国首家大规模投资文化产业。万达集团不仅是全国首家大规模进入文化产业的民营企业，也是全国所有企业中文化产业投资最大的企业。因为万达文化产业做得好，去年8月，我向中央领导专门汇报万达文化产业发展的情况，得到肯定。

全国首家成立奢华酒店管理公司。中国能造"两弹一星"，但到现在还没有一家自己的奢华酒店管理公司，这一市场完全被跨国公司占领。万达不信邪，决定成立自己的奢华酒店管理公司，为国争光。相信五年左右，万达奢华酒店管理公司一定能站住脚；十年左右，会成为令跨国酒店管理公司害怕的竞争对手。

2. 坚守诚信

坚守诚信是万达文化的核心特点。

1990年，万达开发大连民政街小区。当时房地产行业工程质量普遍很差，我们决心把质量抓上去，要求四家施工单位把工程质量全部做到市优以上，结果施工单位都不愿意干。当时国家规定施工单位获市优可以晋升资质，好事为什么没人愿意干？调查后才知道，如果做市优工程，用工就多，每平方米成本要增加10元，做省优每平方米成本要增加20元，而国家规定市优工程每平方米只奖励2元，省优工程每平方米只奖励4元，做优质工程反而赔钱。于是万达自己出台制度，做到市优每平方米奖励10元，做到省优每平方米奖励20元，四家施工单位全部签协议同意做优质工程。这个制度执行后，市建委找到我们，说万达破坏国家规定，我们解释这是奖励做好事，而且只在公司内部执行，才没被处罚。奖优制度调动了施工单位的积极性，结果民政街小区4栋楼获市优工程，4栋楼获省优工程，其中两栋楼被评为辽宁省样板工程，成为全国首个工程质量全优小区，辽宁省建设厅组织房地产和施工企业前来参观学习。1992年，由国家多个部委共同组织的首届"质量万里行"活动在全国开展，活动主要以曝光质量问题为主。活动方到大连检查，看到民政街小区工程质量全优后很震撼，他们还对住户进行暗访，百姓反映也都非常好。因此，尽管"质量万里行"活动没有表彰先例，但组委会还是决定破例颁发给万达全国唯一一块"优质住宅工程"奖牌。万达长期坚持优质优价制度，靠工程质量在大连闯出市场，树立了"住好房，找万达"的口碑。

1996年年初，万达在全国房地产行业首家提出"三项承诺"：第一，保证商品房不渗不漏，发现渗漏，赔款3万元；第二，保证商品房销售面积与产权证面积相符合，面积不符，缺一赔三；第三，竣工入伙后60天内可以自由退换房。对于渗透赔款，当时公司反对的人很多。我说，谁也做不到1 000套房一套不漏，但万达可以争取做到让渗漏的房子更少。"三项承诺"首先在长春花园小区试行，由于制度到位，管理严格，小区渗漏率非常低，近千套房中只有几套有渗漏现象。对于交房60天之内随意退换的规定，大家也很担心，如果都来退房怎么办？事实证明我们过分担心了，长春花园小区退房总共不到10套。在长春花园小区试行后，万达又将"三项承诺"在所有项目中推广。万达这样做，主要目的是为了企业发展杀出一条生路。1993年，国家治理整顿，1994~1996年连续三年，房地产行业整体利润为负，很多企业死掉。在极度困难中，万达怎样把市场做大，让企业获得发展？就是靠"三项承诺"这种真功夫打开市场，获得竞争优势。到1998年全面走向全国时，万达在大连市的年销售额占全市房地产市场份额的四分之一左右。"三项承诺"也在全国引起极大震动，媒体纷纷正面报道万达的做法。2000年6月，国家建设部会同中国消费者协会等六家单位，在北京人民大会堂召开1 000多家房地产企业负责人参加的大会，推广万达销售放心房的经验，我在会上做典型发言，倡议全国房地产企业开展销售放心房活动。时任建设部部长俞正声同志也出席大会，对万达高度赞扬，这是建设部成立以来唯一一次树立房地产企业典型。

2003年，万达在沈阳开发太原街万达广场，销售出去大约350个商铺。由于万达做商业地产时间不长，经验不足，商业动线规划不当，这些卖出去的商铺人气不旺，商铺经营出现问题。万达考虑到小业主利益，决定统一包租经营，为此专门聘来大型百货公司的老总，大家一起出主意、想办法。先是给商业街加屋顶、通暖气，解决冬季寒冷的问题。后来又将这些商铺和地下一层连通经营，安装多部电扶梯，前后花了几千万元，多次更换招商团队，可以说穷尽办法，但局面一直无法根本改观。到2007年，万达对商业地产理解更加深刻，集团内部经过反复论证，认为太原街万达广场是设计失误，娘胎带来的毛病，没法通过后天努力补救，只能拆掉重建。有部分业主到法院起诉万达要求退铺，大大小小打了几十场官司，沈阳市中院、辽宁省高院的一、二审都裁决万达胜诉。如果是一般企业，完全可以不管。但万达为了商业地产的长远发展，也为了对投资者负责，下决心回购重建。太原街万达广场2008年拆除重建后，2009年重新开业，开业后生意兴旺。当年万达销售店铺收入只有6.1亿元，而回购花了10亿元，加上重建费用总共损失15亿元。这是万达诚信经营的典型事例，永远值得宣扬，比海尔砸冰箱伟大得多，海尔只是砸了几十台冰箱，万达砸了350个商铺，不可同日而语。而且回购重建在2008年年初，是企业资金十分紧张的时候。万达退赔的时候，很多业主感动得当场哭了。还有几十户业主坚决不拿钱，表示只要万达在沈阳推出商铺，他们再买。万达在沈阳的退铺在中国企业诚信历史上不仅空前，而且可能绝后，是万达诚信文化建设的标志性事件。

由于诚信经营做得好，万达连续多年获得国家部门和行业协会颁发的全国诚信房地产企业称号。2007年，住建部和中房协召开全国房地产企业诚信经营大会，邀请万达专题介绍诚信经营经验。

3. 带头环保

早在2000年，万达开发的大连雍景台项目就成为全国最早的节能住宅之一。当时国家没有出台建筑节能规定，万达主动采用外墙保温技术，并结合建筑和采光设计，使节能率达到65%。大连冬季气温最冷时是零下十几度，但雍景台的住户冬天基本不用采暖。雍景台节能试点成功后，2004年，万达又在大连华府项目推广节能措施，住户入住几年后，物业发现近50%的住户冬天不买采暖卡，由于采暖是分户计量，说明五成左右住户冬天不用采暖。

2003年，万达在江西开发百万平方米的南昌万达星城，是全国房地产企业首次在长江以南地区大规模使用外墙保温技术，节能效果非常好，南昌万达星城也因此被评为江西省节能示范样板小区。

2003年，万达在昆明开发滇池卫城项目，由于项目邻近滇池，我们主动做环境影响评估，成为全国第一个做环境评估的住宅小区。虽然当时国家没有要求对住宅做环评，但万达意识到滇池污染严重，不能再给它增加负担，所以不仅做环境评估，同时小区还自建污水处理和雨水收集工程，实现小区污染的零排放。

万达的绿色建筑走在行业的最前面。2011年，万达有16个万达广场和两家酒店获得绿建认证，更令人高兴的是两家酒店获得运营绿建认证。我要求今后所有广场和酒店都要通过设计绿建认证和运营绿建认证，相比设计认证，运营认证更难，但既然有两家酒店做到了，其他公司也应该能做到。除了绿建，万达从2013年开始，所有住宅精装修出售。这不仅是节约多少钱的问题，更重要的是培育节能理念，这种理念不可能一天两天就形成，需要几十年的持续努力、长期积累。

4. 关爱员工

一是待遇一流。万达员工收入水平对应所在行业，在中国企业中绝对领先。万达人力资源部每两年还要进行一次收入调查，根据调查结果进行工资调整，始终保证万达员工收入全国领先。万达针对收入相对较低的服务行业员工，全国首家推出工龄工资制度，每工作一年，每月增加工龄工资100元，一年就是1 200元。在万达工作满十年，每年仅工龄工资就有12 000元，也相当于普通员工年年涨工资。万达高管不仅收入高，部分高管还有股票期权。

二是人文关怀。十年前万达就开始实行带薪休假制度，每季度休假四天；每年给员工做一次体检，免费为总部员工办健身卡。万达出台规定，要求所有基层公司自办员工食堂，一律不准外包，保证饮食质量和食品安全。万达两年前推出优秀员工度假制度，优秀员工及其家人可报销两人往返机票，免费入住各地万达酒店度假。

三是重视培训。万达一直非常重视培训，每年安排大量培训。万达出资7亿多元建成中国一流的万达学院，使万达的培训进入更高层次。就是我说的一句话：让员工在万达涨工资、长本事、涨幸福指数。

5. 注重慈善

一是创业之初就重视。万达做慈善有传统，1990年，万达刚成立不久，就捐款100万元建设大连西岗教师幼儿园；1992年，万达捐款280万元把大连人民广场的硬覆盖改建成草坪；1994年，万达捐款2 000万元建设大连西岗体育馆。

二是有制度安排。万达每年年初安排慈善捐助预算，年底对捐款情况进行总结，每年编制社会责任报告。

三是形成慈善文化。由于老板的重视和长期关注，万达内部形成慈善文化。在万达，员工慈善做得好，和工作业绩好一样能得到提拔、奖励。万达员工慈善事迹层出不穷，如万达每年新入党的员工每人捐助一名贫困儿童上学，这已成为传统。万达各地公司每年举行心灵之旅活动，每人每年至少做一次义工。

6. 做到最好

万达有远大愿景，对工作标准要求极高，追求"让一切工作成为精品"。如果万达定位做中国一般企业，就不用一年开业20个广场，每年有2个就够。但万达的目标是做世界级企业，我们要靠自身努力，跟垄断央企比比高低。按照万达现在的发展趋势，2015年收入将超2 000亿元，资产3 000亿元，年纳税300亿元，净利润几百亿元。除了少数大型垄断央企，万达能排在中国企业前列。而且万达完全靠自己、靠市场发展，更受人尊重。万达只要进入的产业，至少做到中国行业第一，追求世界行业第一，万达人必须有做到最好的意识。

7. 执行力强

万达执行力强不仅企业界公认，政府、百姓也公认，一个一个奇迹、一个一个"不可能"都在万达实现。前几天我跟一个外国代表团谈判，其中包括美国一家知名投资公司的董事长，所有人都问一个问题："万达怎么能做到一年开业20个购物广场，同时还有几十个在建？"这在国外完全不可想象。如果我告诉他们有的万达广场一年内就建成开业，他们可能更理解不了。万达执行力强在于三点：

一是说到做到。广州白云万达广场，万达向政府承诺在广州亚运会前开业，但政府交地晚了5个月。万达靠精心组织、艰苦努力硬把时间补回来，仅用11个月把广场建成开业，不仅兑现承诺，项目也非常精彩。广东省市领导因此对万达印象很好，在去年三月召开的广东省招商大会上，促成万达在广东六个项目的签约，其中两个项目现在已开工。没有白云万达广场的一炮打响，广东各地的领导就不会主动邀请万达去做项目，万达靠执行力在广东闯出了名头。

武汉中央文化区楚河汉街10个月就建成开业，而且效果非常好，更让人不可思议。到今年年底，杜莎夫人蜡像馆、苹果旗舰店、大型知名餐厅等都将开业，楚河汉街会更加精彩热闹。明年六月，万达广场的一号旗舰店——汉街万达广场也将开业，广场还建有全国城市规模最大、档次最高的万达影城。2014年，武汉中央文化区的两个文化项目开业后，汉街将成为名副其实的"中国第一街"，即使说"世界第一街"也不为过，全世界也找不出一条街有汉街这么丰富的内容。

二是算到拿到。万达做项目先算后干，先做规划设计、测算成本后再决定是否拿地。项目开发过程实行计划模块化管控，保证项目全程的成本、现金流都在计划管控的范围之内。去年万达结算的三十多个项目，成本全部低于目标值，净利润全部高于目标值。算得准、拿得到，这就是功夫。

三是奖罚分明。万达的特点是该奖就奖，该罚就罚，毫不留情，即便是副总裁违规，也一样处罚、解聘，奖罚分明也促成万达执行力强。

8. 弘扬传统

文化一定是传承下来的，中国企业一定含有中国文化的DNA，所以企业也要讲文化传承。万达特别重视继承中国优秀传统文化并发扬光大。2005年万达推荐学《论语》，全集团开展了一年的学习、讨论和演讲，远远早于于丹讲《论语》。我25年前开始进行中国字画收藏，并且每年举办画展，支持优秀画家发展。多年前万达就几次聘请著名礼仪专家到企业讲文明礼仪，提高员工综合素质。由于有文化传承，万达才能走到今天，没有文化根基的企业是走不远的。

四、万达文化的丰富载体

文化是精神，但精神一定要通过物质形式表现出来，不是看不见、摸不着。万达文化主要有十个载体，称为"十个一"工程。"十个一"工程还不是万达文化的全部。

1. 一个网站、一本月刊，这是万达文化的重要载体。

2. 每年读一本好书。每年年初我推荐员工读一本书。

3. 每年举行一次演讲比赛，将演讲稿编成演讲集，刊登演讲优胜者的照片，激发大家的积极性。

4. 每年出一本《万达故事》。把万达的感人故事搜集整理，编辑成书出版。

5. 每年举办一次员工运动会。

6. 每人每年至少做一次义工，时间最少一小时，培养全员责任意识。

7. 每年一次心灵之旅。每个公司每年举行一次扶贫活动，到当地最困难、最艰苦的地方看一看。万达员工大多在高档写字楼里工作，收入高，有房有车，可能对中国贫富差距体会不深，通过活动进行心灵洗礼、净化思想。

8. 每年出一份企业社会责任报告。

9. 一次幸福假期。万达两年前开始实施优秀员工度假制度。

10. 一次盛大年会。年会是万达企业文化的第一品牌，每次年会万达员工都是抢着参加。由于万达员工越来越多，参加年会只有三条途径，一是职务比较高的，比如总经理级高管，二是评上优秀员工，三是表演节目被选中，所以要想参加年会就要努力上进。万达年会从1989年到现在已经举行22届，从未中断过，这就是奇迹。关于办不办年会，节目如何演，十年前集团总裁会还有争论，有些同志不赞成，说不如放假，或者演节目不用那么认真。但我们坚持必须办，还要求办成精品，长期坚持下来，万达年会的吸引力也越来越大。

五、万达文化的巨大作用

企业文化不是用来看的，关键要有用。

1. 认同价值观

万达的企业价值观包括方方面面，比如我对商管公司提出的"安全、服务、品质"六字方针，不强调商管公司的利润有多少，主要研究怎样让商家赚钱，强调与合作伙伴共赢，这只是万达价值观的一方面，万达价值观还有很多其他方面。

企业价值观中最重要的是核心价值观。万达的核心价值观是我十多年来讲的三个高于："人的价值高于物的价值，企业价值高于员工个人价值，社会价值高于企业价值。""人的价值高于物的价值"：万达特别重视人才，视人才为第一资本，认为人的价值最高。万达的人力资源部跟几十个猎头公司有合作。万达各个系统的一把手，首要工作就是找人，有人什么问题都好解决。"企业价值高于员工个人价值"：万达重视人的价值，但员工个人与企业比，企业价值高于个人价值，员工要服从万达安排。比如万达在全国很多城市发展，万达员工必须服从调动，不能说只愿意在北京、上海工作，别的地方不去。"社会价值高于企业价值"：万达发展的终极目的是做社会企业，因为万达的存在，使社会更进步，让更多的人享受到企业发展带来的好处。

万达"三个高于"的核心价值观，得到万达全体员工的认同。万达曾参评CCTV最佳雇主，获得第一名。这次评选央视聘请境外调查公司做评估，结果显示，万达员工对企业文化的认同、对企业发展前景的认同、对企业形象的认同三项核心指标，得分遥遥领先于其他知名参评企业。总分是100分，万达每项得分都在80分以上，平均超过第二名20分。员工只有认同企业的目标和价值观，才能同心同德。万达老一点的员工相比新员工更能吃苦、服从调动，这就是文化熏陶的作用。

2. 增强凝聚力

企业文化的最大好处是增强企业的凝聚力，提升员工的忠诚度。去年上半年，万达做了一次员工流失率调查，2006年至2010年五年时间里，万达高管平均离职率为6.2%，离职的人有相当部分是被万达辞退的。离职高管中，80%的人是在入职一年内离职，入职三年以上的高管离职率年平均只有1.2%。开玩笑地讲，大部分离职高管是万达的"洗澡员工"。阳澄湖有所谓的"洗澡蟹"，外地养的螃蟹在阳澄湖放一两个星期，捞起来就当阳澄湖大闸蟹卖。"洗澡员工"就像"洗澡蟹"一样，不是真正的万达人。现在万达高管都是猎头挖角的对象，入职三年以上的高管离职率低，特别是核心高管走得更少，说明万达凝聚力强。

3. 提升竞争力

企业竞争分五个层面：产品竞争、价格竞争、质量竞争、品牌竞争和文化竞争。前三个是较低层次竞争，后两个是高层次竞争，最高层次是文化竞争。

产品竞争是人无我有，价格竞争是人有我廉，质量竞争是人廉我优。品牌竞争属于高层次竞争，核心是消费忠诚度和差异性。欧洲有很多奔驰家庭、宝马家庭，一家几辈人都用同一个品牌的汽车。很多欧洲足球俱乐部有100多年历史，球迷家庭几代人都是一个俱乐部的拥趸，俱乐部从甲级掉到乙级，从乙级掉到丙级，他们照样去看比赛，这就是忠诚度。其次是差异性。同样是造汽车，一说丰田、本田，马上想到是两个完全不同的公司。车其实都差不多，但设计、营销、服务和文化的差别经过长期积累，就产生巨大的品牌差异。最高的文化竞争是精神层面，在有形与无形之间，有就是无，无就是有。万达现在已经进入品牌竞争阶段，但还没有达到文化竞争，这是我们奋斗的目标。

万达文化提升竞争力主要表现在两个方面。一是保证企业快速发展。万达三年三大步，2009年收入430亿元，2010年收入770亿元，2011年收入1 051亿元。

万达有领先的商业模式，但这不是快速发展的唯一因素。全国至少有一百多家企业做购物中心，二三百家企业做酒店，院线也有130多条，万达之所以比其他企业发展快，强有力的企业文化是重要因素，它支撑了万达的快速发展。二是确立竞争优势。万达的目标是2020年，购物中心、五星级酒店、文化产业、旅游度假四个产业做到全球行业第一。百货至少做到中国行业第一，然后再走向世界。之所以敢提出这样远大的目标，就是因为万达拥有强大的竞争优势。万达竞争优势的形成，除商业模式、执行力和资金实力外，核心是追求卓越的文化引领，保持企业永不止步。到今年年底，万达的各项指标将跨进世界500强标准，进入世界级企业行列，所以万达今年首次提出要成为世界一流企业。到2020年，如果万达从事的行业全部成为世界行业第一，那么万达就是世界一流企业。

今后我每年在万达学院讲两课，把万达好的东西总结出来与大家分享。希望被聘请的讲师们能有我这种精神，把自己的心得好好总结，传经送宝，使万达学院越办越好。

谢谢大家！

粉丝荐语

以下书评摘自万达集团官方微信（guojiwanda）"在线书评"栏目中粉丝的精彩评论。
邀请粉丝联袂荐书，并将书评写进再印图书，这在中国尚属首次。

很多人都会认为这本书有很多演讲文稿，阅读会很轻松。事实上，那些有机会先睹为快的朋友们都告诉我，每读上一小节，他们都要停下来，想一想，甚至还要休息一下。这里面的信息和内容丰富且真实，书中的知识提炼与经验共享，可以让商业地产开发商少走弯路，少付出数以亿计的昂贵"学费"。这对中国商业地产的健康发展是非常有益的事情！他们也无一例外地表示，这是一部真正有价值的书，是一部思想之书、智慧之书。

——洪彬

本以为书里面会是经商之道，但做人的道理占了很大一块。半部《论语》可以治天下，半部《论语》也可以学会做人。做人的道理和经商之道一脉相承。

——公输

不喜欢人们用互联网企业与传统企业来定义一家公司，因为传统企业的定义带着一种先天的歧视性。也许传统模式注定会消亡，但并不妨碍企业以一种新的姿态涅槃重生！即将进入"而立之年"的万达，"他"的哲学，不只是商战，更是人生。

——秦锐

让后来者少走弯路，这点我很赞同。觉得王先生特别实在，能把自己多年的阅历告知我们、和我们分享，心生敬意。

——A·（米罗 Miro 墙绘）

所谓"哲学",是世界观和方法论的统一。这本《万达哲学》,简单概括而言,可以算作万达经营理念和实务方法的综论吧。对内,可以作为万达员工们更精确了解公司近景蓝图、远景规划的工作攻略;对外,还可以促动行业内外,从商业运作的某一点某一项,探讨行业动态,探究领域动向,从而良性地交流见地,互通相长。

——一口天

数十载商业王国打造,磨砺一本书典结集亮剑。一本《万达哲学》,基于一位特定的作者,让大众纷纷阅读商业,展望格局;而这样一本主讲经营、主讲效益的书,其实还充满人性、感动、慈善和社会公益。所以,《万达哲学》实则硬朗不失柔和,顺商不失公德。

——大尧

己欲立而立人,己欲达而达人。非常敬佩王健林的惠世思想。他在长期实践中总结出来的具有哲理性的管理思想值得所有创业者借鉴。更重要的是将管理做到极致,将执行力贯彻到底,几十年如一日。

——SUPER(苏颜)

关注王健林快4年了。看过他很多场演讲,思路清晰,语言简练。让我印象最深的是王健林对于时间节点的掌控,这是将想法落地执行的保证。我知道,这本书不同于市面上的鸡汤书籍,是他根据自己几十年企业经营心得、实践经验写出来的,字字干货,对于我的工作、生活有很大的借鉴意义。

——FOCUS

以前就看过很多"国民公公"的演讲实录，实事求是、目标明确、务实避虚、高瞻远瞩、效率极高……这些直观的感受即便是一个不关心商业的人也能感同身受。万达能走到今天，与持续创新的战略决策、经营理念、企业管理、商业模式有很大的关系，王健林的个人魅力更属商界少有，"创新型企业家"的称号其当之无愧。

——李晶

思维是一个人最大的哲学，同样也是一个企业最核心的立足之本，审时度势是企业应对市场变化最好的护身术！今天的万达，完成了三步走：一为顺势，改革开放的市场经济体；二为借势，2000年后中国经济快速发展的城市化需求；三为造势，今天的万达，不再是中国的万达，而是世界的！

——不安的安

没有说教、套话、空话，只有实话、实在、实战。《万达哲学》是中国商业地产的一次科普，对我而言更是一次经营思想洗礼。有人说王健林是中国商业地产的教父，我也认为如此。

——为水祥

这本书的内容可谓"刚柔兼济"。硬的是，条分缕析、逻辑清晰，在谈企业经营之道处，字字干货，没一句多余；软的是，每一章节后附上的"超接地气"的精彩现场提问，是用朴素直接的叙述方式，既不煽情也没有鸡血。从中能看出一个军人出身企业家的坚韧精神：打得赢、输得起、讲原则、肯钻研。

——BrAd皮睿

成功从来都是以用心付出与隐忍持恒为基础的，万达的成功或者说万达模式给予经营企业的我们以坚实的回答。不要总想着捷径、总想着什么人脉啦资源啦，那些东西其实既在身边又距离遥远，如何左右？《万达哲学》告诉我们：用心、付出、敬业。天地人皆为善师。

——Luwei（观一）

作为一名为万达服务的专业人员，我对万达的执行力和对员工的关怀氛围深为认可。因为工作认识了很多优秀的万达人，从他们身上我看到的是对企业的忠诚和对理想的坚持。今日彻夜通读全书，从书中看到了万达的过去，读出了万达的现在，勾勒出万达的未来。

——YUAN

人们想知道王健林成功的秘诀，这背后的期望是希望找出可以复制、能够操作的经验，而不是"鸡汤哲学"。随着中国进入新一轮的改革大势，中国更需要一批不为虚名、敢啃"硬骨头"的实干企业家。可以说，王健林的管理哲学就是实干哲学，即从实际中来到实际中去，不为虚名，为的是解决问题。

——齐士